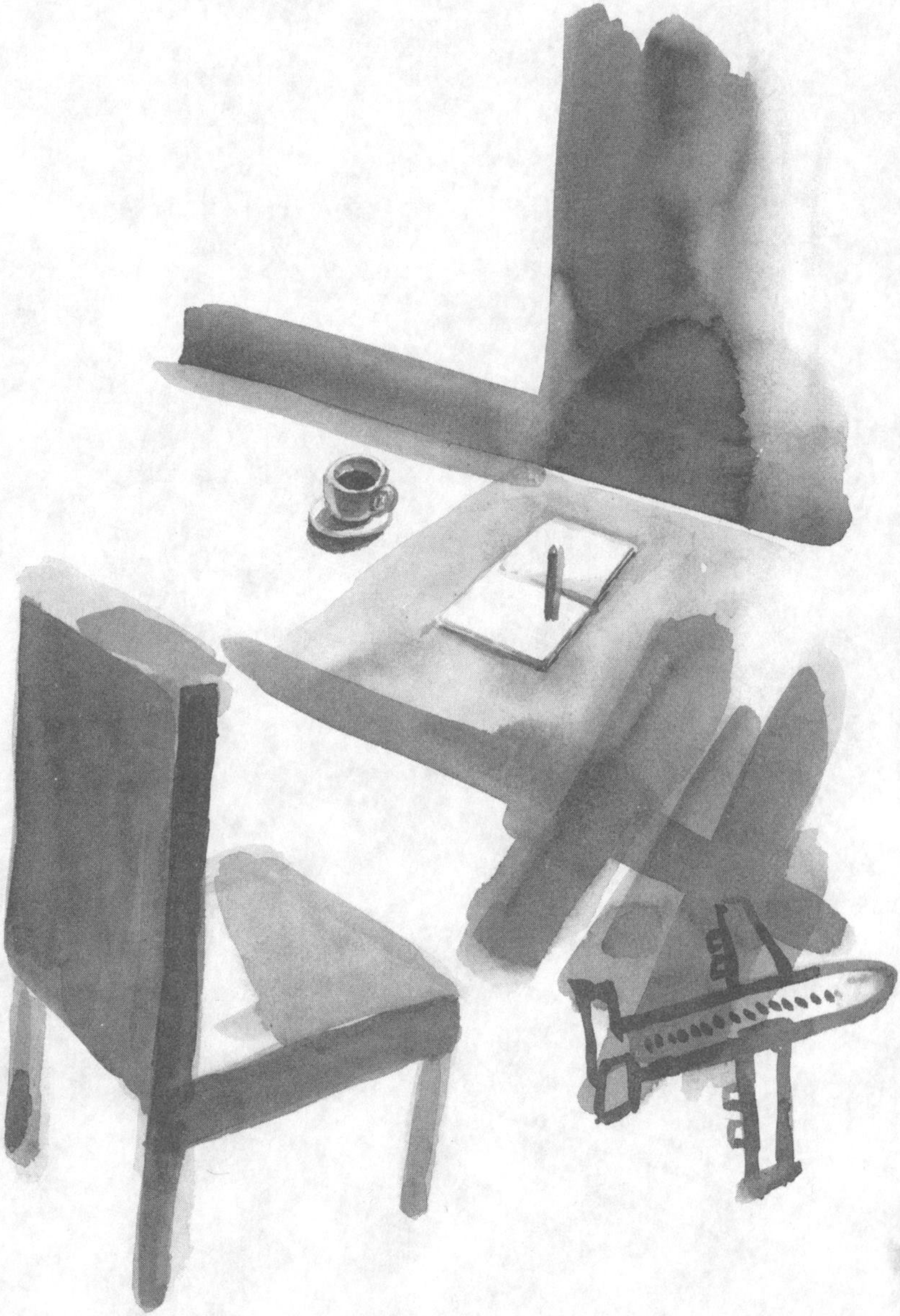

小山さんノート

小山さんノート
ワークショップ　編

etc.
books

目次

小山さんノートワークショップエッセイ

〔編者付記〕

・小山さんのノートからの抜粋（序章〜第6章）については、以下の改変を行った。

　・明らかに誤字・誤記と思われる箇所は修正するか、脇に「ママ」等と付記した。

　・読者の読みやすさを図り、ひらがな・カタカナで表記された箇所の一部を漢字に改め、また、適宜表記の統一を行った。

　・個人や団体の特定につながる恐れのある名称や表現は、仮名にするか、特定できない形に書き換えた。

・〔　〕は編者が補った語句、＊は編者による注を示す。

・ノートからの抜粋には、差別的な表現や精神的・肉体的暴力の描写等が含まれているが、そのような表現・行為がなされた状況や文脈をそのまま伝えるため、一部を除いて原文のママとした。

小山さんノート

はじめに

小山さんノートとワークショップ

登　久希子

「こやまさん」と呼ばれる女性がいる。小山さんは、都内の公園の「テント村」でテント暮らしをしていた。彼女が亡くなってから10年が経とうとしている。私たち「小山さんノートワークショップ」のメンバーは、小山さんが遺した膨大な量の書き物の文字起こしをする有志として集まり、かれこれもう8年以上活動をしている。

小山さんノートワークショップ

小山さんが暮らしていた都内のテント村の住人だったいちむらみさこさんは、具合の悪くなった小山さんを助けるべく、テント村の外にも声をかけて「小山さんネットワーク」を作ろうとしていた。しかし、ほどなくして小山さんは亡くなってしまう。何十冊という小さなノートを遺して。公園暮らしの雨や湿気であまり保存状態のよくないノートも多い。小山さんの火葬の日、いちむらさんたちはそれらのノートも一緒に燃やしてしまおうと考えたが、1行読んで、これは残さないといけない、伝えないといけない、と強く思った。いちむらさんたちは、小山さんの一周忌に追悼展覧会を行い、ノートから文章を抜粋して作った小さな冊子を来た人に手渡した。そしてノートの文字起こし、データ化を一緒に行ってくれる人を募ることにした。

追悼展覧会などを通して小山さんのノートを知った人や、興味を持った人が文字起こしに定期的に関わるようになっていった。そしてだいたい毎月1回、主に週末の午後から夜にかけて集まり、一緒にノートとパソコンに向かうというワークショップのスタイルが定着した。合間にストレッチをしたり、おやつを食べたりしながら文字起こしをし、最後にはいつも持ち寄った色とりどりの夕飯を囲んで、その日読んだところの感想やお互いの近況などを話した。おいしいものを食べることが、私たちは大好きだった。ノートの記述からうかがうに、小山さんも。

手書き文字のデータ化だけならば、わざわざ集まって行う必要もない。なんならパソコンでほとんど自動的にできる機能もある。しかし、小山さんの書くものには、ひとりでは太刀打ちできない難しさがあった。ひとつは、小山さんは達筆すぎて、読みとるのに苦労する文字が多かったこと。ふたつ目は、小山さんがかなり独特の当て字を多用していたため、ひとりでそれらを読み解くのはほとんど不可能だったこと。そして何より、書かれている内容に三つ目の難しさがあった。小山さんのテント生活の記述は、あまりにも衝撃的だったり、悲しくつらいものだったり、あるいは面白すぎたりする描写に満ちているから、「これは！」と思った箇所をただちに誰かと共有したくなる。ワークショップのメンバーは、文字起こしをしながら、それぞれの視点や経験から、小山さんに共感したり、小山さんという人を想像したり、翻って自分自身を見つめ直したりしていたのだと思う。

メンバーのなかで生きている小山さんと会ったことがあるのは二人だけだった。他のメンバーは小山さんの姿を見たことも声を聞いたこともなかったけれど、そんなことは私たちにとってあまり重要ではなかった。二人の話やノートの内容から小山さんのいでたちなどを想像して、それぞれの小山さんが立ち上がる。私たちはノートを通して、小山さんをとても身近に感じるようになっていった。

ノートから立ち上がるもの／こと

ワークショップでは、文字起こしだけでなく、フィールドワークや路上での朗読、座談会をしてみたりもした。小山さんがよく立ち寄ったらしい神社や常連だったと思われる喫茶店などをメンバーとともに訪れると、ノートに書かれていた状況がちがった解像度で見えてくる。また、座談会は、文字起こしを進めるなかで各自が考えてきたことを改めて語り、共有する機会となった。日が落ちて薄暗くなってくる屋外で小山さんノートの一節を朗読してみるのは、小山さんがそこに現れたかのような、自分の声が自分の声ではなくなるかのような不思議な体験だった。ときどき、足をとめて耳を傾けてくれる人もいた。

思えば、朗読以外はいずれも、ワークショップのメンバーだけで行われたもので、「小山さん」をどのようにメンバー以外にひらいていくのかは、つねに私たちにとって試行錯誤が必要な問題だったのだと思う。小山さんのノート、それに関わる私たち。伝え方を間違ってしまうと、とんでもない方向で誤解されてしまうかもしれない。メンバーのバックグラウンドはさまざまだが、私たちは、小山さんに対するさまざまなレベルでの「共感」を共通項として持っていた。そして、その「共感」を私たちから広く外に向かってひらいていくことについて、逡巡（しゅんじゅん）していた。

小山さんノートをひらく

ワークショップは、コロナ禍のもとでもオンラインでつづけられた。びっしりと文字が書き込まれたＡ６サイズのノートおよそ80冊をテキストデータにしてみると、Ａ４サイズの用紙に３段組みで６５９ページもの量になった。私たちが確認できたのは１９９１年から２００４年までに書かれたノートだが、実際にはもっと多くのノートが存在したようだ。小山さんが書いているとおり、公園暮らしでそれだけの量のノートを何年も保管しつづけるのは決して簡単なことではなかっただろう。

小山さんのノートを、いつかワークショップのメンバー以外の人にも読んでもらうことができたら、という思いは文字起こしをはじめた当初から私たちのなかにあった。ただ、そんな膨大な量の文章をそのまま世に出すのはあまり現実的でない。「出版」に際しては、なんらかの編集作業が必要になる。その作業はメンバーにとってものすごく難しい過程だった。そもそもほとんどのメンバーが、小山さんノートの全体を通して読んだことがなかった。だから６５９ページの原稿をひたすらみんなで読み込む必要があった。積み上げられた小山さんノートを前に文字起こしをしていたころの、果てしない作業の感覚を思いだす。そして、身を切る思いで抜粋した原稿に、それぞれが重要だと思う箇所や思い入れのある部分を追加したり、また他の部分を削除したりしながら、ノートに書かれた小山さんの生を、理解しきれない部分も含めて、どのように立ち上げることができるのか、話し合いが重ねられた。抜粋が恣意的になりすぎないように、小山さんのノートの全体の雰囲気が伝わるように。どれだけノートを読み込んでも、結局のところメンバーの誰も小山さん自身ではないし、小山さんの真意はわからない。それに、「真意」は本人ですら揺れていたり変化したりするかもしれない。そんなことを考えながら、綱渡りのように、抜粋作業は進められた。そして完成したのが本書である。

本書には、1991年から2004年までに書かれた小山さんノートからの抜粋が収められている。アパートに住んでいた頃から、公園に移り、本格的にテント暮らしをはじめる頃までの序章につづき、第1章から第6章まで、小山さんの哲学、テントにおける男性との共同生活、そこで受けた暴力、テントでのひとり暮らし、共同生活を送った男性の死とその後の極貧生活、夢や幻想などがおおよそ時系列に沿って展開する。しかし、回想による記述も多いため、編集を行った私たちとしては、どこから読んでもらってもよいと考えている。

また小山さんノートの本文に入る前に、いちむらさんが小山さんの最期の日々に関わった様子を記したエッセイを、そして本書の最後にはワークショップの各メンバーによるエッセイを収録した。

書くという行為と、そのための時間・空間をテント暮らしの日常の中で維持するのは並大抵のことではない。小山さんは、彼女が「フランス」や「イタリア」と呼ぶ喫茶店にやっとの思いでたどりつくと、コーヒー1杯を前に何時間もノートを書いたり、それを読み直したり、さらに書き加えたりしていた。何年も後に記述を足しているので、読んでいる私たちとしては、時間が行ったり来たり、タイムスリップするような感覚を覚えることも多かった。

　小山さんは、ユーモアのある、どこか冷静な記述をとおして、自分自身をある意味でつきはなしてみたり、赦(ゆる)してみたりしながら、日々を生きつないでいたのではないかと思う。ノートに出てくるフランスへの旅やルーラという存在は、空想や妄想のようにもみえる。でも小山さんは現実をあきらめて「空想」に生きていたわけではない。それらの「妄想」は現実を生きるために小山さんが生み出したものであり、また小山さんに与えられたものだったのだ。それらを含めた現実を、小山さんは生きていた。ときに悲嘆に暮れることはあっても、ノートの中の小山さんは、常に何かの可能性や未来を信じていた。

　小山さんノートは、決して簡単に読み進めることができるものではない。でも難解なものでもない。ひとりで読み進めることが難しいときは、この本を持って、小山さんのように、喫茶店など人の気配のあるところに、外の景色が見えるところに行ってみるのもよいかもしれない。

小山さんが生きようとしたこと

いちむらみさこ

オフィスや商業施設の高層ビルが立ち並び、大型ビジョンや広告看板が迫ってくるような大通りの人混みを抜けていくと、しだいに空が広がっていき、その向こうにこの緑豊かな公園がある。森や丘、池、広場があり、誰もがいつでも利用できる公立公園だ。天気のいい日や週末にはたくさんの人が訪れる。この公園のずっと奥の人通りが少ない木々の間に、ブルーシートで作られた小屋やテントがひっそりと立ち並ぶテント村がある。最近の公園の管理職員は、これ以上誰かが住み始めないように毎日公園全体を巡回しているが、すでに30年ほど住んでいる人もいて、ここにはホームレスが自ら営んできた生活が根づいていることは動かしようのない事実だ。日雇いの仕事や拾った廃品のリサイクルで得られる現金収入は少なく、厳しい暑さや寒さのもとでの貧困生活は、快適とはいえない。しかし、賃労働で多くの収入を得ることはなくても、不用品などを集めて分けあうなどして助けあいながら、どうにか暮らしている。

わたしが住み始めた2003年の当時は、公園のテント村は350人ほどが集住する大きな村だった。わたしのテントがあったところから少し離れたあたりに、小山さんはひとりで住んでいた。テント村は圧倒的に男性が多い。数少ない女性たちを見かけると、この中でどう暮らしているのかな、と気になっていた。特に、物をあげる・もらうということで生じる力関係の中で、性差別が起こりやすい。このままだと居心地が悪くなってしまうと感じて、わたしはすぐに、女性たちが集まれるティーパーティーを開くことにした。テント村の中を探してみると、30名ほどの女性たちが暮らしていた。公園のあちこちに点在して暮らしていて、あまり出会うことがなかったけれど、女性は意外にたくさんいたのだ。半数はひとり暮らしで、もう半数はパートナーと、もしくは親との同居だった。

わたしは、テント村の女性たちを訪ね歩き、毎月のティーパーティーの案内のチラシを配ることがとても楽しみだった。テント村の真ん中で開かれるティーパーティーは、毎回15人ほどが集まり、食事をしたり、服やアクセサリーなどを分けあったり、歌ったりなどとてもにぎやかだ。女性たちは特に仲がいいというわけではなくて、目も当てられないほどの大げんかが起こることもある。集まりを主宰していたわたしが疲れ果ててしまっても何のお構いもなく、ティーパーティーは戦いの舞台となり、女性たちは大荒れのドラマを繰り広げる。でも、ほとんどの場合いつの間にか仲直りして、また集まっては平和なおしゃべりを楽しむといった具合だ。

そんなティーパーティーに、小山さんは来たことがない。他の住人たちと交流するよりも、ひとりでいることを味わっているようだった。小山さん以外にも、ティーパーティーに来ない女性たちはたくさんいる。とはいえ、ティーパーティーに参加する人と参加しない人のあいだにつきあいがなかったわけではなく、ティーパーティーに参加した人が余った食べ物などを分けるようなことはよくあった。テント村の女性たちは皆、ひとりでいることは簡単ではないとよくわかっていたし、お互いに気になる存在だったのだ。

小山さんは、物や食事を分けるためにたくさんの人が集まっている場でも、誰かと長く話をすることはなかった。時々とてもユニークなファッションをしてニコニコと楽しそうに歩いているので、わたしは小山さんに注目していた。ある日、アフロヘアのカツラにハット帽をかぶり、ちょっとサイズが大きめのハイヒールを履いて、黒い柄の日傘を杖（つえ）のようにして歩いている小山さんとすれちがった。こんな小山さんに会うと私はうれしくなって、「こんにちは、お出かけですか?」と声をかけたくなる。小山さんは「ええ」と少しはにかむように笑みを浮かべ、こちらを見て答えて、街のほうへゆっくりと歩いていった。

夜には小山さんがひとりきりのテントの中で長い時間、怒っているように声を発しつづけることがあった。テント村では誰かがひとりで叫んでいるのはめずらしいことではなかったので、近所の人たちもわたしも特に気にとめなかった。

小山さんを周辺の人たちが見守り始めたのは2012年の秋頃だ。その頃は行政が、ホームレスのテントや小屋を公園などから無くすために、ホームレスの人たちをシェルターやアパートへ移行させることを推進していたため、テント村の住人はずいぶん少なくなり、女性たちも4人ほどになっていた。物や知恵を分けあう仲間が減り、コミュニティの機能も低下していく。行政の支援を受けるよりもここで暮らしつづけたいと考えている住人たちは、このテント村の存続のために、お互いに対して長く暮らしていてほしいという思いが強くなる。

ある日、小山さんの小屋の隣の人が、「小山さんが倒れている」と、心配してわたしに伝えにきた。小山さんのところへ行って様子をうかがうと、「少し疲れただけ。大丈夫よ」とブルーシートの中から声が聞こえる。差し入れの食べ物をシートの隙間から手渡すと、受け取って、代わりに「これをどうぞ」と、キラキラとした紐を結んだ手作りらしい小物をくれた。それは何かわからなかったが、その後もわたしが何か差し入れをしに行くと、小山さんは時々そのキラキラとした小物を渡してくれた。

一年ぐらい経った頃には、小山さんは街にあまり出かけなくなっていた。わたしは毎朝、ポットのお湯や食べ物を小山さんのところに届けていたので、小山さんの体調が思わしくない様子は見てとれた。体調はどうですか？ と尋ねると、決まって「足が重くてね。疲れているので休めば大丈夫」「何としてでもタバコが必要なのだけど街に行けなくて」と言う。病院に行きますかと聞くと、「イヤ！」とすぐに返事が返ってくる。病院には行きたくないというホームレスは多い。テントをしばらく不在にしていると、管理事務所に荷物を撤去されてしまってテントに戻れなくなるかもしれないし、たとえ生活保護制度を利用して医療が受けられたとしても、そのまま施設に誘導されるのではないかという心配があるからだ。小山さんはそれだけではなく、病院や救急搬送の話をすること自体も嫌な様子だった。また、生活のことや身体のことに他人が関わることには当然の抵抗感があるようだった。支援を必要としている状態の時ほど、理解のない者が「保護」を理由に生活や身体に侵入し、横暴にふるまう可能性がある。それを強く警戒することは、ひとりで生きている人が自分の尊厳を守るためには当然のあり方だ。

ある日、いつものように食事を持っていくと、ブルーシートの隙間から出てきた小山さんの細い手には大きな鉄のハサミが握られていた。これで服を切ってほしい、そして着替えたい、と言う。小山さんはテントの中で、自分ひとりで着替えることも難しい状態になっていた。そして、このダイナミックな着替えは、身体の手当てを受けることと引き換えに何かを断ち切るというような小山さんの覚悟と大きな決心の表れなのだろう。わたしはその大役を任されたように思い、ずっしりとしたハサミを受け取った。ハサミを手に、入り口のブルーシートをめくって、小山さんのテントの不定形な空間へ潜るように入っていく。靴や服、食器、パンの袋、書、ノートなどを押しつぶさないように入っていくと、何本かの傘を柱にしてつくられた空間があって、あの手作りのキラキラしたものが一面に敷き詰められたその上に、小山さんが横になっていた。目を見張るような世界があった。しかし、眺めている場合ではない。わたしには重要なミッションがある。今は横になった小山さんの汚れた服を大きなハサミで慎重に切ることに、集中しなければならない。そして、体を拭いて、服を着せる。その大きな仕事をなんとか終了し、四つん這いになって後ずさりして小山さんの空間を出た。大きな深呼吸をして、いつもの公園の秋の風景を見渡し、あの世界は何だったのかと呆然とした。

それ以降も、食べられる量が減っていき、小山さんも自身の体調に納得できない様子だった。母親にいつもニコニコしてなさいと言われたのに守らなかったからバチがあたったと話していた。わたしはいつのまにか朝昼晩と小山さんのテントに行くようになっていたが、わたしひとりでは小山さんを支えきれない。医療につなげたくても、あいかわらず小山さんは病院に行くことを強く拒否していた。テント村でケア体制を作るしかない。わたしはテント村の外の人たちにも声をかけて小山さんネットワークを作ることにした。後に小山さんノートワークショップに参加する吉田さんが、小山さんのテントへ食事を運んで話をするなど、関係作りを始めてくれた。せっさんも支援物資を届けてくれた。心配した路上生活の友人が「役所からもらってきたよ」と紙おむつを3つ持ってきてくれたのには驚いた。いつもは避けている役所へ自ら出向き、どうしても必要なのだと懇願し、非常用として3つもらってきたと言う。わたしは彼女を見習って、ホームレスのシェルターを運営している大きな支援団体を訪問して、小山さんが介護や医療をテントで受けられるようにできないか、ベッドや布団などをもらえないか、相談してみることにした。そのような支援団体は、テントではなく、病院や施設に連れていって保護しようとするかもしれないが、命や健康を最優先に考えていることには変わりないはずだ。相談の結果、ベッドと布団を公園まで運んでくれることになった。同時に、今後、小山さんが信頼できる人がテントに入って小山さんを介護できるように、小山さんと相談して大きめのテントに改修することにした。テント村の住人から少し大きめのテントをもらい、ホームレスの支援者たちが作業を手伝いに来た。小山さんはタバコを分けてもらえてうれしそうだった。

テントの中にベッドを置き、キラキラしたものやノート、好きなお酒の小瓶は枕元に。「最高だわ」と小山さんは言って、新しいテントを気に入ったようだった。そのようにして、小山さんを支える気持ちや態勢がテント村の外にも広がりつつあり、小山さんも身体のケアに他の人が関わることを少しずつ納得している様子だった。とはいえ、小山さんの体調は思わしくなく、ようやく栄養補給のゼリー状の飲み物だけが喉を通るような状態だった。

数日後の朝、小山さんのテントを訪れ、いつものように外から挨拶(あいさつ)をした。返事がない。そっとテントの中に入ると、小山さんは眠っている。何度も声をかけたが、息をしていない。わたしはあわててしまい、とうとう救急車を呼んだ。小山さんがどうしたいのか聞きたくて何度も小山さんの名前を呼んだ。救急隊員が駆けつけて、小山さんをテントから運び出し、救急車に乗せた。私も同行したが、小山さんが意識のないまま連れていかれる状況に、涙が出てきた。

小山さんが病院に運び込まれると、医師が現れ、小山さんの手首を触ったり目をのぞきこんだりして、「死亡確認」と言った。小山さんは何も言わないし、まったく動かなかった。わたしは隣の診察室に呼ばれ、まるいいすに座った。医師や看護師たちに囲まれて、どうしてもっと早く病院に連れてこなかったのか、と聞かれ、本人が嫌がってもどうにか連れてこないと助けられないでしょ、と非難された。わたしは涙が止まらず、声も出なかった。間違えた、と思った。救急車を呼ぶべきではなかった。これだから、小山さんは病院に来ることが嫌だったのかもしれない。すぐに小山さんに謝りたい。わたしは間違ったことをしてしまったのだ。医師たちはまだわたしに何か話していたが、わたしは診察室を出て小山さんのいる部屋に戻った。警察官たちがジッパーのついた袋に小山さんを入れているところだった。やばい。どうしたらすぐに小山さんを公園に戻せるだろうか。痩せて軽くなった小山さんはわたしひとりでも運ぶことができるはずだ。しかし、小山さんがどうしたいのか何も知らない警察官たちが、袋に入れた小山さんを連れていこうとする。わたしは、勝手に連れていくな！　と阻止しようとしたけれど、ウーウーとひどく泣いてしまってまったく力が入らず、簡単に引きずり出されてしまった。

何日か過ぎて年が明けた。テント村でのお正月は、家族で過ごさない人たちが集まって、お雑煮を作ったり書き初めをしたりしていつもにぎやかに過ごしているが、この年はとても静かなお正月だった。ブルーシートの小屋に潜って小山さんの手伝いをしていた時になってしまったひどい腰痛がまだ残っていて、せつなかった。

ホームレスの人が亡くなると、多くの場合、行政によって火葬される。わたしたちは役所に問い合わせて、小山さんが荼毘に付される日を聞いた。火葬場へは小山さんのことを見守っていた数人と向かった。警察や役所が親族を探したのかもしれないが、わたしたち以外は誰も来ていなかった。小山さんのテントには、たくさんのキラキラした紐状のものや、書の作品、びっしりと文字が綴られた何冊ものノートなどが遺されていたので、それらも一緒にお棺に入れるつもりで持ってきていた。お棺が運ばれてくるのを待っている間、みんなでそれらを眺めていた。「ノートは読んでいい」と小山さんが話していた、と吉田さんから聞き、それならばと、小山さんの息づかいが感じられるそれらのノートに目を通してみた。迫力のある文字で綴られている文章。みんなで読んでみた。何か訴えるように書かれている。わたしたちはノートを焼かないことにした。

それから1年後の2014年12月27日と28日に、吉田さんとテント村の小川さん、わたしは、小山さんの追悼展覧会をテント村で開くことにした。小山さんの思想や日々の暮らしのことが綴られているノートの数冊を文字起こしして、展覧会のために、そこから文章を抜粋した小さな冊子を仕上げた。展覧会では、小山さんの直筆のノートや書、キラキラしたものを展示し、小山さんがテント村でどう過ごしていたか話をした。小山さんがどう生きようとしたのか、みんなと一緒に考えたかった。

吉田さんが相当な量のノートの文字起こしをしてくれたが、キラキラの紐で結ばれたノートの束はまだいくつもあった。小山さんをもっと知りたかった。小山さんは満足してはいなかったかもしれないけれど、死ぬためではなく生きるためにここにいたのだ。ただ、どう生きたかったのか、わたしは十分に理解できていなかった。生きていた小山さんを理解するとは、このノートをどう読むのかということでもある。わたしひとりではできそうにもない作業だ。

翌年の２０１５年の春、追悼展覧会をきっかけに集まった人たちで、残りのノートを文字起こしする「小山さんノートワークショップ」が始まった。

序章

1991年1月5日
〜
2001年1月31日

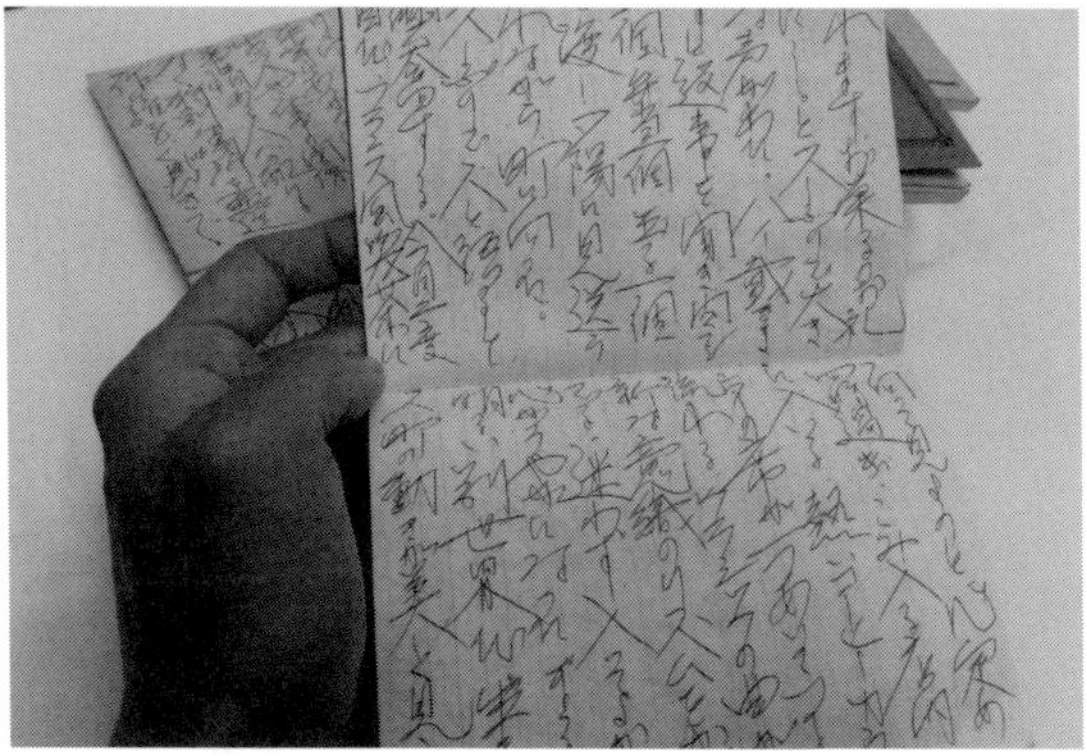

小山さんは、10代で故郷を離れて東京に出てきたのち、文学や芸術を志し、さまざまな人に出会いながら、各地を転々として暮らしていた。その間、常に読み、書くことを続けていたようだ。

序章では、40代のアパート暮らしの頃から、仕事先で出会った男性A（のちに「共の人」「共にいる人」と呼ばれる）の住居に移ったものの精神的・肉体的な暴力を受け、公園でのテント生活に少しずつ移行していく日々のノートより抜粋した。

１９９１年１月５日

平三、一月五日、五時より五時間　とまらぬ文字。平成三年も無事迎えることができた。

こんな自由な身になったのは初めてであり、昨年の魔のような一年、早く過ぎ去ってくれればと思う。緊迫して生き、無理な労働に右うでがもぎとられるように痛い。迎えてみなければわからない。九日間の休日を、六日ばかり過ごしてみた。十三年ぶりの東京での正月、静かでおだやかな自由を感ずる。

テレビも衣装も、料理なし、現金八千円あまり、不安を感ずる以前に仕事より解放された時間の楽しみに、今年の新たなる出発と道中の希望に明るいきざしが来ることを祈り、貧しさを忘れ優雅に過ごすことに専念した。外界のわずらいを離れ、心のみが何かすばらしい状態を保ち得るよう、今年は何事にもわずらわされないあゆみに生きられるよう、無理で、いやなことを少しでも離れられるよう努力をしていきたい。

子どもの頃、望んだ今日の状態ではなかったが、このような経路と歩みにしか生きることのできなかった私の人生は、悔恨するにはあまりにもおかしすぎる。

五日朝、五時、目覚めうつろう夢の意識に去来する数々の場面。早起きは、やりきれない寒さのため、何かせずにはじっとしていられない。

１９９１年１月７日

子どもの頃からの性質がぬけない。いつも、女のくせに生意気だとおさえ、おさえ続けられてきた。

そして、現実の自分は何なのかと問われたら、何にもなりきれなかった。明日の生活におびえる小さな人間の一人でしかなかった時、私は穴があったら入りたいような目覚めと意識に落ちこみ、人前で二度と口を開かぬよう、二度と文字をつづらぬよう、心に誓うのであるが、ある日、突如としてこの内なる誓約は飛んでしまい、また、あらぬ文字や言葉がほとばしってくる。昼、夜、時間をこえて、このくり返しの人生……。母にのみは理解してほしいと泣いて、日々共に過ごす人として哀願したが、やはりだめだった。共に生活することに耐えられないと、私との生活より離れられた。机に向かって泣き沈んだ。

悲しみうれしい我が春、夜明けに夕暮れにせまるこの現実のわびしさ、ひとときも安まらぬ日々の中で深夜の眠りだけが未知の国をさまよう。

長い旅路の果て舞いもどり、たどりついたささやかな部屋さえも、いてつく不安にそそのかされ、二月の寒風の中で身をふるわし、とうと（とうとう？）働きのできない肉体、精神状態へと落ちこんでしまった。十二年ぶりでこの地至り、住し、無理に追い込まれた現実収入の働きの状況の変化に、一年近くで五ヶ所もめぐらなければならなかったパートも、もう若く健康な人でなければ勤まらない。途方に息（ママ）づまる歩みと出逢（であ）いの人間関係の複雑と金銭不消化、不燃焼、この閉ざされた壁、心のゆらぎ、人の生きるそぼくな大地は消え、明るい家庭や親愛なる男女の灯の消えた、一人一人の孤独なる人生の歩みにあるものは、口ぐせに前進せよ、働けよ、金をもうけよ、独立せよと言うものの、人と私的に語るのも恐ろしい緊迫の日々……。

私の心は生まれて物事にふれるようになってから、休みなく、たえず働いている。悩み、もだえ、考え、泣き笑い、語り、学び、人生の恐れと未知なるイメージの理想との矛盾を克服する智慧（ちえ）……。

障害の壁は厚く、誰に説明するいとまはなく、激流に押し流されたかのような四十一年間の人生であった。いつか激流が潮（うしお）となって、おだやかで平安な終末と出発でありたいと願いつつ、思考、想像より離れられない私の意識と性質を知るものは数少なかった。

私だけが知り、悩み守った青春の人生への選択はあまりにも両親の意向からかけ離れていた。明るく花やかな物や世界にあこがれながら、なじみ得ない孤独に沈黙し、何ものをも（ママ）近づきえぬもう一人の私。対照的でありながら、世間並みに生まれ育ちながら、高輝（ママ）にして、時々通常をこえたしゅみや思考に走り、おさえることの苦痛の忍耐は、並々ならぬことであった。とうと五ヶ所目のパートもやめてしまった。

1991年11月7日

十一月二日、八ヶ月ぶりでアルバイトをやめ、五日間が過ぎた。毎日まんじりともしない。現金五円まで、生まれて初めての体験。七日、母の命日に、現実で生きえぬ運命として死するものかと、やまない勉学に身をゆだね、静かに息とだえることかと思った。

働きに行きたくない。仕事がかみあわない。もう誰にも言えない。私は私なりに精いっぱい生きた。

過去十二年離れていた都会の中で、本来なる恵みのとだえた現在、天に祈れどこの現実は、自ら働き、現金を得て支払わなければ、休みでも部屋に一時間とてまんじりともしていられない。外に出ても、安らぎどころがない時、私の挫折を助けることも皆、金と時間がかかる所のみだ。

私にとって、大事なものは皆、無価値になって押し流されていく。

七日、午後、苦しみの中でとぼしきなかで買った本を、十冊ばかり持って古本買入の所に向かった。一円にもならないとことわられた。せめて十五日まで休み、体調をととのえたかった。

給料三万円、借りを支払ったら、聖徳太子一枚五千円しか残らなかった。

近くのスナックマスターに現金にかえてもらい、残り三千円あまり、わずかな食料を買うと、二千円あまりしか残らない。不安と孤独がおそう中、心身は凍りかたまり、この世の無常ときびしさを肌身に感じざるを得ないが、あの世の伝説も信じがたい。たとえ天上の世界があれど、現在の私にはほど遠いことのように思い、我が内なる神は納得がいかない。活字のみの真実に出逢った。

南口、駅近くの公園で静かに考える。

母と二人語り、この地にうつり住み生きた。長き流転を、現金の元のないものの、哀れなる人生、わずかなる幸福であった期間、この地を出発に、未知なる方向に歩んだ時も、家具一切、レコード、衣類、その他を離し、母と別れ、無一文、無職であった。何にかり出されてしまったのだろう。

言いわけのつかない早い流れ、あまりにも不可思議な意識と行為。フランスに行きたい。行けない現状が、十三歳よりどれほど、私の小さな個体を、あきらめの変化に、引越、浪費とせまい国の地や部屋をかけめぐらせたことか。

大きな天に向かい、海に向かい、像の写真に向かい、どんなに発作的におそう、行きたいと思うしょう動にかられ、そのたび気を静めるため、小さな物質であまんじ、耐えなければならなかったか。

二十五年、死していきたいと、この息苦しいなりくり*とせまい壁を脱出して、人間として自由にのびのびと生きてみたかった。いつか必ず行くんだと心に叫び、保ち続けた。信念も、この瞬間消えて、この現実に押し殺されてしまうほどの無感覚と絶望……。

文学と芸術に燃えて生き、精神と哲学への尊重を叫び続けた。

長い過去、そして私も知らない、私の根源よりあふれ出す広大なる芸術理念、何かに表わそうと思い、飛び歩き、もがき、行動した範囲はせまく、重圧(マ)する(マ)ばかりだ。

私はこんな圧あく(圧迫?)の現実を見るたび、この心をおかされまい、おかされまいと、秘(ひそ)かに内なる部分を守ってきた。そんな魂を理解する国に行きたかった。また、そんな人々と環境に出逢いたかった。そして、すばらしいものを残したかった。人間である限り、ついてくる衣食住、そして現金が、主体をもって人の希望や幸不幸を定め、運命だとすぐかたづけてしまう。私は十二年前、この公園の近くの真白いマンションの上の一室で、いつもこの光と闇(やみ)の交差をうち破った。悲劇、喜劇役者、運命論者、宿命論者、迷信家にもなりたくなかった。

また、古い宗教にもずいぶん悩まされ、ある時、聖書の言葉が耳元を離れず、つきあいの男性外と語ることにより罰の意識におののき、自殺みすいまで追い込まれた二十歳。誰も死にたくはなかった。このままでは、宗教のきびしさに恐(こわ)く、私の夢と希望にたどりつけない。絶望にたえず悩む青春。

陽(ひ)がサンサンとふりそそぐ小さな空間、不安と孤独に呆然(ぼうぜん)とする意識の中より、やはり働かなければならない。私の心情と肉体が続く限り。駅前近くに食事処(どころ)のパートの看板があった。

この気持ちが変わらぬ限り向かってみようと、小さなドアをおした。一瞬の出逢いの面接で、明日より勤めることにする。興奮のため、同じ道を幾度も歩く。偶然、無一(マ)文(マ)の経営者に会う。事情を話したら、一万

＊小山さんの造語。「なりゆき」と「やりくり」を合わせたものか。

円貸してくれた。このありがたい恵みに、明日より無理な労働に身を五時間ついやさなければならない原動力のお金、五円より突然千円札十枚となった時、このありがたき重みに、現在の状況を耐え生きる方向へとうながされたがごとく、はげみとなったことは、まだどのような立場においても寿命というものがあったのだろうと気を静め、日々生きてみようとした。私にとって大事な物を二万円の借りであずかっている、同じビルの一階に勤めることになるとは不思議であった。給料は安いが、食事一食つくとのことで、久しぶりで真白いごはんやみそ汁も食べられるだろうと、長く食事もない、六キロもやせた我が身の裸を見るのも恐ろしかった。

二日間続けられた勤めは、いそがしく相当な労働だ。倒れないよう、しばらく続けてみよう。働け働けの日本の東京は、ひとときの安らぎもあたえないかのようだ。皆、金と働きばちに押し流されていく。

１９９１年12月25日

クリスマスも近づく十二月二十三、四日と、小遣いがほしいため、路上のチキン売りのアルバイトに出て、現金一万円を戴（いただ）いた。あまりにもぎりぎりの生活に、毎日、馬のごとく働く日々はつらく、暮れ過ごし正月を迎える収入にもならない。

どろんこになった心身は、外界を見ることができないほどよごれ、つかれていた。せめてクリスマスの日々だけは、清らかな夢に生きてみたかった。大事な一万をかかえて静かな夜を過ごし、まくら元にむらさきのスーツケースを置いて眠った。

もしや、サンタクロースのプレゼントが入っているかもわからないと、子どもの時のたわいもないあこがれをいだいて、暗い一夜を過ごした。

目覚めてふくろをあけても何も入っていない。二十四日、不思議に出逢った百円の本が一冊、重々しくまくら元にあるばかりだ。

内心、何を思い、何を叫んでも、どうすることもできる人もなく、なしようもないまま、突然ふくらんだ風船がパンクしてしまったような自然現象を感ずる。

二十五日、この日ばかりはと思っても（ママ）、何ヶ月ぶりでスカートをはいてみた。

1992年4月29日

深き苦悩がおしよせる、四月末、春のどかな光はサンサンと輝いているが、目覚めて身動きできぬ金欠病……。不安のせまる小部屋。家賃も払えぬもどかしさ、この現実の壁よいつ開かん。

1993年11月19日

平五　十一月十一日より、もどらざるを得ない状態に追い込まれた。二週間の動きと決断は、閉ざされたまま、きれいな出発とまではいかなかった。同じくり返しの一週間が過ぎ、相変わらずくり返すぶつかりが激しい。

十八日夜の異常事態、あのまま町で倒れるのも一人の縁により凶暴におかされるのも、広くてせまい小さな生存の命を都会で生きることのもがきなのだろう。

はれた顔をかかえ、高円寺まで向かった。東京に出て初めて出逢った店、深夜、心身の緊張をときほぐし、再び明るい希望に向かおうとする。痛んだ心身より、音楽のエネルギーと共に、突然吹き出す力、文字あふれ出る。

1993年12月22～23日

私は私の心に忠実に生きていきたかった。

神が尊ぶ自由精神とは何かと、秘かに数々の本を読む時間に救いを求めた。だが、迷うばかりで救われきれない。

私は、自分の正直に思う文字を知った。学校の勉強の活字や、数学ではなかった。文学者、詩人の表現でもなかった。私が青春の頃、本当に悩み、絶望した時、やりきれないもどかしさの中より、親にもかくれて静かにこもり、押し流された文字、かくれて読んだ。誰にも言えない表現だった。はずかしくなり、粉雪のように八階の窓よりちぎって捨てた。そのたび、内心をかくしファッションと音楽、町にさっそうと歩く。いつも三面鏡離さなかった。

自分の変ぼうする姿を見て笑った。自然に楽しくなってくる。たずねる所、喜んでくれた。

いろいろな衣装、よく身につけた。だが、私自身が一番好きで心おさまる色がら、デザイン、やはり好みがあった。歩く場所も限られてきた。いやなものは耐えられなくなった。私のわがまま、誰にも言えない。

想像する場面が多くなった。偶然が（ママ）テレビや歩く場で出逢う時もあり、不思議に思った。

　私は何も作れない。女に生まれて、裁縫もできなかった。料理は好きであったが、やる機会がない。

　多くと交わるものは、多くを失うという言葉におびえた。自分の人生を一つに集約したかった。だが、ひとたび選たくしたものの、現実になげ飛ばされると、たちまち萎縮（いしゅく）してしまう。人とのつきあい、社交がへただ。

　何としても自分自身に帰ったこの世の法で、良い事、悪い事、自業自得だとも知った。心の内のトビラが開く時、そんな自分が好きであった。いやをいやと言えるような人生を歩みたかった。言えない世間の仕事はつらかった。私は特別な名誉も人のつながりも、信用も、変な義理、恩も作らぬよう生きてみたかった。夢、理想、希望がある限り、そのイメージを生きていく現実のわずかなお金はほしかった。友達が財産だ、よき友を作れ、富、心の財と宗教の教えはあったが、このいわれ乱れた世では、保つことのほうがむずかしい。

　私の人生は、大半、男女の夫婦の個の調和のとれない二人の間にふり回されもがいた。どうにもならなかった因縁だとも言われた。耐えろ、がまんしろ、私は二十九歳にして初めて恐ろしい言葉、因縁〔と〕いう暗いいわれそまる言葉に泣きこもった。

　そして、その古いいわれと風習をきらい、自らの知識のないことにより、この現実に生きていけないと思った。私は貧しきながら、古い因習の淀（よど）む地と職を本能的に感じた。

　早く行きたい。明るい日月の輝く地といわれのない所に……。夢にまで見る、夜のない輝く美しい地をさまよった。

　人が人を差別し、職業化していく。なりきってはならないと思った。

１９９８年９月22日

平成十　九月二十二日
不安と恐怖に包まれ、駅前ベンチで眠ってしまう。具合が悪くなったので、交番に行き、兄に電話をしてもらう。渡したいものと伝言をしたかったが、警視庁*でたのむと冷たくどなられ、電話をきられる。会話は遠く、むなしい夜明けとなった。

1998年11月9日

十一月九日、中野を出る。
テント生活出発、十五袋。
昼、ゆう便局のオートバイに右足をやられた。（五千円）足をひきずりながら目黒に向かう。住友銀行の前で、ミラノの時計、男ものを拾う。十日より新たな出発の日が始まる。名も知らぬ若い男、逃げられる。

2000年3月24日

二十四日、八王子、阿佐ヶ谷、夕方再び出発の地に向かう。＊＊私を追い込んだ暗い傷をかかえ、その原因を問う時間をもとう。許されぬ歩みにからまれた原因で、その夜より仮テント住まい。

春思う心　望みに……。
たどり歩む自由……。
花開く園、見渡す限り
息づく命、それぞれに
過去をぬぎすて歩みたい
　平十二年三月末　テント

2000年6月28～29日

平十二年六月二十八日、風雨強く、金、飲食とぼしく、不安な一日を過ごす。
二十九日、A＊＊＊よりパン、飲みもの、電池、かえてもらう。大通り、古書店で本三冊、五百円かえてもらう。残百二円。帰途、大通り交差点で千円ひろう。この地で現金恵み初めて。末のとぼしきをささえてくれるお

＊小山さんは「警視庁」を「警察」の意味で使うことが多い。
＊＊これまでもたびたびアパートを出て野宿をしていた小山さんは、京都や東京のゆかりのある町をめぐった後、この日から公園でテント生活を始めた。
＊＊＊一緒に暮らしていた男性。のちにテントで同居を始めてからは「共の人」「共にいる人」と呼ばれる。

金生かそう。

2000年7月8～14日

七月八日、風雨の深夜、駅まで歩く。四時より出発。水道橋ドーム並び*無事終える。

七月九日、シャノアールの前でふくろで頭たたかれる。

十四日、ひたいはさみぶつけられる。傷出血。

2000年10月31日

十月十四日、誕生日。五十二歳。九月二十三日よりとぎれた金銭。八十円。毎日、タバコ拾い、食べ物もらい、衣類もらい、この世にもないどん底の日々で不安であったが、何も開かない。毎日、同じコースをめぐる。二十世紀末を過ぎようとしているが、自分の心ずい（ママ）歩みたい。経済がつかない。まるで理解者がいない。

平成十年の災難で、十年の精神的傷害が大きな壁を作った。もう足踏みはできない。じっと耐えるのみだ。

十月十四日（土）七時四十五分、交差点の天上の暗闇に、一羽の優雅な姿の鳥が飛んでいく。一瞬、明るいはげましの笑に変わった。Aよりレミー、小さなビン、ポプラ**よりふくろ入り一つのケーキで、ささやかでおだやかな出発を志す。

九月二十三日より十月三十一日夜まで、五十円（キャベツ）で過ごした。恐ろしい金苦（きんく）***。入二百八十円、二ヶ月久しぶりで喫茶で本を読み、書くことができた。とぎれぬよう十一月を無事迎えよう。

2000年12月18日

平成十二年九月二日、太陽が地球に特別接近したごとく、じりじりと暑さに包まれる。福祉****の世話になり、時々たずねて食料や身の世話をしていた人*****が、知りあいの所で酒を飲み、午後、帰られる状態ではない。私のテントにもぐり狂乱を起こして、ものをなげ飛ばしつづけた。二十二年以上大事に供養し守り続けた、天より授かった竜木、藤原時代の十一面観音像まで、とうと、こんなごみ、と神体をめちゃくちゃにされた。頭、体、足、三つにわれていた。足をもぎ取られた竜木の神体、痛々しくなげ飛ばされている。ちょうど、三千五百円の並びの日であったが中止になった。

なだまるのを待ち、この恐怖にひどいショックを受け、いまだなさけなく、くやしい思いの念を離れない。

それより福祉にもどれず、行くあてなく三ヶ月半あまり共にくらしているが、普段几帳面（きちょうめん）でまめに通常のできない事をするが、以前と（依然として？）時々、このごみをなげ飛ばしてやるとおどす。暴力をふるう。九ヶ月近くで法華経三十カン以上供養し、この現状をのりこえ、平静にして二十一世紀を迎え、近代の再生を望むが、かんじんなる現金、食料がめぐらない。

ごみあさりのように、毎日、毎日、スーパー残りものを、タバコ、洗たくと、日常の事だけでも暗く、普通の三倍の精神労力を感じ、淋しい十二月だ。私が一人では生きていけぬだろう、食料、生活をささえるため、好きでもない、愛情もないが意地でも食べさしてやると、毎日小ぎれいに食料を調理し、身の回りをそうじしているが、あまりものグチ多さや、人をののしる、たたく、こればかりはと大事に守り通している像や本をあい変わらず捨てたりなげ飛ばしてやるとおどす……。人間としてそんな神経がわからない。

取りつく悲しい悪魔よ、消えてほしい。

怒りとやりきれなさで、半殺しにあったような打撃に声も出ない。

2001年1月28日

二十八日、九時三十分起きる。怒られ外に出る。一

＊限定商品の発売や抽選などの列に、依頼者の代わりに並ぶ仕事。
＊＊コンビニの名前。
＊＊＊小山さんのオリジナルの表現。お金がなくて苦しいようす。
＊＊＊＊小山さんは「福祉」という言葉を、生活保護制度など公的な福祉施策や機関の意味で使ったり、民間の支援団体を指して使ったりしている。前者の場合、「公福祉」などと書く場合もある。
＊＊＊＊＊6月28～29日の項に記されている「A」を指す。

面、雪化粧、光と雪……。千百円。清まる時間と静けさと空間。町に出る。昨日の恵みを大事に使おう。二時間半、ドトールで本読む。

　四十五分、駅に立つ。ビール一本戴く。四百五十円。三時より、シャノアールにて読む、書く。夢とロマンを失いたくない。美しい時間、精神を豊かに育(はぐく)もう。どんな状況、環境においても、好きなこと、きらいなことをはっきりしておこう。好きなこと、善いことと思ったことを止められても、持続していく意志を保とう。今日もたくさんの人間を見た。思考、好みが皆違う人々が歩いている。リズムと機能を大切にいだく幸福を作ろう。

２００１年１月29日

二十九日、シンシンとせまる寒さと冷え、パンの恵みで二日保つ。

２００１年１月31日

一月三十一日も無事迎える。

悲しく淋しいむらむらする気をふり払い、駅まで急ぐ。百六十円。また、喫茶で体をあたため、本を読み、音楽を聞ける。

　愛情はないが意地でも食らわしてやると、よく食べものは補給し、九年近く世話になっているが、収入はゼロになり、過去に世話になった分を返さなければならない立場だ。自由がほしければ、一千万返せと言う。一体どうしたらよいのだろう。油と水のような気質の違いは、今後の道中の旅を無事歩めるだろうか。精神と経済の自立がかみあわなくなった。今後の課題だ。お互い花ひらくよう、今日も二月に向かって歩もう。

第１章

2001年2月2日
〜
4月28日

公園でのテント生活を始めて約半年後、同居していた男性が小山さんのテントに移ってきてしまい、テントでの同居が始まる。

第１章は、その後、「並び」の仕事などで現金をわずかに得ながら喫茶店に通って読み・書く生活の様子や過去の回想などが綴（つづ）られる、約３か月間のノートから抜粋した。

２００１年２月２日

二月二日、沈黙の二月を過ごそう。

三十一日、おだやかに眠った夜明け一日、目覚めると突然、頭を二度たたかれる。理由のない痛み、悲しみと恐怖で涙があふれる。出て行け、目ざわりだ。

冷雨ふる空、外に出る。駅にて突然と気を静め決心をする。

不安と悲しみをかかえ、明日も開かぬ迷路、心のゆがみが離れるまで、私の眠る所が見つかるまで忍ぼう。肌寒い午後、駅まで向かう。ちょうど二時二十分、時計の針を見つめる。一瞬、太陽が輝いた。昭和五十四年二月二日、二時を忘れず心にきざんでいた。見捨てられた我が身と魂をゆがませていたが、あれよりちょうど二十二年。二十三年目を迎える。

この地と場所で、この時間に太陽が輝いた。大きなはげみとなった。私なりの生き方しかできないが、道中あまりにも変化が激しすぎた。地ごくの果てまで追い込まれた屈辱と悲しみが、深い傷と痛みとなって暗くさまたげる。

毎日、忘れない。なぜ……と問う間もなく、現実のきびしさの中で、二〇〇〇年を無事終え、二十一世紀を迎えた。一月六日の魔を通り抜け、日々、赤いコートのおかげで声を出して唱えることができたが、意識は一日にして緊迫の沈黙と変わった。極度な貧しさと突然の傷害に巻きこまれた不幸のわなに、これ以上閉ざされてしまったら餓死してしまう。

意識回復を待ち、平静にもどることを祈り、小さな喜びを見つけるよう町を歩く時、楽しい発想がよみがえるような場面にであう時がある。

生きていることの喜びの瞬間、一つの痛みが消えていく。希望と欲望があふれる時、夜も眠れない時がある。深夜のラジオの曲はすばらしいメロディが流れる。

２月３日

二月三日、すばらしい晴天だ。昨日は何も収入はなかったが、夜十時近くまで本を読み書くことができた。また、とだえてしまう貧しさかと思うと、頭が混乱する。毎日のリズムが狂い、精神的に調和がとれない。

町の交差点タヌキさんより豆をもらい、悩みながら、めでたい日と思い、ラーメンと酒を買ってしまう。三百円渡し、一夜の眠りを保つことができた。まるで別人格に変わっていた。心の霧が晴れたのだろうと思い、安心をして、夕方、頭かりあげ、百円もらい、五時過ぎ、喫茶に飛びこむ。

この時間は私にとって一番貴重だ。心安らぐ所は、現在二ヶ所しかない。十六歳より喫茶通いをやめたのは二度しかない。最高三ヶ月のみやめたら、ろくなことがなかった。どんな高い家賃を払い、コーヒーカップを買い、サイホンもそろえたが、生活のしがらみより離れられないため、精神が解放されない。

何かおかしな思想に社会が巻きこまれているような不安を感ずる。上手に生きている人もいる。半年働き、半年精神的保養する人生が理想らしいが、ひとたび収入ある仕事をやめてしまったら、たちまち追い込まれてしまうような日本の現状は、極端な思考の人種で摩擦が激しく、びりびりして、社交時間もない。きれいな衣装も宝のもちぐされだ。

私はフランスに行きたい。西洋に行き、日本の現状を見つめたいのだ。幾度もあふれる心情が止まらない時、部屋を離れ、一人のいこいの場をさがして喫茶に飛びこんでは精神を安定させてきたのだ。また、日々一万円もめぐらないのかと、どなりたくなるほどいらいらする。百円のおかげで、こうして気を静め、今後どうしたらよいのか思案する。

2月7日

二月七日、夜、三度目の雪が降る。まだまだ油断ができない。毎日のコースになった道のり、五、六キロはあるだろう。駅前で本を一冊拾う。読ませてもらう。ちょうど、全集オリエントの歴史を三度目読み終えたばかりだった。

二月の沈黙は時おり息苦しく、道中なつかしのメロディがこぼれおちる。我がテープレコーダーはまだこわれてはいない。うれしい時、悲しい時、子どもの頃よりこぼれ落ちる歌曲や数々のメロディ、大きな声で涙をこぼしながら歌った、長い人生。踊りと歌を離れた十二年ばかり、私は別人であった。その意識はまるで、名演技者のように真剣であった。

二度と過去の自分にはもどれないと思っていたのに……。孤高の精神、意識に耐えかねて、チャンネルをかえて昔の私にもどってみた。あふれるあふれる、数々のこと……。どのように調整したらよいのだろう。集中を持続できない時、反乱をひき起こす、年齢のない、もう一人の私……。いつもすばらしいイメージをいだく空想が大好きだ。夜の静けさの時間、神々の世界や人間の世界を空想する。そんな時間はまたたくまに過ぎ夜明けになってしまう。

　自然に目覚めまで眠るように努力している。

2月17日

　一月二十日より続いている毎日の中心が駅と町に変わった。眠る森より、わずかめぐりつながれるお金により、人間に必要な建物とくつろぎの中で、一日の生に必要な原動力の眠り、目覚めの精神の働きが始まる。

　深夜をのりこえ、ちょうど五時間近く。千五百円で過ごした、二〇〇一年の出発。意識はしっかりしているが、夜明けの寒風にそまる青空のもとに立つとぐらぐらする。もう少し時間を保ちたいが、これ以上歩ける状態にはなれない。参道の灯が美しい。誰もいない夜明けの町。考える力もつき果てている歩道……。店の灯。心によぎる数々の事。わめきが終わり、寝静まっているだろうか……?

　わずかな食料とタバコを買い、夜明けの森を歩く。横たわる空間は広々と、明るみにそまっている。倒れそうな身をかかえ、一枚のビニールの屋根に包まれたテントまで向かった。

　気はなだまっている。夕刻までどうしてもねむらせてほしい。それなくして、今日の一日は始まらない。

　三時過ぎまで仮寝をする。叫び声はとまり、一人ぶつぶつ言いながらコートをかけたり、鼻をつまんだり、うでに薬をつけたりして別人になっている。この眠りの中で、私は昨日のつかれが消えていくのがわかった。殺されない限り、いられるべき所で見苦しい眠りをすることは恥とも思うが、私にとっては神聖なことだ。

　男、女の現実の制約をこえて、人格としての芸術的人間になることが私の夢であった。そして、世界を旅することができたなら、どんなにすばらしいだろうと思っていた。大いなる笑いがこみ上げてきた。ここまで生きてきた。自分の人生をふり返り、幾度も死してはよみがえる命。欲得を離れた時の自分のこっけいな姿。夢の中でまで宇宙をかけ走っている。
　優雅で、なだらかな風景を最も好んだ時期もあった。こもりがちな性格は、今は人間が軽やかに生きる町をこのんでいる。知なるものあわく、信なるもの内に、希望は歩みに、夢は限りなく明日の生をかなでる。
　久しぶりで静かな時間を保った。ローソクの灯、キラキラと身を包み、この一週間の激動を洗い清めてくれる。わめきは止まった。ぐっすり眠る。

２月21日

新しいページが始まった。新しいノートだ。新しいペンだ。平十三　二月二十一日、今日もまた、駅近くの喫茶の窓辺、同じ席で夕方より時間を作ることができた。三時間以上もすわっていたら、大阪にも着いてしまうだろう。

２月22日

福祉にも向かった。芸術や文学を志し、売れず生き、持続する人を助ける機関はないものかとたずねたが、ないと言う。千円借り、新たな出発に歩んだが、現実はきびしい。世間は広くてせまく、特別助けあう人とも出逢(であ)わない。自力の続く限り、ゼウス、ゼウス、ゼウスと芸術、文学、音楽の神を仰ぎ、時々燃え立つ芸術への情熱を持続しているが、ゆるされた時間のみだ、道楽だと言われ、誰のおかげでめしをくっているんだ、なまけもの、働け、金を持ってこいとどなられてばかりいると、魂は傷つけられ、ひどい衝撃受ける。二つ、三つのことが、なかなかできない。

２月26日

十一ヶ月を無事過ごした。森の中での眠りは、私にとって大事なことであった。心(ママ)を原点に帰り、近代*を生きていく精神を育(はぐく)まれたことは、誰の言にも左右されない自己、人間成長することでもあると思った。
　三月二十四日で丸一年になる。寒さと、人との摩擦を気をつけ、頑張ってみよう。わずか二時間の時間で

＊小山さんは「近代」の語を「現代」を含めた意味合いで使っていることが多い。

あふれてくる思い出の文字は、書こうと意識してはいない。一つの文章が、記憶としてつながってくる。

　現在はメモ程度にして、まだ書いてはならない。用意ができていない。

　ここ数日の短時間は、アルバイトの仕事といって出てくるが、それさえももったいないと言う。どこまで、このガンコな無理解と罵倒が続くものだろう。このなりくりの縁は、私の判断を狂わせ、どうすることもできない流れとなって、私の意見は通らなかった。見たことも聞いたこともない、時々の凶暴は、逃げては殺すという、おどしと暴力で心はいつも暗い何ものかに支配されている。別人格にとりつかれた時は、大事なものや人でも、みさかいがつかず、なげ飛ばし、たたく。この所、ひんぱんに続く。夕方、髪を剃れと言うので、緊張の中できれいにかり上げる。広場でおだやかに終わったはずだが、喫茶をやめて、俺につきあえと言う。私はどっとつかれていた。大きな自然の夕風で、自分自身をささえきれない。整った建物に入りたい。このままでは、町を歩けない。

　いやみと怒声でののしる。もう帰ってくるな！


体中がガタガタする。泣いても泣ききれない。怒りがこみ上げてきた。三時間、うるさい人の毛をそり、かり上げるのにつかれた神経は、お金にはかえられない。喫茶、今日は二度目だ。

　気を静め、散乱する感情は、今後が開かないことで、ただ、なさけない、なさけないの連続の言葉だけだ。夕陽が美しい。渇ききるような淋しさと孤独に、心身がえぐられたように深く痛む。

　人間が思考力を失い反乱した時、身近なものへしかはき出すことができない性はよくあることだが、こればかりはどうすることもできない。それぞれのくせがある。ストレスが多くなって、目先が見えなくなる時、関係のない人まで害してしまう。何か楽しみを保ち、きりかえる智慧がなければ、むなしさがつのるばかりで病の原因になる。一人遊びのできない子どもならわかるが、おとなになると、いろいろな体験をふまえてそれぞれ気を晴らさなければ、わずらいが深くなるばかりだ。

　あっという間に一時間半が過ぎる。ただこの時間がほしかっただけなのだ。

人の自由、本来あるべき魂を、のびのびとできるよう、解放させてほしい。時間の許される限り、私は私自身でありたい。

歩く力を失った。この心のつまりを晴らそうとしている。沈黙の二月は終わろうとしている。平静な楽しみも風雪にさらされる。花開く三月がやってくる。一枚一枚、衣類もぬぎ捨てられるだろう。

新しい時代が始まる。小さな生活のからをぬぎ捨てて、底の底よりわき上がる活気を呼びもどそう。ケチくさい戦いはやめよう。今日の激動は終わった。（三時間）暖かいぬくもりをかかえ、夜の町に出てみよう。

３月１日

沈黙の二月は無事終わった。三月一日、しぐれに包まれた空……。一日目のページが始まる。昼の出発は、三月の日々を歩みかなでる。

人の対話から離れていると、発音の言がにごり、生きた言を失う。気をつかわぬ人と、自由に話をしてみたい時がある。

３月４日

三月四日、朝より雨が降ってきた。今日の一日も始まる。三月三日、八時間で、乱れた精神はやや回復したが、心をよりどころにせよと言うブッダの言葉を思い出してみたが、人間の心は弱いものだと、微妙にゆれ動く我が感情のコントロールは、ゆったりとした場所と時間にある人間の中で、自己の存在を確認した時、世に生きている実感がわいてくる。お金を払って客と認められた時、買い物をしている時、人なりに歩いている時、感情の波立ちはおさまり、エゴイズムにうちのめされ傷ついた心はよみがえる。貧しいことはどれほど人間をそがいするものか、つくづく思い知らされた。千円思いきって使ったおかげで深く傷ついた心身が治り、希望を呼びもどすことができることを……。

四日午前、雨が激しくふったが、午後二時近く、ふろ屋に向かう時は太陽輝き、無事、身を清めることができた。夕刻の町は人でにぎわっている。二、三ヶ所買い物めぐり、わずかな食料や酒をかかえたとたん、すぐなくなってしまう。そんなむなしい日常をくり返すことはつかれる。

湯舟に入らないので、肌寒い。二十五年お米食べず、十年近くシャワーだけで通したことがある。その時は、米もあり、ふろも部屋についていた。本来、あまり好きではないのかもしれない。

いつも〔の〕喫茶にゆき、ふろ屋と買い物でつかれた神経をいやしたかった。

五時過ぎ、暑い時寒い時でも、一度もすすめても喫茶ぎらいの人が、自分も行くと言う。なんとめずらしい風の吹き回しかと、雪でもふってくるのではないかと疑問にも思ったが、喜び、それなら私が四、五年通い大事にした店に案内をしてコーヒーをごちそうすると言った。大きな雨が降ってきた。きれいなグリーンのカサが一本おいてあった。思わずオカーサンと叫び、無事おだやかに時間が過ぎてくれることを祈った。

お金四百円を渡し、これで支払えと言う。コーヒー二はい。いつもの席があいていた。気もそぞろに、緊張をしておろおろしている。コーヒーぎらいの人がベロリとアイスコーヒーを飲み、ふろ上がりのひたいが地ぞう様のようにピカピカ輝いている。

せまく子どもじみているな、とサイフの中より千円出して、君にやるよと言う。ここはクラブではないのよ、私がよく書き、勉強できた席だから、気をおちつけ、ゆっくり身をあたためておいたほうがいいわよと言い、千円渡しても、またもどったら返してくれと言うのでしょう、あずかっておくわと言い、一時間半ばかりで無事外に出た。上機嫌で、君、助けあっていかなければダメだよ、僕にまかせておきなさいと、また酒を一つ買い、クイと飲む……。

今日は幻ナイトと思い過ごしたから、帰って大あばれしないでねと、いつもこもりきりで楽しむことを知らない暗い心が少しでも明るくなってくれるものならどんなに私も助かるだろうと、今日の奇遇に感謝をした。十五、六年ぶりで貝に入ったあわびを食べ、つけものラーメンで、ややおだやかに深い眠りに入った。

夢の中で福沢諭吉が和服姿で安座し、すばらしい広々とした喫茶がありありと空間を楽しませる。目覚めて、なんとすばらしい夢であったろうと意識さわやかだ。

三月は少し発声の訓練をしたいと思う。沈黙の二月終わり、寒い冬ごもりで閉ざされた緊迫の言語は、カラスの鳴き声のように同じことのくり返しで、生きた表現できず、にごっていく不安と悲しみを感ずるからである。

できるだけ大きな声で、ゆっくり、一言一言、現実に生きた言葉を表現をしてみる。どもりやなまりが少しでも消え、心身とも、感覚が機敏になるよう、身についたら本当に自分が楽しみ着られるような衣類を着てみよう。そして、自分が別人となり、ゆったりと楽しく遊べる町や店で近代の自由を生きている実感をかみしめることができるなら、国際的にも、いろいろな人と対応できるような人格となり、コセコセとした暗い心が明るく広くのびのびとして、世も輝くだろう。

3月7日

三月七日、風は強いが暖かい日よりだ。今日は私のきめた仕事の日だ。わずかな時間の精神解放をしなければ、毎日が気づかい、ストレスがたまる。いつもの店に行ってみよう。歩く道中、気だるい。なぜかもう書くも読むもいやな気持ちがせまってきた。規律に責められるようなリズムは精神労働になってしまう。

いつもの席にすわる。なぜか空気が重い。となりにすわっている人がバカに気になりイライラする。私はノートもペンも広げず、新たな意識とイメージが開くことを祈ったが、人間名誉の業（ママ）よくの深い新聞を広げている記事が気になり、神経がビリビリする。今でも（今にも？）世界が宗教戦争でも起こしそうな活字が恐ろしかった。いやだ、いやだ……。心に叫び、今日の時間のいやな出逢いは私にとってグサリとやりをさされたような、重い痛みとなって怒り悲しませた。

ふれるまい、思うまい。外に出よう。一時間がなんと長く感じたことだろう。

3月9～10日

三月九日、午後まで死んだようにぐっすり眠る。明日は夜明けの仕事だ。一日緊張のままで過ごす。今年初めての並びの仕事。約五時間だが、約束の時間内はげんしゅくだ。

とうと（とうとう？）深夜、行く、行かないと迷いながら、初めて同伴する人が、叫び、ごねて頭をたたく。がまんをして約束を守れば三千円もらえ、自由に使うことができるから、勇気を出して行ってみようとなだめ、痛みをかかえ、四時出発。五時六分、電車に乗り、十六人、品川まで向かう。暗く肌寒い夜明けは、心身凍りつくような長い時間を感ずる。ここでは死んではならない。強く心にむちうち、やっと九時過ぎ、太陽のぬくもりを身に受け、三千円を手にした。

3月12～13日

三月十二日、夜八時過ぎ、突風とあられがふってきた。一人出かけた人の道中、大丈夫だろうかと、身動きとれない。重い体をささえ、三月十三日夕刻まで丸二十四時間、小さなテントの中で過ごすことは三度目くらいである。三時過ぎ、町に出て、いつも〔の〕喫茶の席にすわる。活字も読める、書ける、意識さわやかだ。また五十日間、新しいノートと共に本当の春を歩もう。

一日夜の町を歩くことを休むと、町並みの街灯が美しく見える。音もなく静まった春の空は、まだ冷たくすみきっている。

一人の時間を尊ぶようになったのは、十五、六歳であった。好きな物や人に出逢った時、一人思いふれ、自由に楽しむ時間がほしくなってくる。反対されたりじゃまをされ、怒られると、自然に興味なくなるまで、逃げても守り通すくせがあった。

若い頃、あまりお金には無とんちゃくであった。入ると使う。ほしいものは数限りなくあった。貯金もなかったが、あまり借金もなかった。なぜか遊び好きな人ばかり縁があり、もういやだ、一人きりでおちついて生活をしてみたいというほど、連日連夜さそいで、ことわるのに苦労するほどつきあいが広がり、いざ、具合が悪いと、誰にも言えない有り様におろおろするばかりであった。働きも次から次に、給料の条件のよいさそいもあった。半年以上持続して勤めたことはなかった。大金には縁がなかったが、四十歳までは人に必要な最低の物とお金がとぎれることがなかったのに、四十歳過ぎてからこの十二年間、あまりにもひどい状態に追い込まれ、書くに話すに及ばない悲痛と屈辱の流れの中で生きていかなければならなかった。

社会、人間が、すっかり変わってしまった。現在を見ると、日本が開化するどころか、古い、封建制を思わせるようなきびしさである。何がここまで、こり固まらせるのであろうか……？　時代が変わったというものの、建物と人口がふえるばかりで、ゆとりのない空間はビジネス労働の生活であくせくしている。この生活という感覚は、家族があっての基準で考えたら良いのか、一人一人の生きる話として理解するべきか、最近つくづく生活恐怖症になってくる。

３月18日

雨の日、風の日、雪の日、暑く、寒い気候に閉ざされ、人間の肉体、精神状態が調和を保てない時、人は自ら必要に応じて選たくし、精神のかてを探し求める。三月七日の私の仕事の日より、十日間、私個人の意志のままでは生きられない現状にある。散歩する時間さえ自由がきかない。三時間ばかりの喫茶での読み書きは、仕事よりの収入と言ってわずか手渡し、やっと持続しているが、眠る、町を歩く、日常のことと、二十四時間の中、現在、一人きりでいる時間は多くて三、四時間しかとれない。離れて歩いても怒る。トイレに行っても時間が長い、日常のことも何もしない、だらしないとうるさい。心休まるひまもなく、五月まで、六、七度のアルバイトの仕事に行く、勉強する時間、本、喫茶で身をあたため音楽を聞き、精神をやすらげたいため、お金が必要なので戴いたものだと、三分の一手渡し、私にとってこれは絶対必要な時間を緊急にせめられ、うそまでついて作った今日の時間は、自ら命を救う。十日前は無に終わったが、めでたく一時出発することができた。

この息苦しさより解放させて京都まで向かったつもりで、いつもの席にすわり、やっと我が意識にもどる。私が一人では生きていけないだろうと心配で、福祉へももどれない、誰が食べさせて生きているのだと、毎日食料を探し、十日もたりるほどあり、無理にも食べさせるが、それだけで時間がまたたくまに過ぎてゆく。

一食しなくとも、私はこうして、生活より離れた一人の精神の時間がほしい。

三時間ばかり、すわり、読む、書くことで意識よみがえり、心の調和が保てる。これをお金のないため理解されず、止められたら、生きていても何の価値もない。京都にいる時は、一日二、三度、地を変え、自由に、誰にもじゃまされず、読む、書く、考えるを自由に、時間を使うことができた。深夜の時間を多く使い、昼過ぎの太陽の下を歩く毎日に切り替え、食事は軽く、一、二食、一ヶ月の三週間以上は、全く一人きりであった。一人遊びに慣らしたのに、どうしてこんなにも複雑なつながりと生活になったのだろう。俺の言うことを聞かなければ出て行けと口ぐせのように叫び、神経をびりびりさせている人に、一生支配されていかなければならないのかと思うと、精神も経済も文学の魂もうばわれてしまいそうだ。私は残念に思う。なるようにしかならないと思うものの、ここまで人間の精神と現状が貧に落ちこみ、それぞれの個性が成長し輝かない壁の重圧を払いのけようと必死で毎夜考えるが、いまだ解決がつかない。

雨がやんでいたのに、またふってくる。

もどろうか。もどるまい。

黄色のカサが一本、公園のごみ捨て場に置いてあった。ぬれずにすんだ。ありがとう。今日の光のようだ。

3月19日

すべて流れてしまった。過去の話だ。近代、今後の一日一日のほうが大切だ。自分の生き方を変えなければ、ただ世間のなりくりに安住してしまう。

夢も希望もイメージも開化できないまま、一人の男の下部となって、個性も自由も奪われてしまうような人生なら、生きている必要もないだろう。

女は子どもを産む道具だ、お前は頭がおかしい、殺してやる、出て行け――。

久しぶりで真夜中静かに眠っていると、どら声がする。何と古い意識と考えで生き、凶暴な精神だろう。

十九日、森の木きりのため、朝八時過ぎ、広場に出る。多くの樹木の枝が、こんなにも痛んでいるのであろうか。一年半、東京を離れ、上京、出発地点の森を見ておどろいた。木々が色あせ痛んでいる。地盤の変化とは言え、世界の大自然破かいの歴史の歩みは、人身の手では回復させることはできない。痛む森、痛む地、痛む人、見るに忍びない。初夏を思わせるような暖かさの中で、二時間ばかり、大地に横になった。

心が渇ききるように淋しかった。

このまま死んでしまうように虚無な時間……。カラスたむろす大空は、現在の私の心をいやしてはくれない。スーツケースなげ飛ばされ、出て行け、帰ってくるな、俺は一人で生きていけると足げりする。うるさい！　久しぶりで大声を出す。いつまでも悪いくせが直らない。甘えと酒の飲みすぎで我を失う姿を、もう見るのもいやだ。

私は子どもの頃より、制服を着つづけたことはない。中学の時までは許された。せっかく兄嫁が作ってくれた、カシミヤの高校の制服をなげ飛ばして、一日も早く自由なファッションをしたかった。十五歳、家出をしてしまった。再び帰ることのできない育った家は、親も兄、姉も、服装には寛大であった。ファッションデザイナーになりたかったが、入学金を払えず、あきらめた。二十代の若い頃、あまり地味な服装ばかりして化粧もしないでぶらぶらしていると、母にも泣かれた。若い人は若い人らしく、おしゃれや化粧をして、明るく笑顔で町でも元気に歩いてきなさいと……。十八歳よりつきあい人は、私が化粧をしたり衣類を買ったり着たりするといやがった影響が大きかった。現在の人も、自分の小遣い三百円使っただけで、もったいないとどなる。そんなことまで言われる必要はない。

まして私が大事に守り通してきたものまで勝手にさわり、なげ飛ばすとは、あまりにもくやしい。

お前のものは俺のものだと、ありえない。親子でも、きょうだいでも、夫婦でも、その人のものはその人のものだ。あまりにも無感覚でずるがしこい行為をされると、たとえ何様であろうと許せない。わざとやっているにはあまりにもしつこい。心や魂がつかれ痛むばかりだ。古い宗教思想に支配された出逢いと縁だ。大きな波動を起こさないうち、近代の智慧で早く互いの精神的、経済的自立をするべきだとわかりながら、どろどろ同じことをくり返し、それが悟りだなどと結ばれ生きることは、私の精神が納得できない。法的さばきもあるはずだが、本人は刑務所に行っても平気だ、警視庁はよくつかまえないものだと、弱いものいじめをいつまでもやめない。ふてぶてしい態度は、何ものかの大事にせよという言葉をしりぞける。

この出逢いの原因は、平成二年、上京の時、部屋を借り、近くの店の食事処（どころ）に通う一人の宗教信者詐欺のため、大変な迷惑を受け交番に行ったが、常習犯だ、逃げろ逃げろと旅の用意をしている時、アルバイト一日目で現在の人が、事情を聞き、自立するまで食料は出す、洗たく、そうじ、留守のみで良いとの条件で、一、二日手伝いに行ったが、あまりにも狂気な面を見て、これはダメだと思ったが、荷物運び、もう帰る場所がなくなっていた。

近所の人が、貴方（あなた）がいなければもう生きていけない人だから、がまんをしてついてあげたほうがいいでしょうと言われたが、ますますひどくなるばかりで、また、交番で、がまんする必要はない、すぐ逃げたほうが良いと、やっと平十年、おまわりさんが、まだいるのか、あぶない、公園でも行けと、四月二十九日叫ばれ、逃げたら殺すと仕事をやめてしまい、二十四時間ついて離れない。貫主様*の死により、様子を見ながら六月十一日、ハンドバッグを包丁で突きさされ、六人の警察官が現れた。包丁は二つに折れ、本人はニヤニヤ笑い、異常だ。

公園で、七十日近く過ごした。

公園居場所にいてもむなさわぎがして、まんじりともしない。お金は返さなければならない。仕事をやめて、私を探し歩いているようだ。具合が悪く、深夜、町に出ようとした。夜まわりの警察官三人、最後、十円玉一個持ち、救急車を呼びなさい、ある人は、福祉に行きなさいと、八月二十日より二十五日まで、町や東京の公園で五日間の夜を過ごし、福祉に勇気出して行ってみたが、無理であった。千円借り、現在の人をたずねた。げっそりとやせ、真っ暗闇（くらやみ）にすわり、今にも死んでしまうような姿で、助けてくれと言う。家賃滞納、電気もつかない。水も出なくなった。もう一度やり直すと言うので、再び公園の人にテントを作ってもらい、生まれて初めてのなれない生活をする。九十日間、本を読むことも喫茶に行くこともできず、プレスリーのギター（と思っていた）を売った二千円で、一ヶ月も過ごした。とうとまた、見知らぬ人の大きなわなにかかってしまった。あの傷害は私に十年の足ぶみをさせた。

現在は書けない。

働け働けと追い込まれ、アルバイト先の一日目の出逢いで、とんでもない恐（こわ）い人生を送らなければならなかった。数々の方向へのさそいはあったが、いずれも判断しがたかった。

すべて皆、ケチ思想よりおこった。人間の反乱は数々のばく発を起こす。なぜか今日は、彼岸だと言うのに感情高ぶり、怒りが止まらない。こんなケチくさい人生、やめてしまえ。四時間すわってもまだ気がおさまらない。残り一万、自分自身のため使おう。いつも、シケモク＊＊とゴールデンバットだが、ホープを四時間十本吸ってしまう。一万持って、仕事探すこともできない。やけのやけ気味は、まるで十六、七歳の時の反抗期の時のように燃えている。なげ飛ばすなら、パンツでも何でもなげ飛ばしてしまえ！

日が沈むのを待ち、コーヒー券十一枚、千八百円、大事に保った福沢諭吉とさよならをする。タバコ五箱、今日、食べものもらいもタバコ拾いもしたくない。ケチケチしないで、スパスパ新しいタバコを吸ってみよう。百本も吸えるだろうか。

スーパーめぐりもしばらくしたくない。毎日毎日、小銭の使いみちで神経がはちきれそうだ。この私をいつまでもバカにするんじゃない。ケチ神、ケチ霊、ついてくれるな……。

ギリシャ風のお店に行ってみよう。少しは気が晴れるだろう。大通りで十六日、グリーンのボールペン一つ拾った。新たなペンだ。書くこともつかれきるまで続けてみよう。お金をもらうプロの作家ではない。こんな時、少しでも長く置いてくれる所が良い。昔はよく気に入る店があると、出てはまた入り、夜明けまでひとところにいることが好きであった。こんな心の状態の霧が晴れなければ、明日は開かない。

マリンブルーの海、真白い建物、明るく楽しき人、ああ本当の豊かな旅らしき旅をしたい。もうお金に困る旅はしたくない。

九時過ぎ、私は感情を静めトボトボ歩く。いつもの時間規制をこえていた。

＊小山さんが20代の頃から精神的・経済的な支援を受けていた人物の呼び名。「貫主（かんじゅ）」は一般的には「頭となる人」の意だが、小山さんがどのような意味と読み方で用いていたかは不明。

＊＊タバコの吸い殻のこと。

ある道中、私は内心の叫びで泣いて涙をこぼした。本来の自由をさまたげた、人間の縁を、自分の弱さを思った。ぽろぽろ大きな涙を流した。私には私の歩みと自尊心がある。きれいに美しく守った町、そしてそんな気持ちで歩いた道、それをなんで、こんな思いをさせるのか……。やりきれないなげきが伝わってきた。流してはならない涙と記憶よみがえる道、我なだめて通りを歩く。

道中イスにすわり、いつもの制約の時間をこえて休んでいると、突然声をかける人がいた。心臓がとまりそうな動悸（どうき）。どうしてそんな所で君がいるの……？　私はいつもの所でパンを食べている。またセブンイレブンに走ってしまう。使ってはならない金が出てく（ママ）。突然なぐられる。会ってはならない場所。悲しみは再び起こった。八時間をこえて約束の時間のない場所で出逢ったことが、お互いの感情を害した。無駄な疲労がつのってくる。

私は私の立場の現状にもどってみよう。そして叫んだ。このまま助けえぬ町は、私も助けえぬ。私の今、現状を見てほしい。人の生きる地を、どんな長く守り生かしたか、泣き叫ぶ。

十時近く、もどってみる。木々は枝もなく葉もない。痛い感情、眠りたい、つかれている。入ったとたん、スーツケースをなげ飛ばされ、追い出された。ノート終わった。

3月22日

三月二十二日、やっと仮住まいの大そうじ*が終わる。公園管理事務所、警視庁の管理になっているが、追い出されないだけでもありがたい。気だるい体は重いが、おだやかに終わり、めでたく祝はいをできたことは、体の痛みも忘れさせてくれる。

どっとつかれが出て調子が悪いが、夜、死んだように眠る。体調を治そう。春彼岸、数々を思い、日常の不安定をそれなりに過ぎてゆくことは大事なことだ。

3月23日

三月二十三日、公園の桜木一本はもう満開に近い。楚々（そそ）で上品な細い枝木に、見事美しい花を咲かせている姿は、風流な清潔を匂わせる。

とうと今日まで現実の働き口が見つからない。

毎日、自然の環境の中で冬の寒さと貧しさに耐え、生きぬくだけでも必死であった。自分のみのペースになり得ない半住まいのせまさとみすぼらしさは、目覚めて笑いが出るほど、粗末でおかしい。ここでまともな生活とはこんなものだなどと、なベカマもち、規則正しい食事や休養をとろうとしても無理だ。少し無理をするとたちまち体の具合が悪くなって、食欲もない。共にいる人との感情のぶつかりあいをさけるよう気づかっているが通じない。わがままが出るばかりだ。

五月半ば頃の天候の二、三日は本当の春のようであったが、まだまだ涼しい日が続くだろう。

３月26日

三月二十六日、昨夜よりの雨で大地はぬれ、若草の緑が一段と色こくなった。

今日こそ、ゆったりと一日横になってようと思ったが、昼過ぎ、かすかに目覚めると突然おなかが痛いと声を出してしまう。うるさい、仮病だ、お前の言うことは信用しないと冷たい言葉……。こんな人のそばで倒れてたまるか。無理に飛び起き、公園の広場をめぐる。春風が強く、噴水が涙のようになだれ飛んでいる。人影の少ない午後の光に身をさらし、冷酷なつながりを早く離れられるよう、気迫と孤高の精神をふるい起こす。小さなウイスキーを一口飲む。五日間保たせようとした十五年もののこの酒は、三百五十円、安くておもしろい。バリバリと体中の緊張がときほぐれる。今年は早く桜の花は散りそうだ。樹木の葉が新たに実るまで、しばらくざわめくだろう。

三時過ぎ、気分を害されないように、黙って外に出る。スーツケースの重みが二倍に感ずる。土日が過ぎると町は静かだ。いつもの席で気持ちをゆったりさせる。すっかり外界を離れ、わずかな時間、フランスに行ったつもりで自己の世界に入れる時、笑い飛ばすだけの意識がよみがえる時がある。ジメジメとした感情はきらいだ。まして戦いは最もいやだ。まるで煮ても

＊公園の「一斉清掃」のこと。月に一回行われ、管理事務所が見回りに来る。「テントそうじ」と書かれる箇所もある。

焼いても殺しにもならないコンニャクのようなバカ者だと何百回言われながら過ぎた月日は長すぎてうんざりだ。

このたびは書きすぎている。習慣を持続することもとぎれるだろう。また、新たな楽しみを探そう。五月の若葉と共に、何か新たなイメージが開化できるよう、微妙な四月をそれなりに過ごそう。

二十五歳より、読む書くことを志し、現在こんな環境の中で約二ヶ月で六冊ものノートを書けたら十分だ。きっと、はげまし協力してくれた人も、世に認められず収入がなくとも喜んでくれるだろう。私も喜んでいる。今日も書けた、読めた、歩けたと……。きれいな風景を見て、美しい音楽も聞くことができた。

3月29～30日

三月二十九日、雨がふり肌寒い。日中、カブの煮物を作ってみる。半分レモン、塩で浅づけ、チキンラーメンにキャベツ、残り鳥肉、沈黙の食事終わり、不安のあまり激しくふり始めた雨の中、町へいそぐ。五時、誰もいない公園の道は夕暮れの静けさを保っている。心の安定感がすっかり失われてしまった。

いつも〔の〕喫茶の席で残りわずかなノートを広げ、三月の末も過ぎていく時間を過ごす。昨日の夜、五百円渡して無事おだやかに眠り、冷静に四月の歩みを出発しようと、体の痛みが止まってくれた喜びがとぎれぬよう、今後のかてのやりくりを考える。

夜の町は雨で肌寒い。いつものコースをめぐらず、駅近辺を回り、八時過ぎにもどる。出費も五十円ですんだ。必要であったため、めぐったお金生かして使うよう努力した。じっと暗闇にすわっていても何も入らない。無一文に近い状態からの歩みであった。

入った元より、その元に使うよう気を配り、二ヶ月も過ぎない間にあとかたもなく消えてゆく時、一体私に何が残ったのだろう。つぎのかてにつなぎ結ぶことができたであろうかと、ふり返ってみる。

本を読み、書きたいという願望より授かった金だった。休まず三月三十日まで続けた。できたら五月一日まで持続したかったが、残り四千円近くだ。手もちがなくなる不安は、気弱な精神状態に落とし込む。心の痛みは激しく、今後の回復の見通しが開かない。本十冊近く、ノート六冊、毎日約三時間平均が今日まで続けられた中身であると思った。そして寒さをしのぎ、春を迎えた。来る春、行く春、過ぎる春、桜も散り始めた。早い。気流に舞い散りざわめく美しさ、二〇〇一年の咲き匂う春の香りをまぶたにおりたたみ、三月の末を終えよう。

　昨日、あまり歩かなかったので心身が楽だ。三日月と星が美しく輝いている。ゆったりと参道を通り大通りまで向かう。心の内面をよぎる数々の思い出は、歩く路上に去来し、幾度も往来する道の大地は厚い重みとなって感ずる時、きり（ママ）返る余裕のないわびしい道中となってしまう。散歩……散歩……散歩、一人つぶやき再び明るい日が来ることを待とう。広がる心おさえ、下ばかり見て歩いていると、カンビール（キリン）が落ちていた。つぶれたカンの中身は健全だ。ハッハッハッと大きな笑いがこみ上げてきた。

４月２日

　こんな貧しい人生じゃ、何も言える権利がない。プー太郎とバカにして無視され、ゴミ捨て場に投げ飛ばされるばかりだ。何事もなりきれない人間のエゴイズムは、こんな時代になってなお、混乱する時がある。六時過ぎ、タバコ二個買い、公園もどる。

　支援団体の桜祭りだ。昨年は人が多くてにぎわっていたが今年は人少なく静かだ。やきそばを戴き、夜桜の下でカラオケを聞く。三年ぶりで共にいる人も歌う。なかなか音感が良く上手だ。最後、ジルバ踊り、九時近く、二十一世紀に向かい頑張ろうとおだやかな幕じめとなった。テントもどると、悪い酔いをしたのか暴力が出る。夜明けまで外過ごす。人気（ひとけ）のある間は、月を見ながら町に出ず、一人静かに過ごすことができる。

４月３日

四月三日、午後、サウナに入ったごとく暑く汗があふれ、けだるくむなしい目覚めをする。

昨日、さわぎすぎたせいだろうか……。コーヒー券七枚、テレホンカード五枚、落としてしまった。

　昨日踊った場所に行ってみた。入れものは落ちていたが、中身がない。私にとって現在一番必要なものだったので残念に思うが、自分が落としてしまったのだからあきらめよう。残三千五百円、心ぼそき歩みが始まる。昨日は日本酒長寿盛、めずらしい酒を戴き、すっかり我を忘れて花見気分になっていた。

今日もまた、人出が多くにぎやかだが、夕方、風と雨で粉雪のように舞い散る花弁を身に受けしょげていると、ゴミ箱の近くに封のあいていない梅酒がゴロリと落ちている。なんと酒に縁があるだろう。コーヒー券の代わりにお酒が入った。喜ぼう。町に出て興奮の気を静める。今日は喫茶は現金だ。めずらしくクラシックが流れている。喫茶とクラシックは良く調和がとれて心よい。精神が明るく上品になるようだ。

どうか、四月も日々明るく過ごせるよう、恵みたまえ。

お金ある限り、自ら不安を感じ、喫茶通いやいろいろな行動もできるが、お金の流れが止まったらまるでもぬけのからだ。ないものに限ってよく落とし使う。先々も思いやられる現実の収入安定のない我が人生の悩みだ。悩みなき人生は空虚と灰色であるとゲーテの格言を二十の頃よりよく口ずさんだ。

金苦困苦、この悩みは私の空虚な心をよく支配する。我が友よ、生きている限り私の伴侶だ。

4月4日

四月四日、目覚め、明るい光と酒……。

平九年五月三日より、公園外の私生活に縁あり過ごしてみたが、寒い冬、ましてテント生活は考えられなかった。四十年近く草むら一つすわることができなかったものが、自然と共に、雨の日、嵐の日、雪の日、まして恐れる人と共に生きることのつらさのほうが、どんなに私の内面を複雑に追い込んだろう。自由があって、自由がない。

それぞれのきびしくせめられた一人の存在と命は、社会を離れた。孤独を孤立に追い込み、もがき叫んだテントが何事もなかったかのように、光包まれ、一日の眠りを、存在を、時間の限りを守ってくれた。

外出、多くて四、五時間、二十時間以上も、このうらぶれた一枚のビニールに包まれ過ごしたのかと思うと、我が心身が、動ける、食べる、飲めて歩けることが不思議な感覚として我が命の存在をかみしめる。

一度出て再びもどった西門近くの売店の建物に過ご

した平九、十年、夜〔に〕なると、十人ばかり集まり、柱八本の屋根厚い空間のイスに横になっていた。雨、嵐の時は、ビニールをかぶり、恐怖に叫び過ごした地も、誰もいなくなり、現在、食堂売店になっている。

　それでももう、私は現実の人間関係や人々の元には帰りたくなかった。この地は、天にも通じる道がある。

４月６日

四月六日、ぐっすりと眠り、午後の光に舞い散る桜の花弁を身に受け、夜の時間をゆったり使おうと五時過ぎ町に出る。明日は並びのアルバイトだ。夜明けの出発はもう金額にはかえられない。ただ、約束を守ることに専念しよう。三千円、三週間ではもう喫茶に通う費用さえない。心わびしく重く沈むが、明日は母の命日だ。どんなことがあっても明るく笑っていなさいと言う声を思い出して、四月七日、二十三回忌を元気で過ごしたい。

４月７日

四時出発、時間と共に四月七日、歩む今日の日の出と共に……。五時間の緊張……。やっと手にして三千円、品川の駅で出逢ったプラトン、メノン文庫本。二人の男、お金を持ったとたん私をけなしののしる原因がわからない。こまかい交通費のことで感情が怒り、中にいる私にいやみやつかれをはき出された。いやな言葉や行為を受けたくないと怒り悲しみ、つかれをこえてまっすぐもどった。一すいもしていなかったが、無事、二十四時間をこえて、いやな悲しみの言葉をふりきってきた。今日の春の太陽……。

　雨が降るとの予報でカサを持っていた。らんらんと明るい日差しは、はきだされる悪言と暴力をしのがし（しのがせ）てくれた。いつまで続けたくはない。なんとひどいことを……と思い、私は一人生きていきますと、駅のホームに走り去った時間、十一時、なさけない人間精神……。くやむ間もなく、昼の喫茶に飛び込む。

　雨が降らないだけでもよかった。なにもかもあきらめよう。いつものことの堂々めぐり。気分も根気も吹き飛んでいる。ノートが乱雑になった。今日の私の感情は、誰にも言えず、孤独のままおののいてふるえが止まらない。走り書きをして、高ぶる精神をおさめようとしている。
わずか現実を生きる小金の働きのために、こんなにも屈辱を受けなければならないのだろうか。わずかな金は逆に人間の心を荒らす場合がある。なければまた、明日の命のかてにもならない。そんな人生のふしめに生きなければならない人間同士の心は、悲しみに痛んでいる。

わかる同士なら、なぜ、理由なき罵倒を二人口をそろえて言うのか……？　と、特別疑問と、いやみ、恐怖を感じた。

人間、ロボットのようにただ何ものかの意識にうながされ動かされている道理をみて、自分が人間であることの認識をしない。そんな間で私生活を送ることは、希望でもなく夢でもなく理想でもない。なりくりの縁に流されて、自由意志、言論をとざされ、現状（ママ）を大半を支配されているのだ。

いずれ、親、きょうだい、よき友より離れ、一人旅の道中に出逢った人に出逢い、つかれ、共にいることはつらい。努力してもできない限界、わかっていても自立する機会にめぐまれない時、たんなる女のつとめとしてできない立場や精神を理解することもなく、男が家事、炊事、買い物、プロ並の以上のことをやって、何もできない、だらしない、金を出せと言われても、どうすることもできない。

私は子どもの頃、母に（ママ）あまり家事炊事ばかりでつかれている姿を見ると、悲しんで悩み泣いた。母が死んでしまったらどうしよう。この私も生きていけない。紫の着物を身に着け、黙ってすわっているだけでもいい。あまり働かないでほしいとたのんだことがある。二、三枚の着物しかなかった。お金もなかった。いつも淋しそうな横顔はどこへ行っても離れず、明るい感覚で生きていこうと兄姉に反対され、呼びよせた東京での七年間の生活は、貧しくともつとめて美しく上品に生きようとした。それが私のあこがれであった。

一番の思い出は、身をきれいにして町を歩いたり、旅に行く時、別人のように生き生きとしている母の姿がうれしく、幸福であった。母がいると、友人やきょうだい、兄、姉、おい、めいもよく遊びに来ていた。私一人ぼっちになっても、誰も来ない。そんな静かな生活を十五年も続けていると、自ら楽しみを見いだし孤独に慣れきっていく。

あきらめきった平穏な家庭生活は、あこがれでありながら、私は作ることができなかった。死んでも守ってあげると、生きている時の言葉を思って、像を並べ、給仕をして、着物や食べものを買い、いつも共にいるものと思いこんで歩んだ二十三年、毎日忘れたことはない。時々、夢に現れる。笑顔とやさしさではげます夢ばかりだ。私の友と思い、何でも語れる理解力があった。母は多くの子とまごをもった。皆、悪口を言う人がいなかった。また、誰もまねができなかった。私も母のようになれたら、どんな男にたたかれなくてもすんだはずなのに。長すぎる。これ以上、できないことをののしられても、たたかれても、反作用がおきるばかりだ。

人は努力してやればなんでもできると言われても、一流コックのように、お手伝いさんのように、クリーニング屋のようにできない。私は、私生活、きれいで、きたなくもない、普通であった。やれる時はやり、やれない時はやれなかった。その女性のいわれの任務を離れ、出家修行をした時は、もっと恐くつらかった。

今後、一人の人間として、私なりの個性で現実の中で生きていくことは毎日の課題だが、よりあう人の摩擦が激しくなれば、先は真っ暗闇だ。

４月８日

四月八日、美しい月夜の中で夜明けまで過ごすことができた。二週間近くも、桜の花は人々の心を楽しませる。初めて、ゆったりと眠らぬ二十五時間を、緊張、怒り、悲しみ、喜びに感情が舞い散る七日も、母思い、一人、心ゆくまで踊り、歩き、森の春に生きている命は孤独と淋しさを離れる。

音楽は心の調和を保ち、踊りは心身をかろやかな美に導く。酒は緊張をときほぐし、精神を清め安らげる。タバコは知覚を機敏〔に〕し、思考のくつろぎをあたえる。コーヒーはなごみと香りをあたえ、仕事、生活のつかれを忘れさせる。お金は選たくする自由をあたえ、一人一人の個性を生かす。何でも、自分の体調にかみあわない時は害になる。眠りは心身をととのえ、いやなことを忘れさせる。体中が日中の光に包まれ、気だるく熱い。今日が本当の満月に近い。白く輝く月灯（あか）りは、心の痛みをぬぐい去ってくれる。

　気を取りもどし、一人、もう一度、深夜の時間の中で今後を考えてみようと、町をあまり歩かず、森にもどる。九時半……。いつも出かける人が眠っている。十二時まで月夜の中で軽い食事をする。

　深夜、三時まで、美しい月を最も美しく見える場所であがめる時、神聖な感動がよみがえり、全身を包む……。人気がなくなった空間はつゆにぬれている。

　これで、春の桜祭りは終わるだろう。無事、おだやかでよかった。二〇〇一年出発に楽しくこの地で集い、時間を過ごすことのできた人は幸福だと思う。昨年にはなかった。私も幸福と思った。

4月9日

　四月九日、午後までぐっすり眠る。夕暮れの森を一回りして、位置を変えて二時間、目覚めのひとときを過ごす。

　三日間休んだ弁当もらいを、夜つきあい、向かってみる。あきもせず根気よく通う精神も精神という。この所、弁当とパン、飲みものが十分ありすぎて食欲がない。半分以上はくさってしまう。何かを食べなければと、つけものやつまみを少しつまんで軽く飲む。

　昔の私にもどったようだ。四十二kg体重、二週間前ふろ屋で計った。二十代の頃、食べるお金あっても、ひまなく食欲なく、栄養失調に近い状態になり、医者で点滴を受け、夏かぜをひいてしまったことがある。具合が悪い時は誰も近づけたくない。一人きりで病と戦い、回復を待つ習慣がついていた。この所、一人の部屋がない。心の室のみでは保てない。

4月17日

　四月十七日、十時近く、暑い日差しの中で目覚める。もう君といるのはあきあきしたよ、だらしない、洗たくをしてこいと、突然どなる。このいやみに、この私こそうんざりだと思いながら、一人、テントを作ることもできない。わずか時間がたつと、助けあっていこう、君と何年共にくらしているのと思っているのだ、黙って俺の言うこと聞き勝手な行動をするな。このくり返し、今日もまた……。

　昨日の四百円で、山もりに洗たくものをもち、町に出る。手のひびきれもまだ直らない。

4月24日

ものや食べものだけではどうにもならない状態にある。手持ちがなくて、一日の生は始まらない。わかりながら、わずかな小金は消えてゆく。

せっかく、より選び、大事な本をわずか買いそろえても、古本屋もあまりにも安すぎる。貧しさのため、やりくりでずいぶん、杉並にいる時は読みは出し、買っては出すのくり返しであったが、ある時もういやだ、これればかりはと選たくして、まくら元にくり返し読める本をわずかなお金で買い、置いては読み、考え、心の支えにしていたが、せまく貧しいと、共にいる人がヒステリーをおこしてひきさいてしまう。それならば良き本屋に持っていき、好きな人に安く買ってもらったほうが良いと、物を売ることもできない性をなさけなく思い、今日の不安をおさえる。

本箱九箱までびっしり買いそろえ、読ませてもらった時は、充実していた。そのため、無理な家賃払い、マンションや一軒家を苦労して借りたが、そんな生活をめちゃくちゃにする宗教因縁に追い込まれた時のショックより立ち直り、今でも夢見る。数々の書物に囲まれ、自分にそのたび、必要な本を一冊一冊大事に自由に読めるような生活をしたいと……。

図書館はげんしゅくすぎて、かたく息苦しい。

人間の自由な館を作ることが夢であった。芸術的な感覚で、読み、語り、食べ、飲み、普段の規制の時間、職務を離れ、自分を養い成長できる、自由な空間……。自由なファッションをして、その時ばかりは人間として、知的な精神をみがき、普段のしがらみより解放される。音楽や絵、衣装もあり、踊り、雪、雨、嵐の時でもしのぎ、休養できる。極端な思考をやわらげ、視野を広め、自己を高めていく、自由な精神を養うオアシスがほしかった。いつまでもいたい人はそこで勉強し、作品を作ったり、哲学をしたり、社会で働きたい人は趣味として年齢かまわず語りあえるコミュニケーション、そんな夢をいだいては、数々をそろえ、自分でもそんな感覚を養い、生きていきたいと努力したが、二十年たっても何もできない。夜の空は今でも雨が降ってきそうだ。なぜか、想像もつかない四月だ。

4月28日

私は集団生活ができない。福祉があれど、なりくりがかみあわない。話を聞いただけであきらめなければならない。

二十四時間、十六円で過ごし、入れ乱れる不安定な精神状態で過ぎる二十八日、もう時間も金も全く閉ざされた。生への限界を思い知らされたような暗い気持ちだ。レタス、アゲのいためもののみを少し食べ、喫茶も行けず、また、本をかかえ夜、町に出る。三百二十円の恵みがまわった。光のように大切な助けだと、心の動悸が少し止まった。

本屋は土曜日五時半で終わりであった。この三百円に出逢わなかったら、私は気がおかしくなっていたかもしれない。となりの本屋に行くと、五冊二百五十円だと言う。もう少し待ったほうがよい。最初、お金にかえてくれたところに、月曜日でも向かったほうがよいと、再び歩く同じ道……。

帰途、橋のたもとにハッとするようなかわいい、楽しいハットが置いてある。ちょうど、似ているボウシをもっていた時のことを思い出した。ものによって、つまった心の感覚が変わる時がある。ボウシには夢がある。

第２章

2001年5月7日
〜
8月21日

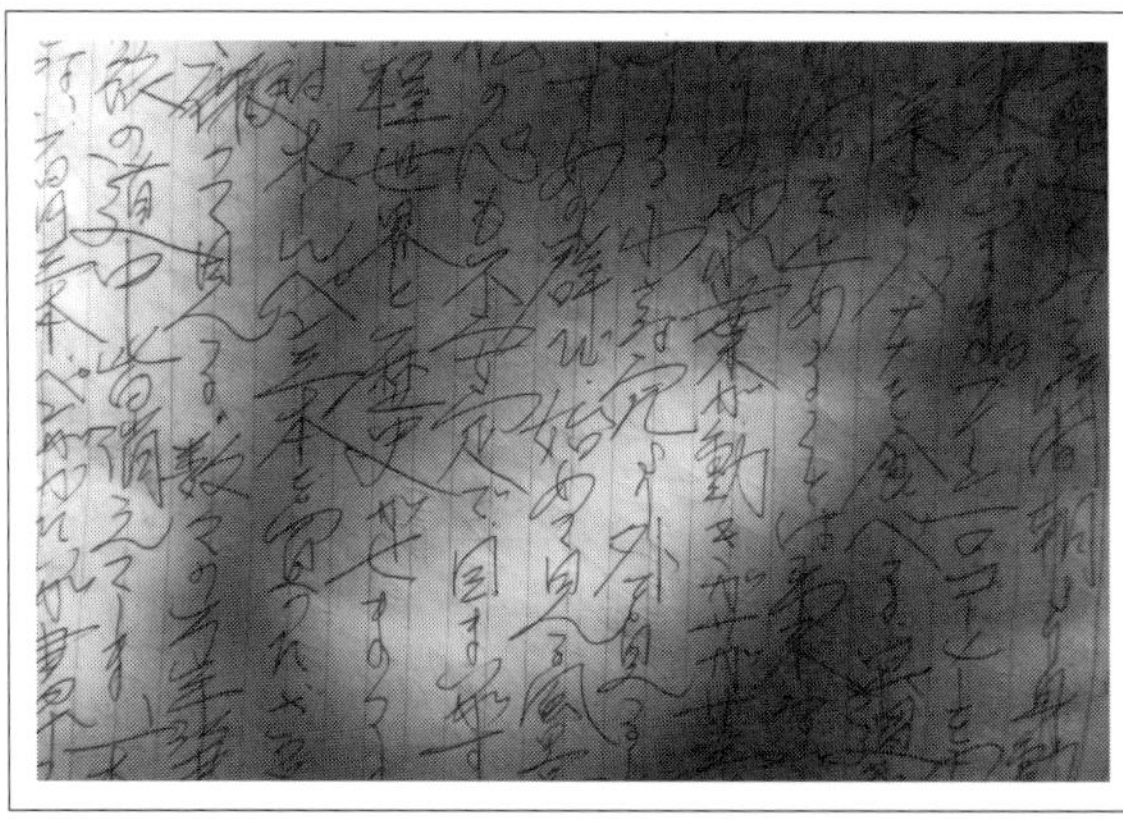

テントでの同居生活の中でも、共の人の暴力は続いた。

２００１年８月、小山さんはついに共の人と暮らしたテントを出て、公園内の別の場所でひとり暮らしを始める。

第２章は、その時期のノートから抜粋した。

２００１年５月７〜８日

昼食を作っていると、突然目がすわり狂乱し、腰や背中、首を六、七度足ゲリする。出て行け！　別人の姿は時々あるが、なりくりがわからず、痛みながら外に飛び出て心臓の動悸を止め、かかえたスーツケース、衣類を身につけ、意識動転する悲しみをこらえ、あまりにもたてつづくショックと異常が続くと、このままどこか倒れて病院にでも運ばれかねない。くせの悪い霊にでも取りつかれたような態度は極道のやくざよりひどい。動物じみている。誰も止めるすべもない。五時間、いつも〔の〕喫茶のイスにすわらせてもらう。

一年一ヶ月の間書きつづったノート十一冊、読み終え、ふくろに入れ閉じる。あまりにも波動の激しい不安定な毎日は、人間の理性も知性も悟性もふき飛んでいきそうなほど、精神波乱を起こしている。こんなことされなければ私は自由な時間がとれないものだろうかと先々も思いやられる。

夜、六時半過ぎ、腰の痛みをかかえ、ゆったりと歩いてみる。スーツケースの重さが二倍に感ずる。こんな時、一人きりで静かにしている時間と場所がほしい。せめてお金でもあったらと願うものの、貧しきものへの災いがやってくる。

ノートやっと二冊買い、書けることの気力がよみがえるのを待とう。そんな時間のリズムが狂ったため、こんな傷害に出あっているのだ。ずるく、きたないもののため、なんと残酷な思いをしなければならないのだろう。日本はこれ以上きびしくすると人間が生きてついていけなくなってしまうとある本で読んだ。

月夜がはるか彼方に美しく輝いている。なぜか遠く感ずる月の光をたどり、歩く夜の道……。その場所により近く遠く見える時がある。もう帰るあてのない旅路、生きている命の息吹が身をささえ、神の名も呼べず、沈黙のため息に今後を考える力も出ない。一食していなかったが、祝いとしてもっていたイタリアの酒が少し入ってある。

森の空間で若い人達が遊んでいる。この地がやはりいちばん月が美しく見える。九時過ぎ、もどってみる。誰もいない。ローソクの灯を黙って見つめていると、心おちつく。十一時近くもどってきた。ケロリと別人になっている。事情を話したら、誰がそんなことをやったのだ、わからないと言う。なさけないつかれに、眠らせて下さいと、翌朝、今日までぐっすり眠る。

　六時過ぎ、一人出かけた。とても弁当もらいに行けない。この暗闇（くらやみ）にもいたくない。喫茶に行きたい。何か書きつづりたい。イスにすわり、気力を回復したい。と、外に飛びだしてしまった。もう千二百円のやりくりはつかない。本能のみが走る。私の長い習慣は、お金と時間がある限り直らない。とぎれた時を思うとじっとしていられないのだ。

　駅近くに、百円ちょうど落ちていた。うれしい。内面で叫ぶ。八十円のコーヒーで二、三時間の夜の時間を保つことができる。ありがとう。イスにすわっていると、痛みがない。ノート、音楽と共にやりきれない淋しさを忘れている。

　大事な五月、若葉実り、人間の精神を回復できる時、一人一人の時間を尊重することが一番必要だ。

５月９日

　五月九日、雨上がるまでぐっすりと眠る。夕方の大地はしっとりとうるおっている。バラの花が雨しずくにぬれて見事に咲きほこっている。つゆ草をふみしめ、森の空間を歩く。ふと丸いものが落ちている。どろにまみれた銀貨、拾いあげて目を覚まし見開いた。

　本当の現金、五百円玉だ。間違いがない。うれしい。

　この出逢（であ）いは、何よりも心明るくした。落としたことはあったが、この地で現金を拾ったのは初めてだ。足どりも少し軽くなる。最もきれいな金だ。生きる所まで生かして使おう。冷酷な言葉がしみ込んだこの心身を、少しでも回復することに使おう。ちょうどこの地に寝泊まりしたのは平成九年五月三日よりであった。さまざまな事情の人達がいたが、それぞれ、どこか消えていく。個人的つきあいの人は誰もいないが、顔見知り、あいさつ程度の人は時々出逢い、寒さ暑さをこえて元気で生きている。

　四時近く駅前に出る。気候不順のため、たえず気分を害されてばかりではどうにもならない。ピース一箱買う。

　喫茶に行きたい。二時間半を大事に使いたい。しばらく呆然（ぼうぜん）としていると、百円玉一個拾う。七時過ぎの待ちあわせまで、また、書けるお金と時間がめぐった。

空は今でも泣きそうだ。今日の緊迫もなだらかになれるよう喜んで、いつものイスにすわり、文字を走らせている。

私にとって生きている限り、絶対必要なものが消えては入り、細々と寿命を生きる人生は、どこで終止符をうたれるものかさえわからない。夢、希望はあれど、この人間関係と私生活、お金の問題のみは、解決のつかない、重要な現実の土台だ。

五月六日の夜だった。ひきさかれてしまったハンドバッグ。残り小さな一個だけであった。ちょうど、大きさが持ちやすく、中ぐらいの黒、茶、コン三個、ゴミ箱のワキのダンボールにあった。時々、衣類やくつを置いていく人がいる。

いずれにせよ、罵倒や悪言はあまりききたくない。バッグを持ってできるだけ明るく歩ける日を待とう。その内中身もそろうことを祈って……。

5月17日

レタスとパン、菓子で体力を保ち、夕暮れまで公園の若葉と共に過ごす。この二、三日は、外界を離れた平和な幸福が漂っている。読める本がたくさんある。選たくをしながら、現在の自分にとって必要な出逢いの本を一冊一冊読める時間をわずかとれることは、救いであり、再び希望につながれる。困難なしこりが、なだらかにときほぐされ、新たなエネルギーがほとばしる瞬間、過去に味わったことのない、深くおちついたリズムが永遠の時間と空間をかもしだす。

久しぶりで化粧をして、スカートをはき、新しいくつをはいてみた。同じ場所で一年間にスカート、くつに出逢った。色あい、サイズもピッタリだ。なぜか女らしくなったような気がする。知りあいの女性が遠くより、まあきれいなスカートとくつと、自転車を止めかけよってくる。

こんなに変化をしたのに遠くから見ても私だってことがわかる……？　と笑い、普段あいさつをしても返事もしない人が、どこかスナックでも遊びに行きたいわねと喜び、私のくつをはいたり、スカーフを頭にまいたりしている。よかったらあげるわよと言ったが、いいとことわった。この向こうに、似あいそうな新しい洋服、ダンボールに入ってあるわよと言い別れ、ゆったりと歩いた。ワイン色、オリジナル品、二十五のヒールは、かろやかに緑の大地をふみしめる。

5月20日

五月二十日、夜九時過ぎ、つかれを回復して夜の森にもどる。

にぎやかな音楽に包まれ、心ゆったりと軽い食事をする。タコ、つけもの、紅のカブ、ビスケット、サラミ少々つまみながら、にぎやかな踊りをながめ、今日も終わる。夜空輝く星を見つめ、新たな意識回復に、十時過ぎまで自由な時間に遊ぶ。合計五百十六円拾う。

5月21日

二十一日、午前一時近くもどってみる。どろよいになり、くつをはいたまま、ふくろをなげ飛ばして倒れている。カサのホネは折れ、見るも無残な姿だ。

くつをぬがせてみたら動き、狂気にブタ野郎出て行けと叫んでいる。まわり片づけ、荷物をもち、まだ人気のある公園に行き、街灯の下で明け方までノート読み、じっとつゆの冷たさに耐える。うす明るくなり、テントにもどってみたが、顔の左のほほがひどい傷あとになっている。どうしたの？　とたずねた。知らない、クスリ出せと言うので、クスリを出したとたん、手鏡で私のひたいをたたく。ガラスわれ、大きなタンコブができた。痛い、やりきれない。つかれで意識もうろうとしているのに、目はすわり、狂気だ。何もしないのになぜこんなひどいことをするの？　お前の顔を見るとイライラする、出て行け、二度と帰ってくるな、とものをなげ飛ばす。

再び痛みのコブをかかえ、冷やし、ベンチで横になってみたが、朝は犬の運動会のようだ。恐くていられない。昨日の夕方、あんなにつかれ、スーツケースかつぐ力もなかったのに、それよりショック大きく眠っていない。もう共に住んでいたら保てない。あまりにも直らない無理と暴力、悪言には耐えられない。

私の少しの荷物置く場所だけでもほしい。雨の夜、恐い夜、しのげる所がどうしても必要だ。このまま眠らずぶらぶらしていたら、意識なくなってしまう。少しでも町に近いほうが良く、人通りのある所のほうが淋しくないだろうとふとある場所を思いつき、太陽がのぼり始めた時間、その場所に行ってみた。今夜でも、その場所に少しでも必要な荷物をなげ飛ばされないうち、運びたいと思った。

男ものの時計が落ちている。六時三十分近く、二十一日と動いている。ベルトはこわれていたが、ちょうど、昨日、置き時計が夕六時三十分近くで止まっていた。

一年二ヶ月近く、一度も外泊をしたことがなかったが、その地はなれて初めて、七時、町に出る。ゆらゆら心身ゆれているが、意識はしっかりしている。心の決心と共に、今後、あまり顔を見せないほうが良いと思った。新たな出発を志しているが、気力体力の続く限り、一人で気持ちや傷をいやしたい。同じくり返しは、もうお互いにタブーだ。

好きでもない、愛もない、本質がかみあわないもの同士、執念として食らわしてきた。出て行くなら金を出せと困らされてきたが、この私に少しでもめぐっていたら、こんなひどい思いをしなくともすんだ。取り返しのきかない痛みをこれ以上受けることは納得がいかない。

健全が回復し、生きていけるだけのお金がめぐった時は、少しでも渡し、すっきりした気持ちで出発をしたいと、九年近くも、現実のめぐりを待ち望んでいたが、とうとこ(とうとう?)のままでは生殺しのような状態に追い込まれ、自立する機会もなくなってしまう。それぞれ干渉しない自由な立場と日常が必要だ。

もう、のち、ケロリとして助けあっていこうと言われても、発作の怒りと狂乱は数百回となくくり返され、直る様子もない。一人静かに生きることがお互いに必要となっている時機だろう。私には、もうそんなに重い生活はいらない。弁当もごはんもいらない。

わずかお金を得る仕事を探すよう、心身回復し、早くめぐりあいたい。勇気を出して、五月の太陽と共に本来の魂が輝くよう、私なりに生きていきたい。一度、そんな気持ちで平成九年五月、ふくろ二つで出てきたはずなのに、居場所がなくなり、福祉二ヶ所相談に行ってもダメであった。今になると、公福祉の世話にならなくてよかったと思う。うるさい制約に自由を失う。現在の日本の福祉は、人間をダメにしてしまう。四十歳まで、年金、国民保険も入っていたが、もう十二年もたち、私は国に見捨てられた。動物よりひどい屈辱と自尊心を傷つけられてきた。

　ただ、じっと政治の行く末を見守り、新たな歴史が始まることを祈っている。

　早く死んでしまえ、ほうむってやると罵倒した人より早く離れたい。冗談だよと言われても、その瞬間、本気でののしり、たたかれ、おどされたら、傷は治るひまもない。こうして無理なく、こぼれ落ちるまま、何か書いていることで気が安まる時がある。守られた魂、三巻ばかり書きたいが、資金がない。もう高きを望まない。

　ゴボウのように黒くやせこけた我が姿は、今でもポキンと折れそうだ。今日は意識異様に輝き、朝、店開きよりいつも〔の〕席にすわり、文字を走らせている。今後、現実としてはっきり確認できないことは、あまり思わないようにしなければならない。

　条件と制約が納得できることがあれば、必要な事がらなら人間同士のつきあい、仕事と約束できるが、あまり軽率なかかわりはしたくない。今カガミで見たら、大きな満月のようなコブだ。丸くはれ、黒ずんでいる。なぐって喜ぶ。コブにしてはあまりにも大きい。悲しみに負けないよう頑張ってみよう。

　午前十時、外に出る。町を歩く元気がない。公園に向かい、七時過ぎまで横になり、呆然と考え、今後を思う意識に支配され、眠れない。

　朝の時計を拾った場所に、小さなふくろ置いてみたが、カラスがひきずりいたずらしている。幾度も体験がある。衣類を木の根元に置き、町やトイレに向かう。すぐなくなる。現在までいた場所は、外に大事なものを置いてあっても何もなくなったことはない。やはり、もう少し状況を考えてみよう。荷物は重いが、できるだけお金のない時は必要なものを持ち歩くべきだ。

　八時近く、テントをのぞいてみると、入口があいてあり、トイレに行ったらしく、姿見えない。

　まだなげ飛ばされてはいない。ホッとして夜の町に出てみる。体力の限界を感ずるが、食欲がなく、つまみ少々、パン三口ばかり、カブつけもの、カンパリ少々と飲み込むので精いっぱいだ。タバコがなかったので、駅近くの町の路（みち）で拾い、三箱にもなった。足をひきずりながら、十時近く、公園にもどる。横になりたい。眠れるものなら恐さ、寒さを忘れてぐっすり眠りたい。アベックや若い人が遊んでいる。噴水の近くのベンチで横になり、上着かけ、天上を見上げ、星の輝きに心休める。二時間近く眠りたいが、意識冴え軽く目をつぶっただけで寒く、体が痛くてダメだ。人気もなくなった。テントまでもどり、小さなイスにすわり、こんな時、一体どうしたら良いだろうと思案にふけりながら、残りの食べものを少しつまみ、ウイスキー小ビンを口に少しふくむ。これがなくなったらもう体力がもたない。せめて一週間はもっていないと、私はとても生きていけない。

再び深夜の意識は冴え、五千五百カン唱えた地はおちつく。追い出されても、次の居場所が定まれば何ごともないことだが、テント生活の人間関係のつらなりは複雑だ。どこでも勝手に作るわけにはいかない。

せっかく現在の地は警察署や管理事務の人々より許可されて、二人ということで過ごし、私が紹介して一年以上も眠れた所だ。そう簡単に体調悪い時、弁当もらいをことわったからと言い、また、テントを作れないため追い出されては、二千円少しでたちまち倒れてしまう。

とりあえず、私の荷物だけでも、明日、外に出そう。一時間もたつと、入口があいた。ドキリとしたが、何をしているんだ、中に入って眠れとぶっきらぼうに言う。よかったら眠るだけでも眠らせて下さいと、ややおだやかな状態に回復している姿見て安心をした。今日、弁当もらいも休み、一人静かに外界の接触を離れて休息していた様子だ。戴いたカプチーノ一ぱい、菓子、タコ足一本食べ、横になった。ちょうど、深夜二時近い。

5月22日

五月二十二日、昼近くまで、夢も見ずぐっすり眠り、体調が治った。むさ苦しいと言うので、さっそく自分の荷物を外に出し、竹の間に大きなダンボールに本や衣類、必じゅ品を入れ、ビニールとカサをかけた。小雨が降ってきた。これで、無残な場面を見ないですんだ。あまりもの拾いをしたくない。一応、一年間、四季折々につかえるものがあれば十分だ。

沈黙で顔を見せないように過ぎた時間はありがたか

った。今後は、まわりの状況を見ながら位置を変えるべきだ。四時近くまで公園で、去年書いたものを読み、間違った字を書き直す。

パン一口、お菓子、水、酒一口、今日の夕をゆったり過ごそう。サイフの中身のとぼしさが町に出る気力を奪う。雨が降ってきたから、やむ〔を〕えない、喫茶が一番おちつく。お金続く限り通わしてもらおう。

ヒザをコンクリートのイスにぶつけてしまった。痛みをこれ以上ふやしてしまったら、雨の時は居場所がなくなり動けなくなってしまう。

午後四時より店じめ十時まで八冊近く読み、間違った字を直し、トイレもいかず六時間も過ぎた。外に出ると目まいがする。ビルの空間のイスにすわり、今日より自由な時間のみはとれるはずだとまたノートを読み始めていたら、うしろより、おい君、何をしているんだと、大きなふくろをもち、今日は野菜も弁当もパンもタバコも入った、これを飲み明るい所で食べろよ、パンと酒を出した。また自由がうばわれた。恐いと思いながら、ありがとうと言ってパン二個、日本酒二口飲み、別人になっている姿を見た。君が出て行くのかと思い、心配していたよ、なにしろ九年も一緒にくらしているのだから、俺の気性ぐらいわかるだろう。

左のほほがタヌキのように傷口ではれあがっている。しばらくまた、同じくり返しだとつぶやきながら、駅前で少し遊び、百円拾い、一人先に帰る。私の荷物がなくなり、閑散（かんさん）としたテントの中は淋しいが、眠れる場所が広くなった。できるだけ狂気にならないよう祈るばかりだ。古くなったテントより雨もりがする。

私の気に入り大事にして〔いた〕ジャンパー二着、ゴミ箱になげ飛ばしたと言う。いらだち、寒いが外よりはよい。

ヴァイオリン、モーツァルトの曲、貴族のおうみん（ママ）が流れると、ほら、君の好きな曲がかかっているよと、イヤホンを渡して一人でふざけている。この曲は、ただ一度、町で流れるメロディを聞いただけで魂にひびいた。すぐテープを買いに行き、よく聞いた曲だった。二曲聞いてぐっすり眠った。

5月23日

二十三日、どしゃぶりの雨だ。怒りが少しとまったらしい。若葉が完全に実るまで自然は水分を必要としているのだろう。人間も同じだ。もう五月も末近くになっていく。雨の空間を歩き、水をくみ、静まる大地を一人歩く。目覚め、草かりをする機械の音がひびく。誰もいない森……。

夕暮れまで、いつものように食べもの、野菜の調理をする。何事もなかったようにおだやかだが、感情のぶつかりがないよう、もうしばらく痛みが回復することを待とう。夜の時間がとれた。生きたリズムが止まらないよう、暖かい気候の時を大事にしたい。冬場を思うとぞっとする。もう寒い所は生まれたくない。

夜の時間をもっと有意義に使いたいが、テントの中は半死だ。詩人は夜の時間を使うらしいと本で読んだ。

私はまだ何ものにもなれない。その故に、収入がない。節制することが第一だと書いてあったが、これ以上貧しくなったら、まず日本の国では生きていけない。また、望まない喜びも悲しみも感激も幸福もうばうような貧しさは、精神を害する。大らかな心を曇らせ、異常にかりたて、反乱を起こす元だ。

6月11日

六月十一日、ぐっすり眠り、目覚めは初夏の暖かさだ。

午後、公園広場の片すみで食事、頭をかってほしいと言うので、二時間近く、夢中で失敗をしないよう、きれいにかり上げる。

三時ちょうど、雨が降ってきた。雨に追われて歩く道……。これで六度目だ。百五十円戴き、まっすぐに町に出る。

6月14日

六月十四日、朝、管理事務所の人が、二十日八時テントはずして下さい、片づけない時はこちらでこわしますと紙を配ってきた。*

二年以上もビニール一枚のテントでこわさずものや人が保たれたのだから不思議だ。

今度は新しく変えると言っている。私にはテント作りができない。黙って見ていろという。空間、六畳ばかりある中は、わずかな食べもののみで何もない。私のわずかな荷物は外に荷造りされたままだ。

雨が激しいが、森をめぐる。一人、二人とかすかに通る人、水でぬれた草木は、よみがえったように生き生きと息づいている。

二時過ぎ、野菜とパンを食べ町に出る。昨日の夜、千円くずしてしまう。その残りを持って、心ぼそくか弱い心をはげまし、夕暮れの時間を本とノートで過ごす。また、ボールペン黒一本拾う。ちょうど一本使い果たしてしまう。

何事も半年ばかりしか続かなかったが、意識ある限り、読む書くは私の本業だろうと思い、ある時夢元にひびいた。

書かせる場所と書けない場所がある。過去、五年近くいた部屋では一、二枚ほどしか書けなかった。もう最後までいられる部屋でない限り、借り部屋ではあふれてもあまり書かないようにしている。書いては出され、うつされてばかりではおちつかない。時間の範囲でお金を出して、長く保ちそうな喫茶のイスとテーブルで書くのが一番だ。自分でもてない限り、通える限り通うことも楽しみだ。

昔よく本を読めない時、本を読み、勉強をしている人の席にすわると心おちついたものだ。また、見ていい感じだな、私もあんな風になりたいと思っていた時がある。ステキなブックカバーやペン、ノートをもち、タバコきれいに吸い、コーヒーを飲んでいる、若い人や年をとった人の姿は知的で豊かだ。図書館にはそんな空気は漂わない。

自分の部屋の書斎の机で読み書きすることも、ある時はおちつくだろうが、孤独と息づまりで精神がつかれ、つまる時があるだろう。

庭があって応接間があり、音楽を聞く部屋があり、適度な人声のある空間をもっている人ならよいが、小さなアパートやマンションの一室で今後の人生を考えても、何もひらかない。もう未来の設計図までたてられる人は少なく限界を感じてしまうだろう。

不安定な世、わずかな小遣いで町の喫茶に通えることとは、病院に行くより精神が健全だ。無言の自由な空

＊定期的に行われている公園の一斉清掃の告知と思われる。

間、お金を出してすわっている限り、特別、声をかける人もいない。個人のプライベートをおかさない程度の店はたくさんある。

　現在通う店の二階の二つの丸い小さなテーブルが、窓辺にある。いつもその席があいているとすわるが、ピカピカ輝いている。

　昨日の夜、ふと思った。まるで日、月のようだ。雨の日、雪の日、嵐の日、飛び込みすわり輝く時間……。いつもフランスに行くつもりで意識を切り替え、通ってくるが、苦痛になって帰ったことは一度もない。西洋の光だ。日本のきびしさにつまった時、自由な精神のよみがえりに通いながら生きた人生……。

　外に出るのが恐くなる時がある。勇気と気力を回復して、古くきびしい感覚の生活と人のいる場にもどることは、つらい時がある。

　これ以上、囚人のごとく閉ざされたらどうしよう……。毎日、目が覚めると不安がつのる。

　一体、五十にもなって何をしているんだと、いい年をしてまだ本をもち、売れもしないもの書いて喫茶に通っているのか……と、怒り声が聞こえそうな時、私の体験の上、選んだ生き方だと、私の何ものかが怒る。

　同じ人間でも、これほどの感覚の相違がある。良いも悪いもその人の生き方と現状がある。あまり人の言に左右されてはならない。私の現在に必要なものは、大切に使っているだけだ。

　四時間を過ごし、外に出る。雨はまだふり続いている。ゆったりと、いつも歩く道を変え、待ち合わせ場所まで向かう。涼しく、静かで、どんよりとしている。人通りのない大都会の大通りは、車のヘッドライトの明かりが水にぬれて往来する。一時間待ったが姿は見えない。昨日、あまり歩かなかったので、足元は楽だ。

　残りわずかなとぼしいサイフの中身を思うと心痛む。タバコ一、酒二つ買い、激しくなってきた雨をしのぐ。駅近くのビルの空間のイスで、英国喫茶の窓辺にかざられたロバの姿とステキな照明の灯を見ていると、不思議に心おちつく。十三年前、できあがった頃、京都よりこの町に向かった時は、このビルの一階、イタリアのレストランで昼食をして、となりでコーヒーを飲み、都会の息吹を楽しんでいた。

　その店は、つい最近店じまいとなった。安定感のあるビルの入口の空間は、近代洞窟に入ったようにおちつく。また、ステキな感覚がある。数分すわれた時は新たなリズムがつく。

九時半、テントにたどりついた。眠っているだろうと思っていたが、誰もいない。しめっぽい空間だ。

十一時近くまで、ローソクの灯で気を安らげ、軽い食事をして明日の不安をやわらげる。

ちょっと時間が遅れて向かったと、無事もどってきた。また、パンを少しもらってきた。一度、天よりフランスパンがふってきた夢を見たことがあった。パン、パン、パン。ふくろの数を見た。

帰る道中、駅近くにふうのあいていないフランスのボルヴィックの水一本、雨にぬれておいてあった。私は一人、どんなにこの水を飲みたかったことかと喜び、かかえてきた。数々の水を飲み、一番私の口にあったので、かかさず何年も続けて飲んでいたが、値が二倍近くなった。この高原の写真が気に入り、一度、ぜひ行ってみたいと写真きりとり大事にいつも持ち歩いている。つかれると、その写真をながめる。ペットボトルを見るだけで、ほっとなごむ。ふうのあいていない一本を拾ったのは初めてだ。

また、道中、毎日通う喫茶の前で、大きくあわい紅のカサを拾った。まだ使える。ちょうど、一本しかなく、小さな折りタタミでがまんをしていた。これで大雨になっても、二人分そろった。

こんな時、ぐっすり眠れることが一番だ。お金の不安を解消しなければ、毎夜眠らず考えてもどうにもならない。大関のワンカップ小一本半分飲ませてくれた。夜、眠る時の日本酒はおいしい。酒に飲まれず、人間が自由にそのたびの体調や状況によって楽しみ、色とりどりを飲めることは喜びだ。

多く飲み過ぎ、ぐちのはき出し酒としないで、命のかてとして感謝して、きれいに飲むことは、血を洗い清める役割を果たす薬にもなる。ことに、梅雨時の食事で、体内のくさびや消化のつまり、神経のつかれをぬぐい去るアルコールを粗末には飲めない。

6月17日

六月十七日、朝九時近く、夢うつつの中で、私はふくろ一つもち、きたない格好で別世界に向かっていた。

美しい箱の中に、淡い紫の絹地に赤のガラの入った天衣のような着物が、形となって現れた。天の御中主(あめのみなかぬし)*という言葉が聞こえた。

突然、頭ごつんとたたかれ目を覚ました。一人イライラぶつぶつ言いながら、酒も飲んでいないのに、ゴミや衣類をめちゃくちゃにする。止めてもなおハサミをもち、帽子をひきさいている。幾度も発作のように恐ろしい現象に取りつかれ、別人の狂気な行為をすることがあったが、また始まったのかではあまりにも見るに見られない。

あぶないと言っても、グラスは割る、前の人が黙って見ていても目がすわり、誰でも呼んでこいととまらない。心臓の動悸をおさえ、こんな時、いつも少し離れるようにしているが、奥に大事なものを置いたままだ。どうすることもできない。

衣類ならまだしも、なぜこの私と大事なものだけを集中して、突然、恐ろしい狂気におどすのだろう。離れ、やわらぎ、本心に帰るのを待っていた。決まるのを待ち、十分ほど、トイレまで向かい気を静めた。もどってみると、奥のふくろより大事な宝物を出し、天より授かり警視庁でも大事に守っていきなさいと言われた、三段に過去なげ飛ばされた本体**をこなごなにちぎり、ゴミと一緒にしている。もう一本のかけじくをかくし、気を冷静にこればかりはやめてほしいと叫んでも、体重(ママ)に何か取りついたように動かず、目をギラギラさせている。

このふるえを止めることはできない。誰に相談しても答えは返ってこないだろう。貫主様の三回忌、何千万でも売ってはならないと、大事に守り供養した、天よりのさずかりものを、こんなことになってしまったなげき……。最後、警視庁に行きなさいと言ったが、私はどうしても警視庁や福祉の人間には話せない。また、冷たい空気を見ただけで言葉も体も萎縮(いしゅく)してしまう。兄も警視庁でたのむと電話を切られた三年前……。公衆電話でＴｅｌをした時、留守のテープがあった。私は泣きながら、公園ではもう生きていけませんと、一人叫んでいた。それより三年、まさかテントぐらしで一年以上も、こんな複雑な神経で過ごさなければならないのかと思うと、あまりにも、あまりにも人間生活よりかけ離れ、貧しすぎる。本人の自制心のみだ。

あたたかいにぎわいのみが、人のつまりを間接的に助ける。誰にも事情をきかれたくない。原因がわかっても、どうにもならない時もある。無残に痛む姿を見たくない、見られたくない。

一人一人の人生は、あまりにもうらぶれている。

やっと動けるほどに冷静になった。午後一時、公園に向かい、時間を保とうとする。粉々の像を二つに包み、こんな姿になっても捨てるまいと、バッグにおさめる。眠れるものなら眠りたいが、着のみ着のままで出てしまった。寒さとふるえにじっとしていられない。大きな地震にでも出あったと思い忘れよう。こんな現状になってしまった結果はもどってはこない。このまま、腰が悪化して警視庁や救急車を呼ばれてしまったら、私は事情をあまりしつこく聞かれても説明しかねる。もっと人生が暗くみじめになってしまうだろう。

残百九十九円。もう一度、ゆらゆらしながら、五時三十分過ぎ、町に出る。こんな時、お酒を飲みたい。ガタゴト、心臓の動悸のみが激しい。知りあい人に出逢っても何も言えない。黙って呆然と歩こうとするが、歩けない。とうと百円のお酒を買ってしまう。近くのベンチで少し口にふくむ。数分で動悸が止まり、歩けるようになった。なんとなさけない。こんな時、一本でもかかえ、大きな気持ちでゆったりと、痛んだ像や我を供養し、ぐっすり眠れたら、取りついた暗い意識は少しばかり離れるだろう。

今日は、ふろ屋にも行けなかった。どんな状態になっているかも心配だ。これで狂気止まらず、倒れてでもいるのではないかと心配にもなるが、あまりにもひどい瞬間のふるえがとまらない。

七時近く、公園もどる。ワイン残り、新しい赤飯、野菜が飲み食べられるように、歩く道中置いてあった。ワインは喜び、食べものは無理をしてのどに通した。日曜の夜、音楽と踊りの日だ。活気に包まれたにぎわいは、私の心を救い、不安をささえる。

＊日本の神話に出てくる神の名。天之御中主神。

＊＊２０００年12月18日のノート（30ページ）にある「十一面観音像」のことと思われる。

八時過ぎ、テント行ってみる。横になって眠っている。

衣類と食べものをもち、再び森の中をゆったり歩く。つかれでおちつかない。十分眠ったら、別人になっているかもしれない。十時半過ぎ、再びテント向かう。中を見るといない。中に入り、まわりを見渡しても、他は何もなげ飛ばされていない。午前の衣類やグラスはきれいに片づけられている。急いで探した。観音様のかけじくが捨てられたのではないかと、暗闇の中、手さぐりをして探した。無事、出てきた。だきしめてスーツケースに入れ、外に出る。音楽と踊りを見ながら、久しぶりの星をながめる。一人踊ってもみた。何もかも忘れられるものなら、若い、外国のかわいい男女の中で二時間ばかり、別世界に行ったように、頭と神経のつまりを晴らす。

十二時近く、このままテントには入れない。とても外で一夜も過ごせるような状態ではないが、再び駅まで向かおうと、テントの前の人に赤はん一個、野菜一つをもち、恐い思いをさせて申し訳なかった、時々発作を起こすがこのたびは特別恐く、もう少し平静にもどるよう様子を見てみますと、九十二円借りて、百九十一円になった。

このはげみで駅の最終電車まで明るい電気の近くで意識を回復しようと立っていると、ふくろ持ち、つやつやとした顔で歩いてくる。大丈夫？　と聞く。ふろに行ってきたんだ、君は何をしていたんだ、今日は何もなかった、みかんだけだ。食べると何事もなかったように、ケロリとして別人になっている。

姉の所にＴｅｌをしたんだ、一度来なさいと言われた、あとは何も言うなと、神社の前で百十円、路上になげとばしてよこした。人の痛みや悲しみは、通じないようだ。

普通にもどっている状態が持続してほしい。十七日の暗闇のしつこさよ、早く帰ってほしい。その夜は、死んだようにぐっすりと眠った。本人は悪かったとも思っていない。あやまりもしない。

6月18日

夜、いつものように同じ時間、コースを回るが、弁当なく不機嫌だ。静かに昨日のことを話し、今後、あまり恐ろしいことはしないようにしてほしいと言った。あんなゴミのようなもの、コナゴナにした。像を、あんなものあるからネックなんだとふてぶてしく、君は何もしていないんだ、もう君に食べさせる食料はない、誰か男でもつくり二人でいる所を見たらすぐ殺してやる、俺はそれを待っているんだと、また、おかしい事を口走る。

　私は、男をつくり、共に過ごそうなんて、一度も思ったこともないわ、一時も早く、一人で静かに自立して生きていきたいだけなの……。お金がないと身動きとれないことが残念でしょうがないと悲しみの沈黙で心暗くなったが、パンが紙ぶくろに入っていた。食欲はほとんどないが、もし、おなかすいたらこれを食べるので心配しなくてもいいわ……。君に食わせるぐらいなら、ドブに捨てたほうがいい、何の協力もしないと途中で別れた。

　私はこれ以上、二十四時間、精神いっぱいつきあい、半分以上は言う通りに気をつかい、平常に帰ることを毎日祈っている。もうこれ以上、無理を要求されても、どうすることもできない。神経や命がもぎとられる思いだ。半分殺されたと同然だわ……と思いながら、十一円拾い、明日もわからないつかれに、何という六月だろう。

６月19日

六月十九日、ぐっすり眠り、片づけもの、洗たくをする。本を五、六冊もち、どうしてもわずかなお金をもたなければ、このままじっとしてはいられない。となりでまた、叫び、どなり、けんかをしている。もう聞きたくない。くせの悪い人だ。

　現在、共にいる人は、東京都でずいぶん長く働いてきた。三十年以上も支払いに生きてきた地を失業と病でおかされたため、家賃も払えなくなった時、福祉に恥をしのんで相談に行った。私はよろしいですから、どうか一人だけでも助けて下さいと、事情を話したが、無理であった。二人いたらもう一度何とか生きてみて下さいと言われ、区役所を出た時は、空しい淋しさに、行かなければよかった、なまじっか根ほり葉ほり書類を書かされただけで、あんな冷たい態度に出あわなければならなかったと、あおるように酒のみ、十五ふくろばかり荷物を運び、黙って家具を置き、その地を離れた時のくやしさと悲しみは忘れない。

平成十年の変化とたて続く不幸や傷害は、五十歳の誕生〔日〕を迎える前の二ヶ月あまりは、寝る所なく、野宿生活に近かった。あんな思いはしたくない。

6月20日

翌朝、八時近く外を見ると、また激しく雨がふっている。マイクの声が聞こえる。今日の大そうじは中止に致します、テントたためる人はたたんで下さいと二度耳元にひびく。大丈夫だよ、今日は中止になった。もう少し横になっていてもよい。ガックリと疲れが出た。

十分もしないうち、あっぱれ雨がやんだ。天皇様いつ来るの……？〔と〕たずねた。

昼過ぎらしいよ、たぶん午後だろうと言う。もしめぐり、出逢い、あく手でもしてもらえたら少しは悔いなく倒れ〔て〕もよいけれど、このままではまだおちつかないと、手を洗ってきますと、洗たく二、三枚きれいに洗い、雨上がりの光をあおいだ。


午後になっても、待てど待てどめぐってきた気配はない。皆あまり興奮しているので、うそをつかれたんでしょと言うと、いや、管理事務所の人が言っていた、来ても車で素通りするだけでしょう、回ってきても我々の近くには寄ってこないよ。とうと七時近くまでテントの中で、じっと様子を見ながら本を読んでいた。

6月22日

ほっと一人ゆったりと歩く。

のどがかわいた。水かコーヒーを飲みたい。こんな活気のない金曜の夜、三百円もち、何も買えない。人間の人生は生きてるほうが不思議なくらいだ。痛みなく、苦しみなければ、このますっと意識なくなってもしょうがない。夢と希望をかかえながら、現状の生活のわずらいを離れられるものならと、あつい雲に閉ざされた天を見上げ、無能な自分と、現実のきびしい空気を身に受けながら歩いている。フランスの水、小一本あった。まだひんやりとしている。ハット目が覚める。おいしい。また、歩く。

６月27日

昼近く、ゴツンと頭たたかれ目が覚める。グラグラするような暑さにつぶされた。料理を作っている。昨日のお酒一個が、荷物の上にポンと置かれている。見つけるのが早い。飲ませろと、汗だくになっている。夕方まで待ってと言ったが、クイと飲んでしまう。残りカスを渡され、洗たくに行こうと思ったら、皆、ズボンにこぼしてしまう。これでは動くエネルギーもないと思ったが、無理をして洗たく四、五枚洗う。そろそろ文句が出始めた。無視をして、ただひたすら暑さをしのぐ。

午後、森の空間で食事をする。七、八年前に書いたノート五冊近く読んでみる。いつまでも変われぬ状態で、ますます、社会より離れた人生になってしまった。続けているのは読む書くのみだ。そばで、金にもならないことをやってばかりいるとぶつぶつ言っている。何とか私の気持ちを理解してほしい。お金は現在入らないけれど、止めることはできない。時間がなくあふれてくるの。お金をもつまで、やめようと思っても書かずにいられない現在の自分を思うと悲しいわ。盗まれて死んでから売られても何もならないわ。せめて、私の好きな必要なものくらい、元気で生きている現在にめぐってほしいの……。

私、今日フランスに行ってくるわ。夜の時間をゆっくり使いたいの……。美しい夕陽(ゆうひ)を見送り、顔が今日の夕陽のように赤く燃えている。熱さを冷やさないと、夏の太陽と共に沈没してしまうわ……。

七時近く、反対なく、さっそうと町に歩く。ちょうど席があいている。三時間の時はあっという間に過ぎていく。べとつく体がさわやかに回復した。

６月28日

六月二十八日、あい変わらず暑い気候だ。三十度こえる気温は、真夏のようだ。洗たく四、五枚終え、この数日間の変化とリズムの中で、前よりは幾分楽になったと思う。

野菜の料理を作っている。午後、森の広場で軽い食事をして、ゆったりと過去のノートをろう読して、七時近くまで過ごす。

八時過ぎ、夜の町に向かい、むし暑い道を歩く。二百五十円のめぐみも生きて必要なささえに消える。ジリジリするような小金に生きる毎日は、何事も計画がたたない。二百円出費、喫茶休み、ベンチでノート四冊ばかり読む。

小判のようなチョコレート二たばもかかえてきた。めずらしい豪華なものだ。もちものと食べもののアンバランスな毎日、やはりお金のほうがよいと、アルミカン集めをする。やりたくないが、一個一円になると言う。じっとしているのが耐えられないらしい。五十個ばかり足でふみつぶし、これを持っていきなさいと、五十円分のカンをふくろつめ持たされる。なんともやりきれない場面だが、暑い中、読んでも書いても、町を歩いても、現金になることはない。町中、落ちているカンを拾うことはそうじにもなり、確実に現金一円になると、公園住む人は深夜も眠らずあつめている人もいる。できることなら、この暑い時、やらしたくないし、やりたくないが、体力続く限り、この貧しさをしのぐため、やむ〔を〕えないことだとがまんをする。十一時過ぎ、一人もどるがまだ汗ばむ。

二時過ぎ、もどってきた。グループサウンズのなつかしの曲が流れるラジオのイヤホンで、青春の頃を思い出し踊った。四時、夜明けになり、うす明るい。このまま眠らずドライブでも行ってみたいような気持ちだ。

6月29日

六月二十九日、連続の猛暑、強烈な動きが止まらないのか、早起きをして、百個も深夜拾ったアルミカンつぶしやそうじをしている。目が覚めると、私も動きにかり出される。意識が休まるひまがない。また、洗たく、トイレの中のみが個人の時間の安らぎだ。

三時間ばかり、食事、四冊ノートを読み、過去の回想をする。今日、少し早く町に出たいと、横になっている人に言ってみた。めずらしく、もう少し横になっている、十時頃、町のベンチで待っていろとおだやかに、六時過ぎ、一人の時間がとれた。急いで身をととのえ、この時間を大事に大事にと、早足で町に出る。

七時近く、たどりついた。やっと我に返る時間、熱っぽく燃える心身を冷やし、十時までの時間を、読む書くに十分使える。やりくり算段の六月であり、こまかい小金に生きた月は、明日で終わりだ。まとまったお金で、もう少しゆとりのある日々を送りたいが、いまだ開く見通しがきかない十年以上だ。気が荒れないよう、豊かになれるよう頑張ろう。真夏こそ、フルに心身解放して、この現状のつまりを回復しなければ、沈没してしまうだろう。ケチケチせず、大金に縁あるよう、今日も生きる。

昨年出逢ったあわい紫のワンピース、初めて着てみる。身にぴったりで優雅だ。なげ飛ばされないで保った。新しい上着つきの綿のフレアーのロングスカートには夢がある。イギリスの帽子をかぶり、列車にでも乗り、旅を楽しむような姿は、三時間のフランスへのなごみを秘めた。店の中でがまんをして、十年前のノートを読んでみても、もう涙はこぼれない。三年前は、一冊ノートを広げて読んでも涙あふれ止まらず、今日まで開くことはなかったが、しめっぽくかびがはえそうだ。二十五冊近く残ったノートは、最もきれいに生きた時のありふれた精神情緒うずまく潮のように、二度三度書きにぬりつぶされている。

出版できるような内容のものは少ない。ごく限られた人で、今後の未来の国を思う人であったなら、あるヒントとして読めるであろうが、現在のようなあわただしい世に、これだけの時間を集中し思い考えられるような人も少ないだろう。

一度、聖徳太子であると言う人が、自分がタイプを打ってあげましょうかと言われた時も、見せそびれてしまった。もう一度新しいノートに書きうつしたいが、時間とお金が現在めぐらない。

保存することにも費用がいる。今後もなげ飛ばされないように、意識して守りたいが、時々神経がはちきれそうになる時がある。やけになり、京都にいる時のように、なげとばさないよう、五十代をこのノートと共に自分でくり返し読み書き、根気よく整理をして現実に少しでも開元（還元？）できたら幸いである。

7月1日

荷物の整理を軽くして、十五年以上も保った紫のレースの衣装を日にさらし、新たな気分を回復しようと、昼過ぎより森の広場で初夏の空気をなごむ。のどかな空間は、海外にいるような感覚に包まれている。日曜日、からりとした天地の空間に風そよぎ、梅雨時のくさびをぬぐい去ってくれる。

三日間集めたアルミカンを出し、三百円戴いたらしい。百円もらう初めての体験だが、今日より、私も無理せず少しずつ集めてみようと思い、夕方、久しぶりで銭湯屋に向かい、身を湯で洗い清める。心身あまりにも軽やかになり、水分ばかりで保っている月始め、夕暮れは何かものたりなく淋しい。

一足早く、夜の町に出る。九年ぶりで、紫のレースのドレスを着てみる。

この町のブティックで出逢った時、一目見てどうしてもほしかった。その時は必死で、神様に哀願して手をあわした。高いけれど、あの衣装をどうしても着てみたいと、願い叶い、ちょうど、金額を苦面してくれた。それより十五年以上も保ち、平成四年七月、一度着て、アマテュアのカメラマンの人にたのまれ、皇居、和田倉公園と日比谷公園の桜の木々やバラの花木の所で、写真を数十枚うつしてもらった。バッグに入れ持ち歩いていたが、盗まれ、一枚だけが残っている。それより、数大事なものがなげ飛ばされたのに、無事、色形うしなわず、身にピッタリとおさまり、高貴な気持ちにさせてくれる。優雅なドレスを着ていると心かろやかになる。知りあい数人に会い、すばらしいと喜んでくれる。三百円入る。喫茶にて、一時間ばかり別人になったごとく〔の〕精神でお茶を飲んで見る。今日は二人しかお客さんがいない。まるで貸しきりの応接間のようだ。

十時過ぎ、買ったお店の前まで散歩にゆく。共にいる人も、一度もこんな姿を見たことがないだろう。おかげでお酒二個買うことができた。めでたい七月の出発だ。まるで天使のように、素直な気持ちになる。

町角で、ふくろいっぱいにパンとカンの入ったふくろをもち、あっと不思議そうに見つめている。目立ちたくてそんな格好をしているのか……？　と皮肉を言う。まごにも衣装、すばらしい気持ちになっているのだから、そんなこと言わないで……と、大きなふくろをもち、一度テントもどり着替え、荷物置き、にぎわう森に出る。

五十個近くカン拾い、置き、再び人気がなくなった森を駅まで向かって歩く。ちょうど、深夜二時、駅そうじを初めて見る。水で洗い清められた空間を離れ、三十分ばかり歩いてみようと、夜の空間、大通りを歩いていると、大きなふくろ二つかつぎカン拾いをしている姿を見る。ちょうどよい所で出逢ったわねと、つかれも見せず動く人の顔を見る。駅前の小さな空間のベンチですわり、まだカン拾いのやまない人の帰るのを待つ。近くに二人の若い天使のごとくの風ぼうをした人がいる。夜、一人歩いていると、コンニチワと大きな声でニコリと笑う。

近代の特殊なファッションがよく似あい、久しぶりでステキな感覚を身につけ、この町によく似あう二人を見たと思った。菓子、ハンバーガーを三個出したら喜んで食べている。ぼく、Bと言うの、テントを作っていたが、こわされてしまった。と明るい声で、端正な顔でタンタンと語る。ありがとう。お礼にタバコあげるよと、ラーク二個出した。女の人かと思うほど、かわいい天使のような顔と風ぼうをした人が、突然目の前に来て、おいしかった、ありがとうと、太い男の声でお礼をする。宇宙に行ったような服装がよく似あい、別世界を思わせる。百円お礼に出し、眠る時だけはぐっすり眠ったほうがいいわよ、まるで王子様のようにステキねと、久しぶりで明るくバランスのとれた二人の姿を見ることができたと、私の心は喜び、共にいる人も、俺の息子のようだと機嫌がよい。さわやかな七月一日の出発であった。

三十歳だと言う。何を思い、この近代を生きていくのだろうか。まるで個性的だ。

７月３日

夕六時、一人早目に町に出る。今日も小金を生かそう、我のために……。

「太陽がいっぱい」の音楽が流れている。なつかしい。子どもの頃よりよく聞いた美しい曲は、いつ聞いても明るい希望に輝かせ、魂にひびく。とぎれる思考は、太陽の席でつかの間、喜びの精神の時間を楽しませてくれる。意識ち密な夜の時間を迎えている。毎日のリズムの変化はあるが、中心である内面は変わらない。十年前の文字の流れを、十年ぶりで新たなノートに書いてみる。まるで反復日記のようだ。反プータローに近い感覚生活にならざるを得ない現在だ。その日ぐらしも楽天的に過ごせる夏は好きだ。希望が現実に少しでも生かせるよう、時々おそう痛みや不安を離れたい。自然の森の眠りの中で、母と姉がとり肉とピーマンの塩焼きを作ってくれた夢を見て、空腹をやわらげたが、夏をしのぐ食べものが不足している。あまり無理な肉体労働をしないよう、ソロリソロリとゆうがに行こう。そのうち、わずかな生活費や小遣いぐらいめぐってくるだろう。無駄なわずらいを離れられるよう、太陽がいっぱいの心身を保って、今日も三日目の七月夜を過ごす。

　外は月夜が美しい。十時過ぎの約束の時間、半年間のコースより変化した時間とコース。

　十一時、荷物もちテントもどる。

7月13日

　今日の一日も無事終わってほしい。九時過ぎより、夕方、少し眠り、七時、闇せまる夜、突然、こんな人生まっぴらごめんだ、どうしてくれるんだ、こんな思いをさせて、君と出逢ってこんな思いをしているんだ、どうしてくれると責める。久しぶりの別人の姿は異様に燃えている。お前をこの世からまっさつしてやる、穴をほって埋めてやるんだと、言うことも狂気だ。私は精いっぱい気づかい、大事にしてきたつもりなの、そんな事言われるすじあいがないと静かに言葉をはいたが、うろたえ、不気味な瞬間、今日十三日の金曜日が悪く、暗い意識に落ちこまないようにと心に言いきかせた。近くにある大きな石なげてきた。石、足のカカトにぶつかり痛いが、荷物を持ち、一目散と町へと歩いた。

　ベトベトする空気に恐怖を離れたい。今日は、Bちゃんの姿も見えない。五百円玉をくずして喫茶に飛び込み、暗い意識を払う。

　私自身さえ、この十年、自分の意向がかみあわぬ世の中を必死で生きてきた。一人との出逢いが、あまりにも不気味な三重人格にゆれる。大きな肉体の存在は、自分の意思と方向と人間であることを認識をしない。

　ものの考え方、生き方も油と水のように違う。どろどろと貧しさの中で愛もない。

　生活を続けることは、最悪と思いながら、精神、経済とも自立でき、お互いに希望に向かって出発をすることが緊急の課題であるはずだが、このまま二人とも、どろ沼に落ちこんでは、再出発することができない。この悩みと現状で生きる基盤がすべておかされてしまった。

異常気候も続く日本のつゆ時は、猛暑に渇き、今後の歩みさえも確信をもち断言できない。重要な約束はできない状態だ。

九時過ぎ、いたたまれず外に出る。昨日まで明るくにぎわっていたBちゃん広場は、ひっそりとして姿も見えない。駅近くで百円拾う。本当に助かる。ガタゴトする心身、酒一個買い、町を歩く。持っているだけで歩く気力になる。心臓が高なり緊張したら、わずかクスリ代わりに飲もう。いつも遠くに旅する時も離したことのない酒とタバコ一本もなくなってしまった。

一箱ばかりシケモクを拾い、いつもの場所で待っているが来ない。ボールペンを一本拾った。夜空を見あげながら、このなりくりを冷静につとめようとする。

人間、どんな関係でも一人ぼっちだ。そして、立場も歩みも希望も違うはずだ。それを知りながら、もがき、ぶつかり、人のせいにする。お互いの自由があるはずだが、とうと組織や仲間で一つの行為を強制し、無理な行動へとかりたてることがある。最悪は、おどしと暴力だ。

十一時少し前、共の人の姿見えない。いつも待つ席を立つ。今日はこれ以上話をしないほうがよい。駅の方向に歩く。また、ボールペンを一本拾う。

十一時二十分、明るい駅前で人通りを見つめ、早く今日の夜が終わってくれることを祈る。

7月15日

三時十五分前、公園もどる。雲晴れて月夜が美しい。人が多くいる。明るくなるまで、街灯の明るさで書いてみる。もう虫の鳴き声が聞こえる。

明るく、視界ひらける夏の朝だ。去年は真夏の夜明けでも梅雨かわりの湿気で外にいることがしめっぽく、四時、五時はテントの中でぐっすり眠っていたが、今年はからりとして湿気がない。七月十五日夜が明ける。五時近く、またベトつく暑さにテント入れない。今日もまた、同じ場に行っているわと荷物をもち、公園に向かう。つかれがどっと出る。

光々（ママ）しい太陽がのぼる姿は美しいが、暑くて眼前でじっとしていることはできない。地を変え、大きな木の下で横になろうとしたが、今日は昨日より早く犬連れが多い。ジリジリしながら三ヶ所場所を変える。とうと二頭の犬を近くで放され、私の目の前までかけてきた時は、ひめいをあげて心臓をおとすばかりショックで泣いてしまった。飼い主があやまるのでがまんをしたが、噴水の泉の中にわざわざ大きな犬を放し泳がせる無神経さを見ると、悲しみと怒りがこみ上げてくるが、おとといのウイスキーがまだ残っている。一口飲み、回復させ、八時過ぎやっと数十頭の犬が帰った。昼近くまで眠る。自転車、ハンバーガー持ち共の人が現れた。今日は二時過ぎふろ屋に行くよと、ややおだやかにもどっている。

　君の衣類を皆整理しようと思っているんだ、じゃまでしょうがない、君にはこうして野に寝ているのがぴったりだよ。小さなホシ魚をもらったと白魚のようなものを出した。

　今日のショックで食物もあまり入らない。さっそくなげ飛ばされたら大変と、テント行き、もうふくろ一つしかない衣類を外に出す。ああお金と部屋がほしい。とても野宿生活はできない。一人つぶやきながら、二時過ぎ、百円持ちふろ屋に向かう。シャワーで身を清め、四時近く、公園もどる。スポーツのグループが、頭の上でうるさい。四度も、小や（ママ）ボールが飛んでくる。これではもう少し眠りたかったが眠れない。

　六時過ぎ、一人早く町に出る。

7月16日

　今日の夜もすばらしい一日であるよう、そろそろ外に出よう。Bちゃんから戴いたチェックのぬのをヘアーバンドにして外に出ると、ベンチに横になっているBちゃんの姿が見えた。久しぶり、元気？　と声をかけた。俺、この町を出て行けと言われたんだ、今日一日でここを出ようとしているとポツリと言う。そんなこと言える権利のある人いないと思うわ、どこへ行こうとしているの？　とたずねる。俺は風来坊さ、わからないけど出なければならないと呆然としている。Bちゃん、いなくなったら皆どんなに悲しく淋しがるかわからない。せっかくこの地がきれいになり明るくなったのに、私も淋しいと、心の灯が失ったようにガックリとした。また後でと心のゆれをおさえながら、約束の場所に向かった。共の人もおどろき、淋しそうにしている。夜、皆で新たな出発のかんぱいをして見送りましょうと、十一時過ぎ、テントもどり、荷物置き、お酒、パン、コーヒーを持ち、道中簡単なはげましのメモ、二百円、お守りを持ち町に出る。

とりあえずパン、コーヒーを渡し、一時過ぎ、三人で少し飲みましょうと、夜の町を一回りをして、小お酒一個買い、ちょっと少なすぎるがもみじの木の所で出逢った酒が、こんな別れと出発の門出に必要な飲みものになることは不思議であった。

７月31日

七月三十一日、九時近く、右足をなぐられて起きる。パンのふくろに、アリがついている、管理が悪いと、ぶつぶつ言いながら、紫ワンピースをひきさいてゴミ箱に捨て、水をくみに行った。

あまりものなさけなさだ。執念に燃える根性が、ここまで食べもの一つに集中されると、私の喜び、大事な衣装や身までひきさいてしまう。何も言わず、黙って公園に向かうと、その場を去った。私一人、怒りと悲しみをはき出した。

何を言っても通じないクセがあまりにも恐すぎて、何も言えない現状にただ押しつぶされる。七月も終わろうとしている。すぐ自転車に乗り、食物をかかえ、食えとパンとうどんを出した。ぶつぶつ言いながら、あきもせずよく同じ行為をするものだと、あきらめてわずか食べて、ぐっすりに眠る。

すばらしい夢うつつの中で、ステキな衣装を着て踊っている我が姿……。はでなワンピースや目立つ格好されたら俺がこまるんだよと、衣類あってもすりきれたきたない格好をして、こんな思いをさせてどうしてくれるんだとゴネてばかりいる性はきらいだ。六時、起き、お前のようなものここで早く死んでしまえ、生きている価値がないと、再び同じことを言い、自転車で去った。夕陽が西の空に消えてゆくもの淋しい今日の出発……。きたない言葉の念を払いのけ、テント荷物置き、町に出る。百円。昨日、新たなノート一冊、買うこともできた。六百二十二円残を持ち、一目散に私の救いの時間に入る。今日は本当に店内が静かだ。ひんやりとした空間で気を静め、ノートと共に向かう。このくり返しが、一ヶ月近く持続した。

八月も無事、大難がなく明るくめでたい出発の日々であるよう、この暗い意識を離れたい。ピアノのメロディが心よく魂にひびく。黄金に見える壁は、現在の精神のオアシスだ。再び楽しみを見いだすよう、陰惨で暗い念を離れよう。

8月1日

八月一日、午前十時近く、汗だくの眠りより目が覚める。グラグラするようなむし暑さに寝不足だ。先に公園に向かってもよいと認可を得て、いつもの場所に向かう。近くの人が、キューリ五本、ニンニク二個、朝置いていったことを思い出し、眠らず身を洗い待っていた。食物をかかえ、一時間ばかりで現れた。新鮮なキューリ二本、ソバ少し、パン一個、おむすび一口、お酒少々飲み、暑い八月、太陽と共に出発をする。三時過ぎ、少し横になろうとしたら、ポッポッと雨が降ってきた。遠くでカミナリの音がする。西の空には光がまだ輝いている。

また、いたずら雨かと荷物をたたみ、テントもどる。百円もらう。スカートのすそをぬらしたら、尻を足りされる。まったくだらしないやつだと、これで三日、両足、尻、三度目だ。つまらぬことでよく怒る。ミニパイプの箱を忘れたと言うので、町に出る用意をして公園を一回りする。水まき雨でしっとりとぬれた若葉、サルスベリの花がかろやかだ。探してもない。少し寝不足だが町に出よう。

五時ちょうど、駅につく。雨はやんだ。なんという天候だろうと、天が恐く感ずるここ一、二ヶ月……。今日は月のテーブルがあいてある。眠けが覚める時間……。意識回復して、ノートと共に時間を過ごす。今月もおだやかに楽しく過ぎることを祈り、残二百五十円の出発を心細く思うが、恵みあらんことを祈る。

世の中さかさまになっていた歩みが転回していくだろうか。動く状況が、毎日日常のつながりと生活のため、何もわからない。このまま夏バテで倒れてしまうような冷酷な瞬間に出逢うことが多いが、暗闇の視界が少しでも開かれていくよう、このどん底の現状を立て直さなければならない。毎日、家事、炊事でバカ女とののしられてばかりいても浮かばれない。夕暮れ、ハトが一羽飛んで来た。めずらしい。八月のハト、ハットする。

歯があったならもっと明るく人生を歩めるだろうが、まだまだ遠い。今日一日を過ごすことで精いっぱいだ。あまりにもこまかく日常のわずらいにうるさすぎる。精神の余裕がなくなってしまうようなリズムをあまりびっしりとつめこむと、外界を見つめる余裕がなくなってしまう。女のくせに何を生意気なことを言っている。言われ、毎日黙り生きている命は、人間である成長のさまたげになる。迷い、格闘をしながら今後の方向を歩む現実のトビラが開きそうで開かない。

8月3日

ぐっすり眠り、八月三日九時近く、ソバ食べろよと起こされる。少し声を出すと、うるさい、黙って食べてまた眠れと機嫌が悪い。半分食べて、また眠る。十二時過ぎ、自然に目が覚める。

三十一度ばかりの日中の気温はまだ気だるい。イライラぶつぶつ、顔を見るとはき出す。すっかり精神のゆとりを失っている姿は、まるでつかれがどっと出たような様子だ。黙って公園に行っておりますと、いつもの場所に向かう。

駅近くで、五百円入る。たった数分で八日まで五日間のお金の苦面ができた。これで、あらぬ悩みに苦しめられることはない。ホット一息をして、とぎれそうな私の毎日のリズムが持続することを願いながら、今日の恵みに感謝をして喫茶に入る。

約三時間近い自由なる空間は、今日もまた、かすかに希望の糸をつなぎとめる。毎年毎年、冬の寒さ、暑い夏はやってくる。家なし、職なしでは、どんな人生の歩みとなるだろうと、私は日記をつけている。

昨日午前二時頃、神社の前の道路に一羽のつるのようなきれいな鳥がうずくまっている。どうしたのだろう。こんな時間、まいごになり飛べなくなったのだろうかと見ていると、パッと羽を広げて南の方向に飛んでいった。雲の中より、大きな月が光々しく輝いている。私も追いかけるように早足で、二時過ぎ、テントまで歩いた。一羽の鳥、一人の人間、飛べない私、何を意味しているのかはわからないが、めずらしい場面であった。深夜、小鳥でも一羽で飛ぶ時代だろう。

8月13日

八月十三日昼近くまでぐっすり寝る。暑さしのげる曇り空。体調がやや普通にもどる。自転車でタバコ買いに出かけた。昼の一人の時間、テントの中で過ごすことは久しぶりだ。コーヒーを入れ衣類整理。昨日戴いたレタス、やきブタ、ニンニク、少し食べる用意をする。外歩きより自分なりにうるさいことを言われず中の仕事をすることのほうが絶対に楽だ。いつも、目が覚めるとどなられ追われてばかりではつかれる。

一時間半ばかりでもどってきた。少し食べ終わると今日、支援団体の夏祭りだ、出かけようと言うので顔を出してみようと共についていく。向かう道中、赤いベルトを拾う。公園に五百人ばかりの人が集まっている。いろいろな行事、つなひき、カラオケ、失業者のため、東京都より仕事を少しでもめぐってくるよう野宿テントぐらしの仲間へのはげましの言葉、亡くなった人のとむらい、のち竹の流しソーメンを戴き、まぜごはん弁当、大きなナベ、カマで手作りの料理はおいしく昨日までの空腹をみたした。七時、幕じめのかんぱいとなり手作りの酒を二、三合ペットボトルにもらいかんぱいをして、その場を離れる。

八時三十分、町にたどりつく。まっすぐ喫茶の太陽の席でひと夏も終わりをつげようとする。祭りののちの静けさで気をいやす。世が広くなるといろいろな分野で活動する機関があり緊急の相談所も探すとあるらしいが、一人一人が人間並に生きる自立生活を回復することは無理なことだ。公の福祉の保護を受けられる人も少ないようだ。あきらめ生きる人もいるが、夢と希望を失ってしまったらおしまいだと背後に見知らぬ人の声がひびく。私は、もう早くからあきらめている。公の福祉の世話にはなれないことと普通並の生活を望まないことは、しばらくその日ぐらしは続くだろうが、眠る所とわずかな小遣い、自由な時間は失わないよう、今後くれぐれも個人の精神が近代の都会の中で生きられるよう肝に命じたい。幾度もやり直しができることを望み少々の失敗をくよくよしないよう自らはげまし、歴史の満期（ママ）を精いっぱい明るく生きてみよう。

8月14日

八月十四日、昼過ぎ起きる。自転車で買い物に行った人がもどってきた。今日は公園に向かうと言うので、久しぶりの夏の太陽を仰ぎながらいつもの地に先に向かった。古いパンと昨日の弁当を広げ、少し食べる。

食料もなくなった、君は何も協力しないと言うので、私は時々パンを食べるだけでお金が入るまでがまんをするわと言った。俺がすべて食料の用意をしているんだ。君は何もできない、そんなこと言うなら自分のことは自分でやれと言う。無理をしなくともいいわと言うと、突然、お前のようなものはここで首をつって死んでしまえと、バッグやビンをなげとばす。左足にあたり、すじが痛む。シャツを洗ってこいとなげ飛ばす。顔は真っ青になって興奮して横になった。足をひきずりながら胸をえぐるような毒舌に、気を静めシャツ洗い、三時過ぎその場を黙って離れた。盆の暗い意識と貧しさが身近なものにせまる。怒りと不安の悲しみ。もう、つかれて涙も出せない。明るい方向に向かい六時近くまで本を読み、足の痛みをやわらげる。これでは新しいクツをはいても、元気で歩くことはできない。現在を耐えるだけで精いっぱいだ。

六時過ぎ、駅近くまで歩いてみる。キンニクが歩くたびにひきつるように痛い。やっと喫茶までたどりついた。月の席にすわり、えぐられた心身の傷をいやす。何ともやりきれないが、あまりにも現在普通並な生活を望んでも無理であることを知ったなら、これ以上、みじめになりたくない。この一夏の半ばを無事通りぬけなければどうにもならない。働け働けの家庭で育ち、無理な労働に慣らされた人の肉体の人と同じように動けない。食べものも三倍違う。最低八時間の眠りが私の宝だ。朝早起きしても夕寝がきらいだ。夜明けに眠るとどうしても目覚めが昼近くになってしまう。人と話をしたら殺してやるとテント生活始めた頃は紹介してくれた人や古い人に言われ、誰とも会話をしたことがない。あまりものこり固まりの強い意識のもち主は人間閉鎖におちいり、不気味な精神状態だ。いろいろな人と語り学び助けあって人間が成長していく道中のさまたげになる。言語を失い、人の対話や社交ができなくなり、孤独におちいるとは危険だ。言うに言えない悩みをかかえながらノートと共に向かう。今日の夜、八月の熱い太陽と共にもう少し花開くことを願っていたが、明るく回転するほどのお金もめぐってこない。ギリギリいっぱいの中で真夏を過ごすことはつらい時もある。喜びと笑いが出るような瞬間は少ない。

8月18日

八月十八日、午前一時近くまで町のベンチでノート読みながらカン拾いに向かっている人を待つ。近く探しても姿見えないので、先に公園向かい、街灯の下でもう一時間、もう一冊を読み待つ。

二時、テントもどってみる。横になりぐっすり眠っている。出かける用意をしようとしたら、突然足ゲリをする。君のようなものは信用はしない。この中に入るなと飛び起き、にらむ。二時間待っていたのよ。低い声で言う。気分が悪い。俺に何も協力をしないものはもう必要ない、出て行け。

軽く身を整え、外の小イスでじっと夜明けを待つ。三百円持ち、このまま一人で有楽町まで向かうべきか*やめるべきか、うら淋しい気持ちで交通費のやりくりを考える。雨が降ってきた。のちどうなろうとやはり一人でも約束の場に行ってみようと、四時半、私先に行き五時六分の電車に乗るわと声をかけた。俺は単独で行くと声を出す。駅前の明るさで意識回復してホームに向かう。人がちらほら、夜明けの大地の空間はうるおい、森の樹木は雨つゆでしっとりぬれている。

五時十分前、共の人が青い顔をして歩いてきた。話しかけるのも恐い様子だ。階段に新しいキップが一枚落ちている。今日の日付だ。気力を出し、電車に乗る。

無事、約束の場に早目についた。今年はこれでおしまいらしい。雨ふる銀座の路で、二時間を過ごし、無事、二千円戴く。まだ機嫌が直らない。極度につかれている様子だ。私もぐったりとつかれている。キップを買い、一枚渡した。東京めぐらず、まっすぐもどる。雨はやみ、時計はまだ九時近くだ。一時も早く横になりたい。

同時に改札口を出たが、うしろふり向き、君のようなもの何の役にもたたないと不気味な目でニラム。胸にヤリをさされたような痛みといやな気分だ。私、公園で眠りますと一言声を出し、スーパーで酒二個、ラーメン一つ、つけもの一つ、タバコ一つ買い、六百円近く使う。今日はパンもないが無事終わりよかった。雨よ、もう少しふらないでほしい、とトボトボ公園に向かう。ぬれた若草、いつもの地でビニールをしき、お酒少し、つけものをつまみ、新しいタバコ一本吸う。

雲の上に一瞬、太陽の光がかすかに輝いた。横になり三時間ばかり眠ったが、また雨が降ってきた。まだ体が動かない。ちょうど、二時だった。カサとビニールをかぶり、何人かの人の遊ぶ姿を見て、五時近くまで横になり、悲しみや不安を解きほぐす。五時三十分、町に出る。ぬれた身で肌寒い。喫茶の太陽の席で身をあたためる。今後の見通しがとざされてしまう。現実の歩みはいまだ自分の意のままにはならない。公園で一人の若い女性が救急車で運ばれていった。明日の動きを止められる。人間の弱い心身は、天候不順や突然の変化には強い立場をとれない時がある。気分が回復するよう心を明日に向けよう。このまま夜追われても、眠る場もなく、身がもたない。意識は回復したが、どうしてよいのか悩みつきない。

＊「並び」の仕事（31ページ）のため。

九時過ぎ、外に出る。重い荷物が肩にずしりとぶらさがり、雨上がりの路上を歩き続けることができるだろうかと、駅近くで身を動かしてみる。一回りをしてみよう。タバコを買いにゆったりと歩いてみる。ゴールデンバット一つ、約（ママ）今日は千円の出費で気を静め、二十四時間すい眠なしで保つことができたが、つけものと酒一合で保った一日はつらい。

十時、待ち合わせする場所にいたがもう限界だ。テントにとりあえず向かう。

なるようにしかならない現在の感情の高ぶりといら立ちは、誰も止めることはできない。私もなだまらない。不安だ。明日のことは全くわからない。こんな霧に包まれたような日々は、自分で自分の存在がわからなくなってしまう時がある。ただ、性と過去より持続した習慣と、こればかりはくり返し反省をし、自ら教訓を作ったことを、本能的に守りとおそうとする意識が強くたたき込んであるだけだ。

テントの中は誰もいない。バタンと倒れるように横になる。まだ時計は十一時だ。どこか出かけている様子だ。ふくろにびっしりと食べものが入っている。あけてみると、弁当、パン、おむすびだ。いつこんなに運んだのだろう。すごい燃えるようなエネルギーにおどろいた。一つ食べてしまう。

また、帰り、追い出されたら歩く体力はない。雨の時、お金の足りない時は、もう絶命に近い。二時近く、もどってきた。おい、泊まるなら金を出せ。まるで勝手なやつだとぶつぶつ言いながら、昨日よりは幾分怒りがやわらいだ様子。何か食うかと言うが、黙って寝かして下さいとそのまま深い眠りに入る。納得のいかない発言が無造作にふき出るが、平静にもどるのを待とう。なだまる日まで。

8月20日

人誰もいない路上、街灯の光は今日はことに美しく見える。ちょうど、時計は三時であった。大きなふくろのカンをもち、星と白雲の流れる大空の下を歩き、テント向かう。

夜明けになると眠けが出てくる。横になり眠ろうとすると、ゴッンとうでを広げ、なんだ、むさ苦しいと目を覚ました。お前の顔を見るのはあきあきしたよ、昨日買ってきたものを出せと夢中で調べ、君は何もしない、だらだら自分のことのみをやって手伝いもしない、この野郎、出て行け、ここに眠る価値はないと、ゲンコツで足を二、三度たたき、残り三ふくろの衣類を皆なげ飛ばし、外に置いてある大事な荷物までメチャクチャにしてやると別人になり、ののしる姿は動物じみて異様な恐ろしさだ。もうこれ以上おかされたら歩けなくなってしまう。近よれない。

五時過ぎ、荷物をもち、駅近くの方向に向かう。とりあえず、あいている空間になげ飛ばされないうち大事な物のみを運ぼうと、気力出し、ビニール、カサ、ダンボールで一畳間ばかりの位置を作る。三度目荷物を取りに行くと、洗たくものをきれいにほし、一人で黙々と食事をしている姿が見える。これ以上からまれては、この地区の笑いもののえじきにされてしまう。誰にも言わず、裏より二つばかり荷物をもち、残りは様子を見ながら運ぼうとぐらぐら緊張しながら最後を力をふりしぼって歩いた。

　夜明けの太陽の光が哀れな我が姿を笑っているかのように、悲しみと不安をかかえ下を向いて歩いていると、Bちゃんのさっそうとする姿が見える。休み場を探している様子だ。少し心が明るくなる。大きな木の根に、黙って大きなふくろを持ちすわっている姿は、今でも悟りそうな気高さがある。あまりにも見すぼらしい哀れな我が姿だが、声をかけてみた。私、追い出されてしまったの、がまんをしていたけれど、一年半以上もきれいにして住んだ所の人間気性があまりにも緊迫し争いや怒り、おどしが激しいので、もうこれ以上いたたまれないので出てきてしまったの。しばらく様子を見てみるわ、寝不足で目もあいていられないの、すい眠のみは十分とっておいたほうがよいわ、誰にもこんなこと言わないでね、知らん顔して今度会ったらコンニチワと言うだけでいいわと別れた。

　一応、初めての地で三枚のビニール、五本のカサの空間に大事な荷物を置き、眠れるかどうか不安をかかえ、横になってみた。熱い太陽のぬくもりが全身を包み、あの息苦しい人間関係の緊迫を離れられたことのみはありがたい。今後、どうするのだとたずねられても、まず眠る所第一、お金千五百円少し、酒一合、ゥイスキー少しつまみ、これのみがすべての食料だ。再出発、出逢い九年過ぎた。十年目を迎える新たな出発だ。偶然と必然の時間と力がこの瞬間出たことは感謝をする。まず私自身が突然位置を変え、眠れるかどうか心配だ。

　昼近くより熱い太陽に包まれた。三枚のビニールの下にダンボール、敷きもの、カサをまわりに置き、横になってみた。公園の大地よりは楽だ。うとうと眠り、目が覚めると、時計もないが夕暮れになったわびしさを感ずる。町に出る用意をして、外の時計台の針を見ると、ちょうど六時少し前だった。少しの眠りが今日の変化の意識を回復させた。歩くきょりが近くなった。駅ちょうど六時、にぎわう人出……。お金のとぼしさに悩みながら、喫茶に入る。太陽の席、十時まで読み書くをする。時間を少しゆったり使ってみよう。

　カサがもう二、三本必要だと思った。偶然出逢ったらほしいと思った。通りをいつものように歩く。ちょうどゴミ捨て場に色とりどりのカサが十本近くもあった。まだ使える大きめのカサを三本戴き、歩く道中の路のベンチに共の人が大の字になって眠っている。ハット思ったが、目覚め再び興奮をしたら大変だと思い、声をかけず黙って大通りを往復する。十時近くに前のテントに行き、中にある私のこまかい必じゅ品や食べものを少し持ち運んだ。赤飯が一個ある。玉子六個あったので一個、コーヒー。まだ何も食べたくない。何しろ一人一人がぶつかりのないよう、せめて一週間でもこの機会にそれぞれが自分自身のペースで歩めるようにならなければ、必ず問題が起こる。初めての夜だが、二時近く、新たな地にもどってみる。近くで十人ばかりの若い人達が楽しんでいる。

小さな中に入ってみると、ローソクがなくとも街灯の明かりだけでいられる。じっとすわっているだけでもよい。心がおちつくならと思い、赤飯、昨日買った日本酒一合の半分、玉子一個を出し、今まで箱につめこんでいた私の大事なものを並べ、新たな出発になげ飛ばされずによかったとめでたいかんぱいをした。

夜明けと共に眠くなってきた。冬もののコート一枚かぶり横になる。不気味な不安感に取りつかれないよう、安らぎの気持ちをかかえ、今後の事を考え、余裕もない。つかれた。

8月21日

八月二十一日、頭の上の方より男性の声がする。公園のガードマンのような制服を着た若い男二人であった。ここはトイレの裏で目立つのでテントを作るならもう少し向こうにうつりなさいと声をかけていった。ハイ、雨がやんだらうつりますと返事をして、仮空間の中で目をさました。

激しい雨が降ってきた。カサ八本でささえたが、水はもる。ダンボールの上を流々(ママ)と流れるどろ水、やっと我が身と大事な荷物のみは雨にぬれないように守ったが、こんな激しい雨は数あることではないと思い、まだ外にいるよりはよいとコーヒーを少し飲み、もう二時、三時にはなるだろうと、小雨になった外に出てみる。

ちょうど、三時を回っていた。身がぬれてしめっぽい。駅前に出てやっと現実の我に意識よみがえる。何しろ、これ以上ぶらぶら歩く気力は出ない。三時半、喫茶に入る。月の席、体あたため読み書きをする。今日は弘法大師の誕生日*であることを思い、太陽もかくれてしまった雨雲の上の天を思った。ことに今日は店内がにぎわって活気がある。残されたわずかなお金でいつもと同じリズムで今日もむかえたが、今後の人生の明るみが少しでも開くよう祈らずにはいられない。気づかいのストレス固まりをこの機会に解きほぐそう。

七時半、体の機能が少し動くようになった。雨は強いが、タバコ一本もなくなったので、大通りまで歩く。ゴールデンバット一個買い、久しぶりで大学前のビルの中まで向かってみる。天上高き空間の座イスに、約束のない時間、ノート一冊読む。外を見ると、激しい雨と風がひどい。外に出るとカサも飛ばされそうなほど、強い風雨は台風のようだ。近くのビルの空間で小ぶりになるのを待つ。二、三十分するとやや小ぶりになった。たったビニール二枚、カサのみの新しい場所は大丈夫だろうか。皆、雨と風で乱れているのではないだろうかと思うと、心臓が高なる。その時はその時だと気力を出し、通りを歩き、聖徳太子様への千円を出し、お酒二個を買う。何も食べていないが、空腹を忘れている。

駅近く、ビルの空間のイスにすわり、わずか残りのウイスキーを飲み始めて三十分近くゆったりと過ごさせてもらった。銀座で戴いた残りの千円をくずし、買った酒を再出発の門出としてゆったりと飲んだ。

十一時近く、新たな地に向かってみる。見るも無残に二枚のビニールは雨うたれ、落ち、カサは飛び、見苦しい姿だ。人だれもいない公園は陰惨な空気だが、この機会に体力をふるいおこし、位置を変えようと、五メートルばかり離れた地に、どろにまみれたビニールやカサを洗いととのえる。中の大事な物はぬれずにそのままになっている。小さなふくろがとんでいる。石けんが一つ入っていたが、カラスかねずみでも持っていったのだろうと、新たに作りかえる。八本のカサを使い、一応、私一人つかれた時横になれるだけの空間を作った。

＊通説では、弘法大師（空海）の誕生日は774年7月27日（旧暦の6月15日）とされている。

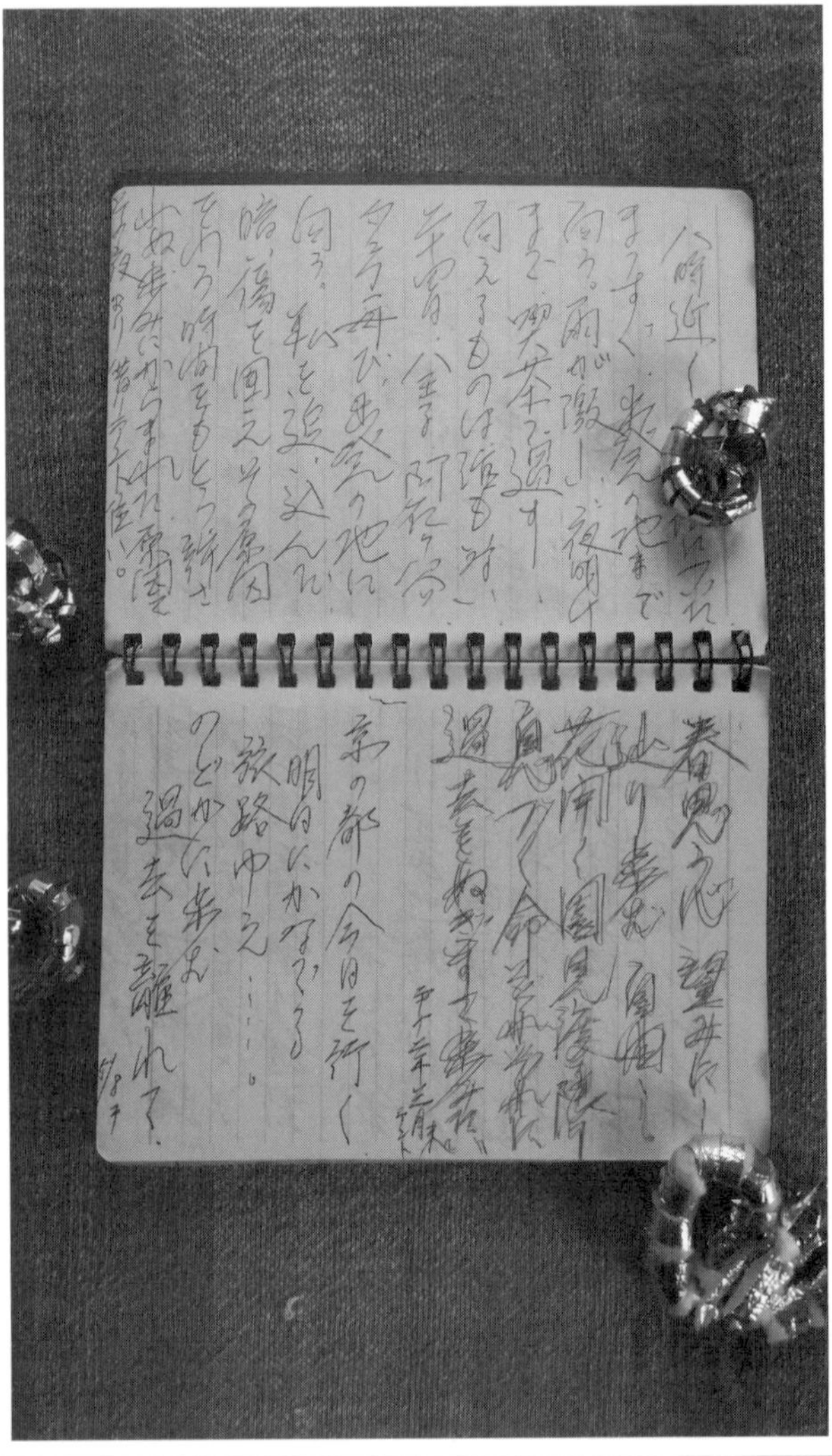

京の都の今日も行く
明日はいかなる
旅路ゆえ……。
のどかな歩み
過去を離れて

第３章

2001年8月22日
〜
2002年1月30日

第３章に収めたノートでは、共の人と同居していたテントを出たのちの、ひとり暮らしの試みが綴（つづ）られる。現金や食べ物は常に不足し、襲撃や嫌がらせなどを受けながらも、喫茶で読み、書く時間は守り続けていた。

やがて、小山さんの住む区域で立ち退（の）きが行われることとなり、小山さんはひとりの生活をどのように維持していくか、試行錯誤を続ける。

２００１年８月22日

八月二十二日、十二時半、前のテントに向かってみる。激しい風雨のため、私の残された半分の荷物のダンボールはびしょぬれだ。テントの中で大の字で眠っている。さすがに今日は外には出られなかっただろう。静かに、ダンボールの中より、ビニールに包んだ本、衣類の中身がまだ無事であった。持てるだけ大きなふくろにつめた。

まわりは皆、寝しずまっている。

かたいおむすび一個、無理をしてのどに押し込み、二時近く、再び新たな地に向かった。やっと中に入った。まるで寝台車のようにせまい色とりどりのカサ八本、一本忘れてしまったら売店の近くに真白いきれいなカサが一本あった。全部で九本、まわりに飛ばされないように衣類をビニールのふくろに入れ支える。酒少し、つけものを少々食べ始めると、激しい雨がまたふり始めた。昨日よりはまだ雨もりはくい止められたが、あまりもの長い時間、風雨激しい集中豪雨のような雨の音と風の音で緊迫したまま眠れない。

昼近くまでやまない雨天はやわらいだが、ジメジメとして眠れない。やや雨の音がしなくなった。こんなつかれては歩けない。

うとうと眠りに入る。目が覚めると西の空が少し明るい。ああよかった。もうしばらくふらないだろう。これほど長く激しい雨に出逢(であ)い、一人、十六時間も森の空間に過ごしたことは初めてだ。残九百円近く、心ぼそいがまだ昨日のお酒一合ある。はげみに外に出る。ちょうど六時半過ぎ、駅に出る。うしろふり返り、天上を見仰(マ)げ(マ)ると、三日月が美しく輝いている。洗い清められた大地は水分でみたされたように重く厚く感ずる。ジメジメした身をあたためたいと喫茶に向かう。

月の席にすわり、ほっとため息をつき、昨日の幻のような時間に呆然(ぼうぜん)とした意識を回復する。あのまま静かに死んでしまうような気がした。私のみしか知らない私の時間に包まれ、不安も孤独も消えていた。これで涼しくなるだろう。もの淋しいが、そのたびの変化に必要なものやお金がめぐるよう対処してゆかなければならない。過去のノート二冊読み、新たなノートと向かい文字つづる。今日はめずらしく、なつかしい曲が流れる。命ある限り、生きていく気力が必要だ。

十時過ぎ、外に出る。グラグラするような雨上がりのガスで息苦しい感じがする。近くのビルの空間で、これよりどうしようかサイフの中を調べても、動く気力が回復しない。タバコを探しながら近辺を歩き、十一時、小さな透明なカサを二本拾った。昨日の雨の時は十本でもたりなかった。

一度もどり、少しかたづけをして、雲ちり星輝く森の道を歩き、前のテントまで向かってみる。荷物半分入ったダンボールの上は、きれいなビニールで包まれ、あけることはできなかった。出かけたらしく、コンの私の帽子と上着が外にぶらさがったままだ。

中に入ってみると、ムッとするような湿気でカビくさい。パンが三つ、きれいにふくろに入れて置いてあった。何も食べものがない空腹に、かたいフランスパン一個のみをもち、すぐ外に出た。

公園のベンチで少し口にふくみ、天高き大空に星が無数に輝いている。秋の空だ。真白いちぢれ雲が流れてゆく。なんと美しい空だろう。ノート一冊読み、少し歩く気力が出てきた。十二時半過ぎた。

8月23日

八月二十三日が始まる。

人だれもいない夜の大通りを、休み休み新しいクツをはいて歩ける所まで歩いてみよう。夜明けまで時間がある。

落ちてある路上のカン、タバコを拾いながら、交差点奥の稲荷（いなり）神社の前まで行き参り、再びもどる。普段のコースだ。上り下りの路（みち）をまがり、大通りもどる道中、マンガの本屋の前に銀の丸く長いボウが一本、道路のゴミに一緒に置いてあった。まるでステッキのようだ。これが一本あればいろんな用途があると、つえ代わりにもち、駅前、ちょうど三時、透明なカサが一本おいてあった。カン五、六個、残七百円持ち、不安な夜の孤独を耐えよう。今日はぐっすりと眠らなければ、明日動くことはできない。

小さな中に入るとほっとする。昨日よりは安定感がある。残された一合の半分酒、たくわんひときれ食べて、四時過ぎ、横になり、八本が十本になったきれいなカサの中で、オカーサン、今後どんな日々を送るだろう。お金がなければもう声も出ない。どうしたらよいだろうと、朝、公園のマイク*が聞こえるまで考え考え続けたが、何も現金の入るあては開かない。つかれてうとうとしてしまった。声をかける男の声がした。起き上がると、三人の管理事務所の回りの人**で顔は見覚えがある。

ここは目立ちすぎてダメだよ、いつからここに来たのと言う。昨日、若い人二人が来て、向こうにおりましたが、昨日、少し位置をうつしたばかりです。前、あちらの地区に二人でおりましたが、一人具合が悪くせまいので、大事な荷物をもち、置く場所と眠る場所を探していたんですが、向こうはダメでしょうかと道路のはしのゴミ処理場の方を指さすと、あそこはダメダメ、ここは売店の人がうるさいので、向こうの林の方に行きなさい。いつまでいるつもりなのと聞くので、今、書いて勉強していることがあるので、収入がありません。お金があったら部屋を借りたいと思いますと、中年過ぎの三人の回りの人を見つめた。

もう十時近くなったろう。指定の場所は古くよりテント生活をしている人が多い。大丈夫だろうか。起きて荷物をうつそうと、いちょうの木が並ぶ小さな枝木の地を見て、少し湿っぽいがとりあえずやむをえない。前に大きくテントを作っている人の洗たくものが目立つ。一人の男性が出てきた。どうしたの？　と聞くので事情を話をした。また、一人出てきた。いや、姉さんだったのか、誰かと思っていたよ、弁当、この間もらった人だよ。一人が言い、ここクマさんのかんかつだから、この裏にうつったらよいだろうと言う。クマさんの所とは知らなかったわ。十年も住んでいる、歌が上手でお酒の好きなおしゃれで人のよい人だ。事情を話をすると、僕の裏に作ったらよいと愛想よく認可してくれた。誰にも内緒でと思っても、そんなわけには行かない。偶然、二人のみ良い人々でよかった。誰にも言わないで下さいと本のみやげ六冊を出して、あるものの範囲でテント風の形ができた。

昨日拾った銀のボウを地にさし、大きなカサをテープで止め、高めにする。まわりにカサを八本ばかりおき、下に小さなダンボール八枚、ビニール。天上に三枚のビニールかぶせたらお堂のような形になった。これはおもしろい形になったと我ながら喜び、ロープ、木のささえなくとも安定感があり、一畳半ばかりのきれいな中の空間ができた。今まで追い出されるたび、こんな機会と発想がなかったため、ギリギリいっぱいまでせまい中でがまんをして泊めてもらったが、緊急にせまられ、作ったことのないテントの形ができあった時の喜びはない。ちょうど、二時だった。水をくみ、中で横になる空間を作る。フランスパンの残りを少し食べ、少し横にならしてもらおうと、うとうと眠ってみた。昨日よりはおちつく状態だ。これで何か収入のあるアルバイトでもあったらどんなに気持ちが楽になるだろう。もう目が覚めると夕暮れの気配と不安がおそいジットしていられない。

何も知らず、目立つ所に三日以上もころがるように飛び出てきたおかげで、五人も公園管理事務所の回りの人が来て、現在指定され認可された場所、一応おちついたことはありがたい。自分の現在の位置だ。

外に出ると特別にぎやかだ。偶然、二百五十円入る。この喜びに今日の意識回復する。平成十年書いたノート四冊もち、喫茶に入る。読んでいるうち、涙があふれそうになった。まだ三年前のノートだ。まだ過去として消化されていない、生めかしく思い出がせまってくる。この辺で弱きをはいたら前進をしない。寝不足だが意識のみはらんらんと冴えきっている。

二十日過ぎよりBちゃんの姿も見えない。東京中をめぐりたいと言っていた。不思議な働きをする人だ。八月二十日よりひっそりと変化をした歩みとなった。元気で頑張って生きてほしい。今日は店を出ると十時半だ。いつもより長い時刻となったが、あわてることはない。約束が待っていないだけでも楽だ。駅前で意識を再び回復して、目まいのしないよう、食事らしき食なし、すい眠なしで、三日以上も過ぎていく。知りあいにはよくあうが、個人的なことは語ることはない。

いつものコースをめぐろうと思ったが、今日は無理をしないで近くを一回りしようと、道中、二百円の恵みをもち、酒一個、明日を思うとせつぜつとしてくる。

＊朝に園内全体に流される、利用者への注意事項を伝える放送。
＊＊「見回りの人」の意。小山さんは「回り」の語を「見回り」の意味でも用いている。

食べものまでは買えない。菓子わずかあるばかりだ。タバコ拾い、十一時過ぎ、公園にもどる。

おだやかな空だ。まだもどるのは早い。お酒少し口にふくみ、また、過去のテント向かう。

入口をあけてぐっすり眠っている。数分、なつかしい風景をながめ、アルミの箱をもち、舞いもどる。噴水の近くで、四、五人ばかり遊んでいる。一時近くの深い森の空間は、身にせまるほど深く雨上がりのうるおいに息づいている。天上を見上げると、春の夜空のようにあわい白雲が散り、星がかすかに輝いている。今日はもう町には行けない。トボトボとつゆ草のぬれた大地を歩き、大丈夫だろうか。小さな巣に向かう。もない。一時半、ローソクもない。大丈夫だろうか。小さな中に入ると、穴のあいてい巣に向かう空間より街灯の明かりが差し込み、ものの位置の感覚がわかる。コーヒーわずか、残りわずかなパンのはし。これで終わりだ。昨日の細いパン、たくわん三きれ残っていた。お酒さかづき三ばい飲み、まだ残る半畳ほどの空間に身を横たえる。かわいい八角堂のビニールハウスにいるようだ。ちょうど、地球儀の半分のような形の一メートル半ばかりの高さの天上のカサを見つめ、夜明け明るくなるまで、もの思いにふける。

8月24日

楽しい夢の場面に生きているもう一人の私。ハット目覚めると外は明るい光包まれている。もう夕方になっているのではないかと、あわてて外に出てみると四時近い。二、三枚衣類を洗ったがほす場所がない。森を一周をして水をくみ、三日近くも向かえなかった中央広場で水をのみ、噴水のたなびくなつかしい風景がまぶたにしみる。大きなふくろがあった。中を見るとシルバー紙の色をした敷きものであった。一度使ったようだが、まだ新しい。ダンボール、ビニール一枚でもうふもふとんもない。ちょうどよかった。湿気がとれるような清けつなかわきがある。美しい太陽が沈みそうだ。頭、身を洗い、荷物置き、駅前に出る。

六時ちょうど、にぎわう活気。二十六日は祭りだと神社の門の前に大きな舞台が装置している。どんなものだろう。楽しみにしている。何年か前は、歩行者天国で、日曜日は車の通行止めとなって、人々が楽しむことができた。現金めぐって元気でめぐりたい。百円拾う。まっすぐ喫茶月の席で読み書きをする。

十分、眠りをとれたので、食なくとも身は保っているが、そろそろ何か好きなものを食べてみたい。胃ぶくろが背中にくっつきそうだ。おなかの調子は悪くないようだ。自分なりのペースで日々を送ることは、ストレスをなくす。せめて心だけでもゆったりと私流のテンポにもどりたい。

外に出ると九時過ぎだ。ふと、町角庭園にポツン、Bちゃんがすわっている。元気でよかった。

十時過ぎ、その場を離れ、タバコ拾い、帰ろうとしたら、共にいた人の姿が見える。大きなふくろをもち、元気そうだ。すっと身をひるがえし、今、話をして顔を見ても同じくり返しと思い、早足で公園にもどる。

8月25日

十一時過ぎ、前のテントに向かう。人気(ひとけ)のない暗闇(くらやみ)で、妙に淋しく感ずる。昨日、ほした衣類二枚、捨てられていたらもどってこようと、前にたどりつくと、二枚、きれいにかわきぶらさがっている。出かけ留守だ。中にあわてて入ると、パンと弁当のふくろがあった。もうふ、ふとん一枚と食物のみのテントの中は、うらぶれた暗さを感ずる。細いフランスパン一本、バームクーヘン半分、やきうどん一つを戴(いただ)き、赤い敷きものを置き、二、三分、冷や汗が出てくる。こんな時もどって来たら、どんな精神状態でいるものかわからない。タバコのから箱ばかり、一本のシケモクもない。すぐ外に出て公園の灯まで歩く。まだ一週間もたっていない。今後どうしたらよいのかは、そのたびの状態、様子に従って歩まなければならない。

十二時半近く、駅近くビルの空間のイスで、ほっとため息をつきノートを読んでいると背後に人の気配がする。ふとうしろふりむくと、共にいた人が、ふくろもちビリビリとした顔で、おい何をしているんだと見つめる。急にとまどい、いつも、今頃ここで休ませてもらっているのと黙って、早すぎた、話をするのは、と思い、身をそらしながら事情を話した。一体どんなことになっているのか事情がわからないと困るんだ。君は勝手で、俺の言う通りにしないからこんなことになるんだ。やれば誰でもできることをしない。相変わらず、同じ感覚で冷たい口調だ。私は、とてもそちらのようには動けないし百分の一もまねができない。しばらくあの場所を離れて、一人で生きられるよう、しばらく自分なりの体調にもどることを望んでいるの。時々はテントに向かい、パンや物を持ちに行っているけれども、お互いに少し自分のペースで過ごしてみたほうがいいと思うわ。荷物は管理事務所に指定された所に置き、いつも、五時近くまでいつものコースをめぐり、何かアルバイトがあったら現金のめぐる仕事をしたいの。それからでなければ現実を歩めないわ。

金なんかより食べものがなければダメだよと、ビッシリ入ったふくろをもち上げた。私には何もできなかった。食料を確保することも、いまだ現金を作ることも。やっとカンを少し拾い、タバコと出逢う。必要品のみだ。くつ下をぬいで、ぶつぶつ言い始めるとガードマンがあまり長くいないで下さいと言う。しようがない。テント入る時は何かメモでもして行けとハンバーガー弁当、カレーオムライス二個、百円玉、道路にポンとなげてよこした。カン百個近くあるわ。たまったらお返しします。体調治してねと、そのビルの前で別れる。少しやせた様子だが、ますます、ヤリのようにするどくなり、まるで刑事のようだ。これでは、とても近くではつとまらない。一人、ため息をつき、大通りをまっすぐ歩く。稲荷神社の前で舞いもどり、路めぐり駅、二時近く。一日一日が無事過ぎてくれないことには、どうすることもできない。終末のない、そのたびの出発だ。

8月27日

八月二十七日、となりの客人の酒によった声で目を覚ます。ひどいものだ。顔は知っているが、別人の狂気だ。クマさんも相手にしないようだ。すぐ、見たことのない大きな男の人が自転車でクマさんの所に来て、あれはなんだ、おい出ていけ、テントこわしてしまうぞ、ぶっころしてやるぞと叫び、天じょうのビニールを一枚ひっぱりくずした。顔を見せまいと思ったが、見苦しい場面に、どうしてくれるんですか、私は行く所がないから、この場所を認可されて、行き場が見つかるまで、しばらく置いてもらおうと思っているんですと言った。いつまでだ、とニラミ自転車で去っていった。一人の若い男も去った。すると近くに、一人の年老いた人が現れた。あら、この間のおじさん。どうしたのだ、とたずねる。今、このテントをこわしてやると言って、くずれてしまったの。一週間前、共の人がそちらと話をしている間に、私は待っていたけれど、すれ違い、逃げたと思い、怒り、それより毎晩出ていけと足げりして荷物をなげ飛ばすので、この場所でしばらく様子を見ようと四、五日前より世話になっているの。クマさんが、あの二人は大丈夫だよ、よいが覚めるとケロリとしている。

さっそくくずれた仮住まいのテントを三枚かけると、大きな雨がザアザアふってきた。一応、前よりととのった。重苦しい感じになったが、わずか一時間で、人に見られずひっそりと、と思ってもまた数人に知られてしまった。

なりくりにまかせよう。雨の中、暗闇の中で過ごせない。すぐ外に出て気を静める。ちょうど駅に出ると三時であった。現金、最後のつかい道だ。ぬれた身は冷たい。喫茶に飛び込む。残五十円。泣きたくなるような不安がおそい頭ガンガンする。じっと太陽の席にすわり今日の目覚めの時の恐怖を回想する。私はおどされた瞬間、あわてて荷物の整理をして、追われるならしょうがない、なんと一人一人、くせの悪い乱暴なものが多いだろう。四日過ぎたばかりなのに、また追いこみやおどしではたまらないと、なるよ〔う〕になれよと本の入れたふくろをあけると、飲んでしまったと思っていたお酒が少し残ってある。真っ青になった顔が、喜び、小さなグラス一ぱいのみ、テントはずし、立ち上がった。あのまま泣き追われ舞いもどりしても同じことだ。よけいにバカにされて、無理な日常や働きに動かされてしまうだろう。無事過ぎて本当によかった。荷物もまぬがれ、この私もここまでこれた。

もどろ〔う〕とすると、バラの花のついた、青色のほねの強いカサが一本あった。白いカサが一本、こわれてしまった。ちょうどよかった。手持ちのビニールのカサを一本置き、駅近くに歩く。まだ十時近くだ。裏道を回り一度、荷物を置く。雨はやみ、静けさの空間を歩き、噴水の前まで向かう。今日は夕方回ることはできなかったが、昨日より安定感のあるテントになり、眠れたことは、食らしき食ない現在、少しでもいやなことを耐えた代償だろう。

9月5日

四時過ぎ、私の荷物の置くテントの近くに行ってみると大ボスと言う人、クマ、ソウ三人が近くで会話している。大ボスと言う人が裸で私のテントビニールを二、三枚取りはずし、なげ飛ばしている。私は心臓の動悸（どうき）をおさえながらこれで二度目の悪いいたずらを黙って見つめた。最後のタバコ一本を吸い、誰か呼ぼうか通報しようか、私が向かって怒ろうか迷った。いやだ、顔も見せたくない。声も出したくない、中の大事なものを荒らしていなければよい。それにしても公園の大ボスと言われる人格でもなければ、三人もいて、誰もとめず笑いながらふざけている。ちょうどこのたびの雨で乱れていたビニールシート、このまま張り込む人間関係のテント住まいより逃げ出したい気持ちでやりきれない悲しみがおそったが、行くあてもない。顔も知らず話をしたこともない一人の人間に、出ていけと言われるすじあいがない。静かに去るまで外に出よう。もう少し暗くならなければカンも運べない。町の近辺を意識興奮しながら、タバコ拾いながら歩く。昼のいやな人間のために、いつも夜行く楽しみにしていた喫茶に行き気を静めることもできない。スーツケースも出かける時、もどろうとして、昨日戴いたビールも入れてそのまま、入口に置いたままだ。孤立と孤独を究極に責められる。夕暮れ、これでは人間恐怖症になってしまう。二重、三重人格の精神のぶつかりあいほど恐（こわ）いものはない。ケンカ好きや争い好きとはつきあっていられない。

六時半過ぎ、空も暗くなった。二百三十円近くをしっかり保ち、これではお酒も買えない。グラグラしながら乱れたテントの前まで行ってみる。これで共の人に言ってなぐりあいの場にでもされたら大変だ。近くに恐る恐る向かってみる。自転車はあったが中の物は大丈夫であった。ビニール三枚をかけ直し、カンを百五十個ばかり、二度にわたって前のテントの所まで運ぶ。乱れていない。十五年以上も保った、紫のスーツケースをだきしめ、中の観音も大丈夫であったと残りのビールを飲み、気を静めた。まだカン百個以上あったがもう運べない。このまま帰るのも不気味だ。大男にこれ以上誠意を見せろ、礼をしろと言われても、私は精いっぱいだ。再びつかれた心身をかかえながら町に向かう。

私はもう変な修行もしたくない。ためし神のようなものに取りつかれて明るい社会性の人格も失ったような暗い陰惨なつながりをもちたくない。人間が自由に生き、自由に歩める町と人の間を通りながら、人間であることの自分自身を取りもどす。

天じょうのテントはきれいにかけ直されたが、これでまだ特別ないやがらせがあったらいよいよ私も黙ってはおかないと、現在これ以上追われても本当にこまっている立場をひしひしと思った。となりのクマさんが大ボスとソウと三人で居酒屋で飲んできたよ、と上機嫌でもどる声がする。まるでふざけている。私のかけたテントを見る。笑っているだろう。

深い眠りに入る。眠れるところまで眠ろう。もう神の名も呼べない。我が手で我が身をささえるばかりだ。

９月10～11日

自由にくつろげる小さな空間は、雨カサで包まれ、しんしんとしている。夜明けのマイクの声までいろいろ思い考える。千二百年前の人間の心情や精神生活を想像をして、人とのつながりの不可思議な出逢いと歴史を思う。午後までぐっすり眠る。主人が土曜日留守であった本屋にとりあえず向かってみよう。大通りに入ると、激しい雨が降ってきた。

酒屋の奥のテレビの画面に台風の地図が見える。明日九時頃、関東直げきのような図面が遠くより見える。今年はあまり台風がなかった。前のテントで一、二度強い台風に出逢ったことはあるが、新たな場所では初めてだ。びしょぬれになるほどの雨で、衣類もずぶぬれになった。本屋に入るとことわられた。しょうがない。しょせんは好きな本をお金のないため無理に手離そうとすることじたい心が痛む。保てる所まで保ってみよう。ビルの空間で少し休み、明日の台風に耐える気力を回復する。なんとかならないものか悩みながら、小ぶりになった道を歩く。

五時過ぎ、思いがけず六百五十円苦面（くめん）できた。この喜びに、ぬれた身をあたため、精神をととのえることができた。約四時間半、ノートと共に過ごす。十時近く、外へ出ると、雨はつかの間やんでいる。町までタバコを買いに行く。ゴールデンバット一つ、お酒一つ、ノート一冊、二百円少しを残し、明日のかてにしよう。十一時ちょうど、早目にテントもぐる。

入ったとたん激しい雨が降り始めた。もしやテントを飛ばされたら水びたしになってもしょうがない。大事な荷物をととのえ、すぐもてるようにして、長い豪雨の中、こんな時は恐いものもこないだろうとお酒一合、つけもの、パンで明け方まで過ごす。やっと夜明けのマイクの時間になったが、まだ激しくふり続いている。このたびは、テントが飛ばず雨も落ちてこないで十二本カサに包まれ、スッポリとした安定感がある。長い時間、数々の空想の中で眠らず過ごす。たたき清めるような激しい雨の音が意識回復させる。外が暗くなった。地球の動きがとまったような、おかしい。時間がわからない。ラジオも時計もない。雨はやみテントの中は何事もなかったようにひっそりとしている。カサも飛ばされずにすんだ。外へ出てみると、もう夕暮れの六時二十分だ。西の空が燃えるような赤い夕陽（ゆうひ）と黒い雲とが交差したなびき、油絵のような芸術的美しい風景だ。かけ足で陸橋に登り、まぶたおさめる。

約十八時間もいっすいもせず、あのせまい中で風雨と共に過ごしたとは思えない。少し目まいがするが、明るい駅の方向に向かってみる。タバコもない。パンもない。酒もない。二百円少しをもち、迷う。

かれ葉が舞いちり、路上は嵐のあとの重い沈黙の重圧だ。百円の恵み、何しろ今日の歩く気力が必要だ。緊張より解放する時間、ほっと一息をつく。初めての一人の体験。飛ばされず、生きている。

月の席でグラグラする体調をととのえる。追われなければしばらく保つだろう。小さな巣、一人眠れる所あるだけでも救われる思いだ。生活をまかなうことまでいかないが、なんとかしなければならない。もう少し身になる食べものと好きな飲みものがなければ、真夜中の空腹でいられない。新たなノートと共に、秋の出発を歩む。

9月12日

九月十二日、明るくなった時間、すばらしい夢うつつを通り過ぎ、身の回りの整理をする。外に出ると、五時を回っている。ぐっすり眠ったのちは、体調が昨日よりはよい。美しい夕やけを見送り、町に出る。

九時近く、意識回復された心身で町に出る。小さなパンを一つ食べる。もうくさりつつあるカステラ一つで食料はおしまいだ。ここまで身がなんとか保ってくれたものの、あまりにもとぼしい。食事は無理ができず、今でも（今にも？）ポッキリおれてしまうような不安を感ずる。昨日、前のテントたずね、弁当もパンもたくさんあったが、勝手にたくさんもってくることはできない。できればもう食料をもちたくない。自分で自分の分のみをまかなうようになりたい。

近道を一回りをして、カンを少し拾う。過去、共の人がふくろびっしり二つもち、カン拾いをしている姿を見たが、声をかけるのが恐い。明日、カン回収日でわずかなお金が入るだろう。今日は前のテントにパンをもらいに行くこともやめよう。

9月17～18日

一時近く、テントの中に入り、横になり、カンの山を見る。いつまでもできることではないが、四百個以上にもなる。今後の人生を思い、変動の多い世の流れの中で、豊かさを失うような激動は恐怖だ。なにもかも初めての体験の中で、こんなこまかい金銭のやりくりでは、もうあまりにもみじめすぎる。なんとかならないものか。必死で考えながら深い眠りに入る。

この所、この私にはどうして千円札一枚もめぐらず、小金がジリジリ泣かせるような緊張感で責めているだろう。もう少しまとまったお金が必要だ。二百三十円をもち、町に出る。もう四時近くだ。昨日一日休んだ喫茶に入る。意識が不安定で思考が定まらない。頭がボーとして気だるく貧しさに耐える気力がおとろえる。昨日拾った本を少し読んでみるがあまり集中もできない。ノートを広げ書いてみるが心ぼそい。何か現実に輝くスカットした仕事、収入がめぐってこないものか……。原始的貧乏性におちいってしまうような毎日はいやだ。私的なる個性が輝くような、豪快な活気が夢でもよいからもどってほしい。公には公の限界がある。残五十円ではもう望みたくすることも限界だ。本来の魂がくさるばかりだ。美しいものも尊いものも皆色あせてしまう。私は私の間にこもろう。

三時間半ばかりで立ち上がると、ふと、太陽の席の下にふくろがある。ちょうど必要だったので外に出て中を見ると、丸いケーキパンが一つ、横浜山下公園の氷川丸の写真チケットであった。パンがゼロだったので今日も一日保つ。現金百五十円が入った。

緊張の不安がどっとはき出された。神社の前であふれる涙で声を出して泣いてしまった。この何ヶ月か、涙も出なかったが、とうとここまで(とうとう?)で毎日毎日が緊張と不安、おびやかされている心はもつものをもたなければ一日の生は始まらない。明日につながるお金二百円をかかえ、大通りを往復する。タバコ、シケモク三箱、カン四個もち、今日はもう早くこもろうと、力なく公園もどる。一回りをして十時近くテントの中に入る。パン半分、キリボシ大根、ぶどうを少し食べて横になり、かすかに眠る。ぐらぐらと大地がゆれる。

午前三時頃だと思う。まるで船にゆられているような一瞬意識が目覚めてきた。ガサガサ音がする。どなたですか、外を見るとクマさんであった。お酒をもち、これを飲みなさい、たっぷりと焼酎(しょうちゅう)が入っている。真青な顔はやわらぎ、話がはずむ。一曲、歌をうたう。夜明けになり、一度もどり、それより夕方まで三度ばかりたずね、そのたび酒をもってくる。四、五人ばかり近所の人も集まってきたが、すぐもどり、三時過ぎ、少し眠ろうとしたが眠れない。

ペットボトルに二合ばかり戴き、コップで一ぱいほど、時間をかけて飲んだおかげで酔わず、さめている。片づけものをして五時過ぎ、タバコなかったので町に出る。ベトベトとむし暑い気候だ。

9月20日

九月二十日、マイクで、今日のテントそうじは中止になりましたと聞こえる。安心をして、カン回収日だが、やめて再び眠り、午後一時過ぎ町に出る。

過去、共の人の誕生日だ。メモ、本入れ、これでたずねるのはしばらく離れようと決心をする。

秋ゆく日しぐれうつ森
君ありし国再生祈り
我歩む都の園の片すみで
九月二十日午後、誕生祝に書き送る。

誕生日、お目出度う御座。一ヶ月の時が過ぎました。つまらぬことで追われることは心外ですが、もう一度、自立をできるよう努力をしてみます。話をする時は怒りを静め冷静に時間と場を指定してくださ い。心身とのえられるよう、私のもてるもので必要なものがあったら、町で出逢った時おだやかに言って下さい。過去の習慣を離れ、人間関係を気をつけ、早く新たな現金をもち、自分の範囲をととのえてから人助けをするよう祈ります。とメモをする。

もうしばらく中に入り、たずねることのないよう、頑張ってみよう。荷物置き、今日、少し早くもどり人間らしく過ごそうと、近辺三回りをして、小雨の中、七時前にテント入る。コンニャクとニボシ、キャベツを二本のローソクでいため、タコをすにつけ、焼酎を一合近くゆっくりと飲む。のち、日本ソバを食べ、久しぶりで食事らしい食事ができた。ありがとう。

早めにぐっすり眠る。

9月28日

夜明け、男の声がする。ぞっと身ぶるいがする。とうと居場所を見つけられた。どうしてわかったのだろう。

ケーコちゃんお酒を飲む……？　と別人のおだやかな声であったが、前の地区のボスであった一番知られたくなかった人だが、何か本能的力があるのだろう。逃げるに逃げられない。こうなったら前共にいた人の所に明るい時でもたずねてみよう。一度は話をしておかないと、このまま進むわけにはいかない。

しばらくしてまた、ボスがやってきた。お酒買ってくるから話があるので一緒に飲もうと言う。お金がないんだからあまり無理することないわ。この場所に来ている事情を軽く話した。今度、十月に並びの仕事が一回あるんだ、二人一緒に来ればよいと、酒をふくろいっぱいに買ってきた。私は覚悟を決めて、四十五日目で私の秘(ひそ)かなかくれ生活の楽しみもこれで終わったと、公園入口でベンチでゆっくりとウイスキー水割り一カン、お酒一合を飲みながら語った。

わずか一時間近くで、話はゆっくり飲みおしゃべりをしていることが望みらしい。百円初めて借りた。玉ネギ、ニンニク、人参三個、新しいグレーのカサ一本をもち、お酒一合戴いたものもそえ、前のテントに一週間ぶりでたずねた。

横になっていたが、やや普通の状態で、そこにすわれと入口に小さなイスを出しすわった。

　居所を知られてしまったの、これおみやげとふくろを出した。俺だってうすうす知っていたよ。タバコの灰が落ちると、なんだだらしないと怒り大きな声を出し、ちり一つなくきれい好きなテントの中は、人をよせつけないほどすっきりとした空間が明るい光に照らされている。おなかすいて声も出ないの、パンある？一個食べさせて、と箱の上にある菓子をひっぱると、奥よりパンが五、六個入ったふくろとカンパンを四個出した。一個モクモクと食べやっと声が出た。

　カン、五百ばかりあるので今度の回収までもってくるので四百円ばかり貸してほしいのと言ってみた。いいよ、四日お金をもらったらあげるよと、キミの残っている荷物は全部処分していいんだなと言う。

　外のダンボールに、まだコート、クツ、ノート一冊が入っているが、あま〔り〕にもきっちりと整理しているのであけるにあけられない。しょうがないわ、現在の所よく眠れるので、しばらく貫いてみたいの、と言い、おだやかに、何かあったら来いよと暖かそうな敷きぶとんの上で眠そうに横になった。


　無事明るく、第二の出発ができる。うれしい、と、子どものように、ほろよいに喜び、ボスのテントに顔を出し、もう一杯飲もうと言うが、もう眠いので野で眠るわと、かけ足で広場まで向かった。突然の今日の変化で、興奮をしている。

9月29日

八時近く一人タバコ拾いながらトボトボ歩く。九時ちょうど、公園の時計を見る。近くで若い人達が十四、五人、飲み食べ語っている。菓子やカラビンのゴミの中にぽつんとかわいいハンドバッグがあった。誰かの忘れものだろうかと、しばらく散歩をしてもどるとまだあった。

　手に持ち中身を調べると、使う必じゅ品がきれいに入っている。遠くで遊んでいる人のものかと持っていこうとすると、何人かが追いかけてきた。どうして貴方（あなた）はそのバッグを持っているの。言いわけをする前にどろぼうと、また何人か来た。私を大地に倒し足ゲリをする。私は恐怖で誰か助けて下さいと自分のバッグ荷物も大地なげ飛ばされ、今でも殺されるような罵（ば）

倒と暴力で右うでがはれ動かない。近くにガードマン二人いたので助けて下さいと大声で叫んだが、うろたえ来ない。一人の男性が現れた。この人、人のバッグをとって逃げようとしたの、許さない、と数人のはき出すような言葉が矢のようにつきささってくる。もうなぐってはダメだよ、警察に言わないから早く逃げろと、私のハンドバッグはなくなった、中を調べたらわかるわと、その場をかけ足で逃げた。

あまりもの凶暴、独断に責めたたかれた。ショックで前のテントのイスで十五分気を静める。もう人のゴミ拾いなんかしたくない。もどり、その場に行ってみたが私のバッグは見当たらず、その仲間もいなくなった。右うでがもぎとられたように痛く動かず、はれている。わずかな時刻で悪魔かきつねにおびやかされたような恐怖で、じっとテントの中にもいられない。十二時近く、誰もいなくなった外に出て、もう一度探してみよう。その場の近くを回ってみても、なげ飛ばされたカンのみだ。

もういらない。こんな人達の飲みカスを拾い生きて生きなければならない人生はもういやだ。盗まれたことはあったが、人のバッグ拾ったのは初めてだ。月は雨雲におおわれている。町を一回りをして気を静めよう。名も知らぬ狂気な若者に傷つけられた痛みはひどいが、こんな現状はやりきれない。目に止まるもの、しりぞけよう。入口の門の前のゴミ箱のわきに私〔の〕バッグがゴロリと置いてあった。数分遅れていたら、なげ飛ばされているだろう。中には私の宝が入っている。お金はなかったが、中身はそのままであった。

喜びも悲しみもこえたつかれと痛みをかかえ、夜の町を一回りをする。すぐもどり呆然と横になる。動くと、うでもはれがズキリズキリと痛む。これで動かなくなったらおしまいだ。死んだように眠る。九月末の傷害は、あらぬことをしないことだ。うたがい深い執念は人の親切を侵害する。

9月30日

九月三十日、夕刻、クマさんの声で起きる。カンを運ぶことができなかったので気になる。タバコと菓子をもち、事情を話した。

前のテントに向かってみる。小雨ふってきた。大きなカサでできるだけ人を見ないようひっそり歩く。ちょうど、横になっていた。昨日のことを言っても皮肉を言われるばかりだと思うが言わずにいられない。よければもどってきてもいいよと言い、パン、弁当、五十五円を貸してくれた。うでが動きしだいカンを運びます、現在の所よく眠れるので、もう少し何とかやってみます。もどる自信はない。どちらでもいいよとおだやかにすぐ離れた。荷物置き最後一枚残ったコーヒー券で九月末の時間を過ごす。肩はキンニクはれ、痛く動かないが、手先の指だけが動き文字をつづることができた。十月も始まる。悪夢の貧困にめげず、人の世話をやかないよう二〇〇一年誕生の月を、自分の内面と共に歩もう。十日間共に歩んだ貸主とも別れだ。新たなお金がめぐりしだい、また平常と変わらず読み書きをすることもできるだろう。

八時近く、人の姿はもう見たくない。テントに入る。九月二十九日、流れ星を見た日、あまりにも恐ろしい致命的な恐怖に出逢った。

福祉の者だという男が*、こいつはいつもこんなことをしてくらしているんだよ、公園を出て行けと、頭より人をどろぼうあつかいにする。きた〔な〕い目がギラギラ、まぶたを離れない。

あの時刻にあの場所に行かなければよかった。ちょうど夜九時だった。幻のわなが待っていた時刻に向かわなければよかった。雨が激しくふってきた。肩とうでが昨日より痛い。寝返りもできない。あおむけになったまま、三十八時間近くも雨の音と共に横になったまま、痛みが少しで〔も〕消えることを待つが無理だ。昼近く、左手で身じたくをして、二百五十円近いお金を持ちタバコを買いに行こうと思ったが、駅近くで痛む肩にズシリと重いバッグがちょうどぶつかり、花が散るように深い痛みがおそい遠くを歩けない。

10月1日

タバコ少し拾い、喫茶に入る。ノート五、六冊読み、痛みを忘れるように努力をする。

残わずかで喫茶に入る。一日は休み、心身うろたえたままの十月の出発……。人の姿を見るのも恐ろしく悲しみがおそう。夕方五時近くまで月の席で気力よみがえることを願い、ノート読み、指先のみで文字をつづる。それよりタバコ拾い、前のテントにたずねてみる。心配をして夕方私のテントをたずねてきたらしい。

パン、弁当、ジュース、百円借り、明日十二時、カンを整理をしに来るとおだやかであったので、心なごみ、町の近辺をもう一度めぐってからもどろうとする。駅近くで再び町に出る人と出逢う。百円の酒一合の少しを戴き、途中で別れる。八時近くテント入る。久しぶりで牛肉弁当戴き、カンの整理をするが、うまくいかない。日増しうでの痛みがなお痛く感ずる。はれは少しひいてきたが、ズキンズキン心臓にひびき神経が高鳴る。

10月４日

昼過ぎ、痛みかかえ、まず神経をやわらげようと町に出る。昼の人出、何も買えない。百円の入りがあった。喫茶に行ける。ちょうど八月に書いたノート五冊持ってきた。うでの痛みでもう人混みも歩けない。これでタバコでも買ったらおしまいだ。少しシケモクを拾い、一時ちょうど、店内に入る。太陽の席、やっと痛みがおさまった。じっとノート読み、この先々わからない。この時間を大事にしようと心なごます。これ以上気弱になっても、暗い意識に落ちこみろくなことがない。昨日の夜テント近くのゴミ箱の上に、目を見はるばかりのビロードししゅう入り長めのベストが置いてあった。ちょっとカビくさいが新しい。洗ったらはら巻き代わりにもなるだろう。ながめているだけで気がやわらぐ。きれいなぬのや衣類をできるだけ無造作において置く。過去は皆なげ飛ばされたが、私はきれいなものが好きだ。なんとか回復して、いやな記憶が消化できるよう今後も頑張ってみよう。

八時ちょうど、テント入る。キリボシ大根、ニボシをあたたかく煮て少し飲みゆったり食べ、コーヒーとパンを食べかたづけようとするとガサガサ音がする。俺だよ。酔い深く、共にいた人が立っている。ズシリとすわり、トイレットペーパーと百円のお酒を戴いたとゴロゴロ三、四個出した。俺も、もう一度やり直し

＊支援団体を名乗る人物である可能性が高い。

てみようと思っている。こんなくらし人間の生活じゃないよ。時々怒るが、ややおだやかに狂気はない。せまい中にごろりと横になった。少し眠ったら帰るよと横になってしまった。テントの奥で無事おだやかに過ぎてくれることを祈り、かすかなる自立もあやふやな状態に落ちこんでいる。

七時過ぎ、パット目を覚まし、ここはどこだ、俺帰るよ、酒はどうしたと言うので、昨日飲んで半分こぼし、ないと言ったら君の言うことは信用しないとふてくされる。一個、神様にと残してあったものを出し、カップに半分ずつ入れ飲んだら気持ちサッパリとしたように、何かあったら俺の所来い、夕方でもパンがあるから食べるなら来なさいとおだやかにもどった。

もう私の巣であって私の巣ではない。乱暴と狂気が出て荒らされないよう大事に生きるばかりだ。夕方まで無造作に乱れた空間にビニールを敷き、ぐっすり眠る。

10月5日

四時過ぎ、噴水近くをめぐり身をととのえ、前のテント向かってみる。横になっていたが、不機嫌に、外は暗い、君にこんなことをする必要は俺にはないんだとぶつぶつ言いながらパンを数個きれいにふくろに入れてくれた。透明な新しいカサを一本、お礼に置き、その場を去った。

歩く道中、近くのテントの仲間が集まっている。久しぶりだ。あいさつをして前を通りぬけようとすると、少し休んで行きなさい、今ちょうど酒を買いに行ったと気持ちよく冗談を言って、明るいテーブルのはじのイスにすわり肉じゃがをごちそうになった。一人が一升京都の酒を買ってきた。グラスで一ぱいずつ入れ、かんぱいをした。太いローソク一本で、空は闇に包まれ、暗くなってきた。君はいつも服装がきれいにして頭もいいよ、共の人は本当に孤独な人間だ、時々たずねてあげたほうがよいよ、元気でいるのと言うので、今、パンを戴いてきたばかりで、今眠っております、私も過去世話になったお礼できるまで一人で頑張っていこうとしてまだ日が浅いので、毎日気を張っているのでゆっくりお酒を飲む余裕がなかったの、とグラスで三分の一ばかり口にふくむと、背後より一人の大きな男がスーと現れて私の頭をふくろのようなものでたたき、となりの男性をひきずりなぐり飛ばした。

狂気な様相は何が原因なのかわからない。よく見ると、私の新たなテントを二度も荒らした大ボスと言う男であった。女性二人いたが、一人が私に似ていたので、間違えたらしい。あいつはチンピラだよと言われているものの、今日の五日夕六時頃わずか数分の間に、この場所を通り、過去よりいさかいのある仲間同士のなりくりは、こんな凶暴の暴力となって争いの場となってしまうショックは、また、激しい恐怖となって身にせまってきた。

男四人が立ち上がり、暗闇に連れていき怒声をはりあげてなぐるけるの叫びが続くなか、私はふるえながらその場を去った。右ひたい、かすかな痛みが走るがそんなにひどくない。明るい広場で気を静めて呆然としていると、一人の一緒にいた女性が自転車で逃げてきた。つれの男性も怒り、その男に裸でぶつかっていった姿を見た。またケンカの声が聞こえる。大丈夫と聞いたその女性は緊張しながら、早く帰れよと言いながら自転車で明るみに向かった。どんな結末になったか不安であったが、やはり人間関係が相当につまり陰惨な空気が漂っていたばく発だろう。あまりにもふざけた人間が住み、一人理由もない凶暴を発揮する態度は、あまりにもくやしい。そんな人間が森に根をはってしまったら恐ろしく暗いものだ。立ち寄らず私もまっすぐ帰ればよかっただろうが、なりくりに身をまかせ、こんな事情、圧迫されている現在の状況を少しでも知ることができた。この一週間ことにひどい場面に出逢い、傷も多いが新たに出発をして防備するだけにはならない。

町に出て、夜の明かりと共に近辺を散歩をする。喫茶入り、ノート三冊読んでみる。活字も読めてわずかでも書ける。気をおさめ、人間同士のなりくりの恐怖を感ずる。十時過ぎ、やっと意識回復して、もうあの近辺を歩きたくない。結果はどんなことになったかもわからない。それぞれが皆傷をついたことは確かだ。

タバコ拾っている道中、五十円玉がキラキラと一個落ちている。逃げるに逃げられない現在、せめて今後に明るいいきざしが見えないと悲しみの十月になってしまう。

10月6日

朝、近所のおじさんの声で目が覚める。かわいい菓子をふくろ入れ、食べなさいとすき間の穴よりなげ飛ばしてよこした。明るく朝早起きで活気がある。

少し食べ、うでの痛みひたいの痛みでまだ起き上がることは早いと少し横になっていると、バサバサビニールを動かす人がいる。俺だと声が聞こえる。のぞき、いつ頭をかってくれるんだと言う。まだうでが動かないので今日はダメだとことわった。昨日近くでケンカあったのを知っている？　と聞いたら知らないと言う。あれで飛び出して巻き込まれたら今頃動ける状態ではないだろう。幸福な人だ。

それならいいよ。もう俺のテントにもう来るなよと、つばをはき出し去った。なんと相矛盾する態度、ちょうどもう行きたくなかった。はき出されたつばきをふき、何と軽蔑な行為だろうとなさけなく、汚いある一面がこれ以上悪化しないよう、静かに人との摩擦が少しで〔も〕離れられることを祈る。慎重に歩まなければ皆、誤解とストレスのはき出しあいになってしまう。

一体、何に支配された生き方だろう。どこに住みついても必ずうるさい支配者がいる。その中で暴力とおどし、まして関係のないものへの乱暴やきびしさは一番ひどい。明るいきざしが少しでも開いてくれないと、本当に困る。神無月（かんなづき）、美しく精神的な月であると思うが、おおわれてしまった現状の立場はおちつかない。

10月9日

雨やみ自然に目が覚めるともう眠けはない。十日ぶりで上下衣類を替えるのにひどい思いをした。右うでが、よく見ると黒ずみ、激しく痛い。パン一枚を食べくしゃみの出る金苦（きんく）の一日が始まる。

前の銀なんの大木を見て、私は金難だと笑う。まるで古ぼけた大型車に乗っているような十五時間ばかりは、安らぎは眠っている時のみだ。好きなものを買い並べ、モクモクと食べ飲むことは夢想で終わったが、現実の生なる一日はそんなわけにはいかない。残三百円少しを持って息苦しい湿気より離れたい。

ぬれたスーツケースを保ち外に出る。十二時半、まだ早い。空が明るみになってきた。町に出るのはまだ早い。中央広場に向かい、水をくみ真ん中で少し腰をおろす。雲割れ熱い太陽がじりじり輝く。数十分でぬれた体、スーツケース中身がかわいた。人気ない火曜、かくれた太陽を見送り久しぶりで化粧をしてみた。

二時過ぎ、町に出る。閑散とした駅前……歩く気力がまだ出ない。まっすぐ喫茶に向かう。やはり私の本来の一日の意識を回復する所は西洋風の喫茶しかない。食べ物にかえられない時がある。

12月2日

もう少しがまんをしよう。場所はおちつき、気に入っているが、まわりの人間とおりあいが悪くなるとたちまちいやみで追い込まれる。

うしろのおじいさんが昨日夕、二人で衣類をかかえ公園にもどったら、共の人に言っている。彼女ひとりで心配だよ、寒いあんなテントの中でかぜでもひいているんではないのかといつも気にしている。二人で住んだほうがいいんではないかと話している。大丈夫よ、私は一人でずっと一軒家やマンションで暮らして二十何ヶ所も回って歩いてきたのだから。夜も暖かくぐっすり眠れるわ。恐いのは変な人と大雨嵐のみだわ。お金のない貧しさは、これから仕事がめぐらなければ開かない問題だ。私は、反対に共の人の病気、立場、クマさんの毎日の働きと人づきあいの飲む酒、おじさんの無理な働きのほうが見るに見られないほど哀れになってくるわと心の中で思った。

親子でもあまり互いに心配しすぎると、恩きせがましくなったり、ケンカになり束縛となり、自由を失い、ついうそまでつかなければならなくなってしまう。まるで貧困の長屋生活のようになったら個人の精神的成長も貧しくなってしまう。個人的プライベートをあまりおかさないよう、少々の事は関わらないようにしてほしいと思った。いざという時は相談所、福祉もある。特別な事のないよう祈り、ぐっすり眠る。

12月3日

また入口ががさがさする。誰？　と声出す。クマだよと、また酔って、知りあいの社長もいるので一緒に飲もうと昨日言ったことを忘れている。今起きたばかりなので、人に顔を見せる状態ではないとことわった。

よくこれで雨もりしないものだなあと外で見知らぬ

人の声がする。社長にきれいなテント作ってもらえよ、と言っている。そんなことといったら共の人の立場が困るでしょう。私はこんなテントでも手作りで誰にも手伝ってもらっていない。百日近く保った芸術作品で自然に保っている。あまり酔ってドサドサたずねられても、こわれてしまうのではないかと心配だ。そっとしてほしい気持ちだ。怒って追い出されたら、その時はその時だ。しつこすぎる。やきもちやきのダンナ、やってやろうじゃないかなどと、ケンカ好きの酒飲みはいつも何かにかりたてられているように酒と共に歩き回って、いつも誰かと一緒だ。黙って、ここにカン置いていくよと飲みかすのカン二個置いていった。今、この寒いのにガタガタ動かされては本当に困る。

12月9日

一時過ぎ、にぎわう日曜の公園を歩き約束の時間に向かう。青くこり固まった顔で何も言わず、モモヒキ姿でそうじをしている。できるだけ明るい気持ちをと思い、音楽をたっぷりみやげに心身をととのえてきたのに、正直にそれも言えない。中に入れよと風で飛ぶかれ葉をさえぎり、テントの中は昼の日差しで昨年より暖かい。こんな人生こりごりだよ、世の中の政治が狂っているんだ、まるで、まわりの人間がおかしい、皆追い出してぶっ殺してやろうかと、イライラしてるんだと興奮をしている。テント一枚の密集する一人一人の精神の息づまりがうつってきそうだ。場所が特別良すぎるので、貧しい人間精神と生活が土地にかみあわなくなるストレスを感ずる。あんな所に住んでよく過ごせるものだ、位置を変え、この近くにもどってくれば良いとぶつぶつ言うが、今の所はここより人に気づかうことがないわ、もう引越貧乏はたくさんだわ、ガタガタ動かさないでせめて来春までそっとしておいてと、私の心の動ようも激しく暗くなった。

　あんなたびたびなぐられ荷物をなげ飛ばされ、出て行け出て行けと最後ふくろ一つさえなげ飛ばされ、やっと勇気を出して現在の地にとりあえずうつり、自立を志しているのに、再び同じくり返しはいやだ。あまり神経をまわりに気づかわないで、少しでもこの暮れをおちついて過ごさないと来春はないわ。新しいタバコ5本、お酒小一本、さぬきうどん一個、ピーマン三個、百五十円をみやげに出した。あまり気が荒れているので、今日は仕事の日なの、もうすぐ帰るわ、十二時頃、ゆっくりと雨ふらなければ泊まりがけで遊びに来るわ、その時でも時間をとり、気分を晴らしゆっくり過ごしましょうと言葉が出た。ローソク五本、古くなったパンを三個もらい、食べもののふくろもからに近い状態になったので、不安なのだろう。パンで軽食事をして横になった。暗く沈んだ心が、ぐっすり眠り、少しでも明るみに向かってくれなければ不気味な恐怖に包まれてしまう。五時、静かにその地を去った。

12月12日

散歩をしてから喫茶に向かい、昨日書けなかったメモをしよう、といつもと反対の時間を使う。一時間、タバコ一箱拾い、六時過ぎ喫茶、月の席にすわる。さっそくノートと共に文字をつづるが、うで痛みが激しいため、字もおさまらない。三十一冊目のノートだ。

今年いっぱいのみ続けたかったが、ガソリンがとぎれてしまった。二〇〇一年の日々の日常、一番にがてなこまかい裏の私事を書いたノートは、今後の私の人生の最低、原点の参考書であり、二度とくり返せない思い出の文字となるだろう。全く人間の自由と意志と人権を失ったあやつり人形のような、その日暮らしの不安定は誰にもすすめたくはない。暖かな店内を離れ、九時過ぎ、まっすぐ冷えないように帰る。

2002年1月7日

空腹、昼、きざんだ野菜、メンチカツパンを食べ、お酒を飲み、外界を離れ横になろうとしたらクマさんの声だ。二月でこの付近のテント住まい全部たたまれるらしい。[*] いよいよダメだとポツリと言って去った。なぜもっと早く言ってくれなかったのだろう。いつまでも過ごしたくはないが、次の行くあてがない限り不安だ。その時はその時で、直面しなければわからない。

＊小山さんの住んでいた区域で工事が行われるため、小山さんを含む数十名のテント村住人が公園内の別の場所に立ち退かされることになった。

それよりもう四、五日しかもたない私の金パニックのほうが心配だ。

雨が降ってきた。あわててカサやダンボールでととのえ、気を深くして、歴史の歩みと近代、そして自分自身の現在とかかわりを思った。よく見つめさぐると何らとも関係のない自分の存在を知った。

孤独の究極の中で、このような事態の流れにおいて、今後の一日一日の生はテントよりお金なくて生きられない。私の歩んだ人生をふり返った。望んだテント生活ではなかった。集団の仲間にも入っていない。りん人とは個人的なつきあいはない。

十年近く、本質のかみあわぬ人と縁あり、私生活共にくらしてきたが、昨年夏、八月二十日よりそれぞれの自立を志し、とりあえず一人仮テントを作り様子を見ている状態だ。具体的なことはもう少し暖かくなってから希望に向かい行動しなければならない。十二月二十日の時は、直接管理事務所の人より何も聞いていない。平成十年四月末頃より、過去住んでいた地より離れ、警さつ官にあぶないのでとりあえず公園に行き待機していなさいと、十五ふくろばかり荷物運び恐いテント生活に入ったが、ホームレス仲間や福祉行動**でざわめき、仲間同士の争いやそれぞれ住み生きる感覚になじむことができず、私の精神的経済の自立と希望に向かい、やっと二〇〇二年を迎えたばかりだ。二月の騒動は激しい摩擦を起こし、動く人、動かぬ人とざわめくだろうが、私はとりあえず生きていく金とわずかな荷物を置き、つかれた時、眠る所があれば命ある限りしばらくは保つだろう。

特別、公園のテントでなければならないということもない。本当の春がやってくるまで、正しい思考に歩めない。ざわめく感情の波立ちをおさめよう。

1月10日

八時ちょうど、ビニールにはり紙があった。明るみで読んで見る。この地一帯が二月三日~工事中になります、新たな地に移動して下さい、と地図がはってある。ああ、短い期間でよかった。この寒いのに長く住み慣れた地を突然離れることはどんなつらいことか。

一応、指定された地があるだけでも眠る場所は確保できるだろうが、うつり住む人間関係の感覚の相違や、あまり貧しすぎると奥深きに入るのは淋しく不安だ。できたら明るい町近くにいたいが、部屋を借りる金もない。今月中には決断をしなければならない。

1月11日

一月十一日、朝のマイクで目は覚める。クマさんの所の客で起き上がる。久しぶりで歌声が聞こえる。元気そうな声で、さっそく荷物を運び新しいテントを作るよ、あの地なら撤去がないだろうと勇んでいる。十年間も住んでいた人、行き場もなくなり途方にくれたらどんなことになるだろうと心配をしていた悩みが少しときほぐれた。

今日は何も考えずイタリア風喫茶に向かってみようと、小さなふくろをもち外に出る。今日もまた、明るく暖かい太陽が光り輝いている。駅近くで二百円入る。少しでも手持ちがなければ気力が出ず、方向に迷う。

十二時半、駅出発して一時近くたどりついた。広い空間、いつも〔の〕席で音楽のメロディを聞きながら、心身に取りついた念をときほぐし、ノート三冊を読み、文字をつづる。このまま沈没をしないよう、あわただしい変化の方向、歩みの気力と金がととのわなければ身動きできなくなってしまう。

四時間近くも置いてもらった。五時近く、夕暮れの道を歩く。お酒二個買い、六時過ぎまっすぐもどる。ポテト残り野菜、お酒一合を飲み、再び紙がはってある地図をながめ、もう少し暖かくなってからならよかったのに、正月早々そうぞうしい、緊急追い込みのようだ。何しろぐっすり眠ろうと横になる。

1月12日

一月十二日、朝、近所のおじさんの声で起きる。

昨日十人ばかり来て、十八日までにうつって下さいと言っていたよ、あんたはダンナの所に帰れるからいいよ、あの場所は大丈夫だと、元気よくクマさんと語

＊ 12月の一斉清掃の時を指す。
＊＊ ここでは支援団体によるさまざまな活動を指していると思われる。

っている。ハイわかりました。日づけが決まった以上、出る場所を決めなければならない。過去の地にはもどりたくない。再び同じくり返しで争いがおこる元で、寒く淋しくとても耐えられない。外に出ると十時だ。まだ早い。土曜の午前、暖かい光が今後の出発をかりたてる。

昨日の二百円でフランス風喫茶に入る。二階のいつもの席はあいていたが、音楽がない。心がつまってくる。下におりて、角の丸いテーブルにすわる。ここは地球のようだ。日、月の席をしばらく離れて音楽の聞こえる空間は広々としている。新たな気持ちで新たな席だ。十五日まで無事、次の場にうつることができたら、ちょうど、現在の地で百四十日間過ごしたことになる。大きくなった小枝であった木の実りを記念に、金サク（金策）と次の地を探そう。大きな銀なん木の前の金南の木。

1月13日

一月十三日、クマさんのところの客で目が覚める。歌い、飲み、また、いや味、皮肉が聞こえてくる。もういい、もう少しのしんぼうだと耳をおさえて、まだ早い朝の時間を思った。十時過ぎ、起き、本四冊もち、一応前のテントをたずねてみよう。

状態によって相談をしてみてもいいが、できるなら静かに新たな地にうつりたいが、まだ定まっていない。すべて希望、夢にたどりつくまでの仮住まいの道中だ。楽しくのんびり歩むにはガソリンがたりなすぎる。集団仲間には入れない現在は、人とつきあいきれない。

十時過ぎ、意識回復して喫茶に向かう。一階の地球の席はあいていない。二階の太陽の席があいている。音楽はないが、今日の一日の行動を考えよう。

広くせまい世の中のなりくりと、人の生活感覚の習慣は、都会では人それぞれだ。カンパン一枚食べ、本の金サク、新たな地探しをしなければならない。この納得のいかない動きは、十六歳より続いている。あれこれこだわったような生き方をしていられない。現在、自分にとって一番必要なことは、突然二月までと思っていた巣を一月早々出なければならない。夜眠る所と大事な荷物を置く場所、それをまかなっていく費用が必要だ。くさったつながりを離れるためにも、どうしても必要な金がめぐらない限り、再び堂々めぐりに支配され、卑屈な思いで毎日を過ごすことはやりきれない。

冷静に気を静め、二時前テントにたどりつく。ぶっきらぼうとした態度でどうしたんだと言い、青ザメ平然としている。中に入り事情を話す。俺の所にもどってこいよ、この地も来年九月、全部撤去されるらしい、荷物は俺が運んでやると、パン五個、弁当一つ、ローソク五本を出した。タバコ、酒を出し一瞬の言葉で再び舞いもどりかと何かがっくりしたような不安と淋しさを感じた。０からやり直しだ。できれば駅近くの空間に仮荷物を置き、時々休み場にしたいが、一応、十八日と定められた以上、その日まで決断して動こう。

本一冊置き、残り三冊を持ち五時少し前、裏道をおりて古本屋に向かう。二冊百五十円の現金をくれた。手持ちが少ないのでガタガタするが、大根半分七十八円で買い、駅より夜の町を歩く。坂を登り、橋まで歩く。通りでお酒一つ買い、七時近くテント入り大根人参、ニンニクのうす作りとおじやを作って、お酒と共に食事をする。できるだけたっぷりと眠っておかないと、心身が保てない。

横になるがなかなか眠れず、深夜までいろいろ思い考える。昨年の夏どんな思いと決断でここまで至り生きてきたかを思うと、このままゆるされる限り、一人いられる地とお金があったら生きていきたいが、人が住むような地は皆、古くからいる人、仲間の集団でびっしりとつまっている。人のテントの前を通ることの苦痛は、冷や汗が出てくるほど気づかう。共の人は平気らしい。堂々と何の苦痛も感じないとまわりの人とも会話をしたりしているが、この私はなじむことができない。

1月14日

一月十四日、朝よりクマさんの所の客の歌声で目が覚める。三日間ばかりの休養がある。汗が出るほど、暖かな時が続いている。決まった以上は、早く去りたいが、土台がととのわない。

大通りにたどりつくと、ロックのメロディが流れ、人混みが大きなスピーカーを包んでいる。一瞬、パッと魂が輝いた。この音、このメロディと、ライトに照らされたスピーカーの近くまで走った。心身がよみがえるような明るい活気、くさった心臓が洗い清められたようだ。かろやかな心身で、お酒二個、ノート一冊買い、残三百円少し、金欠を忘れ、テント六時過ぎもどる。

また、はり紙があった。十八日午後二時南門に来て下さいと赤いペンで書いてある。人も動きそうな気配もない。クマさん、おじさんが立ち話をしている。タバコ出しわずか冗談を言って、百四十日間、偶然近くに住み生きた短い期間をなつかしんだ。

夜食をして早目に横になり、眠りに入る。

1月15日

一月十五日、管理事務所の人五、六人、クマ、その友人がたずねてきた。十八日うつることとの確認と二時集合することを約束して、暖かな昼さがりの町に出る。

一時過ぎ、公園の広場に向かう。あわい天上の光に向かい、現在の地を離れることになった二百二十日までと思い、十年ぶりの一人の正月をゆったりと過ごし今後の自分の歩みに希望をたくそうと歩んだばかりなのに、再び過去にまいもどりでは不安がたえない。運ぶ費用もうつり住めそうな地もない。なんと皮肉な平成十四年の出発だろう。古くいる人も何も言わず、動きを見せない。このまま倒れて座り込むわけにもいかない。

1月17日

一月十七日十時過ぎ、共の人が顔を出し、カン回収に行ってきたとお酒一個、カンコーヒー、ベビーチーズ一本を出し、四百円にしかならなかったと大きなミカン、リンゴを見て喜びかかえもどった。

寝具を荷造りをして、今日よりこの地の宿泊は終わりだ。一人静かに暮らせたことは貧しさを除けば幸福であった。今後、しばらくまたうるさい怒りや制約でぶつかることは本当にいやだが、次の地も金も入らない。せっかくの自立への試みも終わりだ。

外に出るともう五時近くだ。喫茶も行けない。雨はやみ、町を一回りして向かおうと、タバコを拾う力もなくお酒一個のみを買い、せかされる時間にイライラしているとショートホープ二個落ちている。かわいいふくろ二個、ハッと心なごみ、淋しい森の道を通り、前のテントに向かう。横になっていた。もう皆荷物の用意をしたので明日の話を聞いてから動くわと、軽い食事をして横になったが寒い。二度ばかり温度が低く湿気が多い。一日目で私の態度一つ一つにイライラしている様子だ。ちり一つ落としても気になる性質は、とても長くは近くにはいられない。先々が思いやられる。

1月18日

一月十八日、明るい太陽の光の差し込みで目が覚める。本一冊を前の人に百円で受け止めてもらう。長くかかえ歩いた大きな本、ビジネス的本で読む機会はなかった。ラーメン、大きなリンゴをむき、食べさせてくれた。なぜか病院に入ったような静けさと淋しさだ。お金のないため、動く生なるリズムがとれない。すべて相手のペースになってしまう。

二時集合、集合場に向かう。五十人ほどの男性ばかりが、地図を広げ新たな地をめぐり、二月上旬までうつり住むことになる。あのおじさんが、十八日に全部たためと来たよと言うことがうそであった。もう一ヶ月もいられたら暖かくなり、もう少し心の余裕もできてくるのにと、人の言に動かされ、あわてるうながしは、せっぱつまる気持ちだ。新たな移動地は見るも淋しく閑散としている。いやだ、いやだ。私は死んでも、こんな淋しく暗い所で、五十人もの男の間で過ごすことは一日も耐えられないと、一回りしただけで絶望に近い感情で息がつまってきそうだ。共の人が帰る途中、三年ほど前なぐりけられケガをした人にぶつかり、一緒にテントの中に入っていった。あいつをいつか殺してやろうと、時々くやしさに口走るのを幾度も聞いてはやめてきたが、こんな所で偶然会ってしまっては、再び争いの炎が燃えてはますます悲しい。

一人に（で?）町に向かう。頭がつまりガンガンする。昨日一日喫茶に入らないだけで、心の余裕も失って意識もうろうとして、何も見通しが開かなくなってしまう。残二百八十円。何かもっと明るい道と現状が開かないものかと喫茶に飛び込む。地球の席で音楽のメロディで、緊張をときほぐし、冷静にまだ時間があると思いあわてず、この寒い時機の追い込みの決断の方向を定めようと、残百円で身動きとれないが希望の糸をつなぎとめられるよう頑張ってみよう。

甘えと感情、習慣がぶつからないよう、私の心の安らぎ場を失ったらもう心情として理解者はいない。ただ食らわしてやっているんだ、金もない病、ひどい状態の人の所にもどり、なお貧しい状態に落ちこみ、沈み、くらすのは、暗い足ぶみだ。

手持ちのお金がめぐらない限り、何も開かない。大事な荷物をまたなげ飛ばされたら大変な事になる。

五時過ぎ、解決のつかないまま外に出ると、もう時間はない。早足でタバコ拾い荷物一つ持たず、前のテントまでかけ走る。どんな事態になっているか、あまりにも心配で息がつまってきそうだ。しばらく夜歩かなかった道は恐い。たどりつくと横になっていた。ケンカもなく、無事、一応すんだらしい。昨日のお酒を一個出し、半分ずつ飲み、パンを食べる。

八時近くより突然、右の歯ぐきが痛み始める。神経がこり固まり、つかれがどっと出てしまったような不気味な静けさに、一晩痛みと共に眠る。

1月19日

一月十九日、午前十時近く起きる。歯ぐきがはれ上がって見るも無残だ。タバコを一本吸おうとしたらどなる。目がひきつりイライラして、誰が食らわして生きて、目が覚めるとタバコスパスパ吸いやがって自分本意だ、向こうで吸え、何か口ごたえをしたらぶっ殺してやるぞと、包丁を持ち、リンゴの皮をむく。これで荷物を全部運んだとたん、再び同じ態度で追い込むだろう。

一度二度住まいを変え、部屋を借りるときは不動産回りに妻と言えと言い、借りて荷物運んだとたん、主導権は俺だと少しのことで怒りなぐり、中よりカギをしめて追い出されること数百回。逃げて逃げて歩きなさいと交番に言われても、もう逃げきれず、やっと十年ぶりで小さな巣をつくったが、あぶなく心配で眠れないとたびたびたずね、もどれと叫んでいく五ヶ月近くは、完全な自立にはならない。金を持ち、しっかりと独立して一人で生きていくなら何も言わない、一人で何もできないくせにつべこべ言うな、まだまだきびしくしてやると、身ぶるいするような態度は変わらず狂気だ。私の仕事、アルバイトの金サクに行ってきます。このままでは私、息がつまりそちらの望むような状態にはなれませんと、あてのない不安の中で口走った。左の親指、アゴ、頭がガンガンして、心身がガタゴトして、何の力も出ない。パンと百円玉一個なげ飛ばしてよこした。

　八時頃まで〔に〕もどってこいと一心、顔も洗わず外に出る。淋しい森より離れ、生きていく気力を回復しなければ、このままでは寒さと痛さ恐怖で一時も耐えられない。私の住んだテントははがれ、荷造りされた荷物は無事であったが、見るも正月早々悲しくうらぶれている。クマさんが、新たな地、はじのほうがあいているよ、よければそこに住んでもいいよと、ちょうど二人で話をしている所に出逢った。まだ十日くらい、荷物を運ぶのに期間があるでしょう、百円玉一個くらいで前の同じ所にもどっても争いが止まらないので、知りあいに相談に行くと出てきたの、と町に出た。なにしろどうしてよいものやらわからない。あてのない今日、午後もこのままの精神状態と心身では何もできない。ただ怒られどなられることに耐えるのみの今後の人生なら、半死人同様だ。

1月21日

　八時過ぎスッキリ目が覚めた。まだ早いよとふくろの中よりサンドイッチ、いなり寿司を出して食べる。本ぶりのような雨の音、久しぶりだが、荷物の上にかけたビニールに水がたまっているだろう。くぼみを作ったまま昨日直さず来てしまった。気になりじっとしてられない。五ヶ月間で一人暮らすにも結構荷物がふえる。出かける用意をしていると起き上がり、少しは気づかえよと不機嫌だ。これ以上気をつかったら息がつまってしまうわと言った。君でも神経があるのかよ、と皮肉を言う。あるから、こんな痛みでほほがはれているでしょう。あまり荷物を持ってくるなよと無事、外に出た。

　二ヶ所に水分がたっぷりたまり、今でも中に落ちそうになっていた。もち上げ水を取り払う。あるものを持ち、おちつきたい気持ち、何もかも離し、飛び去りたい気持ち、鳥ではないんだ、五倍ばかりの荷物を持ち許された地でどっしりとかかえている人もいる。ないよりはあったほうが便利であり、楽しいが、大そうじのたびの片づけは大変だ。空中に舞い散るような意識を回復しようと、町に出る。

1月22日

十一時近くまで眠る。明るい太陽の光が差し込んでいる。昨日のぬれた衣類、ぬぎたたむ。新しいくつ下を一足出してくれた後は、どこに何が入っているのかさえわからない。むだなものを持たないで、いらないものは捨てなさいよと口ぐせに言う。もうこれ以上誰もたよりにはできない。いよいよ大いなる力を出して整理をしなければ皆なげ飛ばされてしまう。書いたノートがまだ五十冊近く残っている。こればかりは保つ所まで保ってゆきたい。パン二個、イチゴ二個を食べ、十時過ぎ外に出る。雨上がりの大地春のように暖かい。スッキリしない気持ちをかかえ、気分を出してビニール三枚をたたみ、すべて私にとってあれば便利なものでも捨てなければならない。

カサ、四、五本、衣類や小物ぬれたダンボールを片づけていると、クマさんが通った。これから新たなそれぞれの位置が本格的に今日決まるんだ。ダンナ、やさしい人だな、四、五年前君見た時はかわいかったがずいぶん年をとったな、衣類、持っていけなかったら売ってあげるよと言う。まだ置く場所も定まらず、俺がやってやる、俺にまかせろと言うが、いつも何もしてくれない。それはそれでいいが、私の大事なものまでなげ飛ばされては困る。

ノート五冊持ち、二時過ぎ町に出る。金もとぼしく、タバコもない。少し拾い喫茶、月の席にすわる。音楽がないが、五ヶ月間過ごした日記を読むにはおちつく。

いつも追いかける金サク不安定、残百八十円少し。今日はお酒も買えないだろう。リズム気力が出ないまま過ぎていく時間ごもりの冬は激しい動きとなったが、命のある限り、幸福を築くよう生きていかなければならない。平均に必要な恵みがととのえられるよう、新たな出発と人生の船出が始まる。

五時近く外に出る。三十分ばかり町を歩き、タバコ少し拾い、三十冊ばかりのノートの箱をかかえ、六時、とりあえず前のテントもどる。横になっていた。私これよりもう一度整理に行くわ。百円拾ったはげみで、どろまみれた荷物を片づける気力が出た。中に入らず、すぐもどる。おだやかな夜空に三日月輝いている。

昨年八月二十日荷物を持って出た時、最初に置いた地がまだあいている。管理事務所の人にあの地はガラが悪いからダメだよと言われたが、荷物だけでもしばらく置かせてもらいます、撤去が決まってから、口走った場所に一畳ほどのダンホールを敷き、まわりをカサとダンボールで囲み荷物を運び、ビニールをかけた。乱れたダンボール、衣類を全部ゴミ捨て場に運び、五十回も往復をして無我夢中で全精力を出し、あとかたもないようきれいにした。汗でびっしょりだ。倒れそうな肉体はつかれをこえ、緊迫の沈黙に息づいている。誰にも見られないよう暗闇の中でととのえる不可思議なる根源なる力に我ながらおどろく。

ちょうど終わると九時だった。三時間近くの間に運びととのえた新たな地、半畳ほどの空間を真ん中にあけ、犬小屋程度の形にととのった。これで気になっていた追いこみは終わる。これさえも荒らされないようしばらく様子をみよう。

一時間ばかり夜の道を散歩をしてタバコ拾い、百円の酒を買う。飲まずにいられない。十時になった。こんな時間、五ヶ月も、前のテントまで歩いたことがない。

なんと不思議な夜だろう。夜明けまでなかなか眠れず、一人でおしゃべりをしている。冷えがどっと深く身を包む。節分過ぎるまでは油断はできない。さわやかなつかれの中で眠る。

1月25日

一月二十五日、八時近くに目が覚める。風は強いが晴天だ。パン二枚、大きなザボンのようなミカンを戴く。ちょうど一週間舞いもどり眠った地にも慣れてきた。一人湯をわかして洗たくをしている。午後には風も止まった。頭をかる約束をしていたので、暖かい日差しが消えないうち、今年初めてイガグリのような頭の毛をかりあげる。一時間半、四時近くになった。やととのい、緊張にふるえる手やうでの痛みをやわらげに町に出る。

道中、私の荷物にはり紙がはってある。また、移動して下さいという紙だろう。まだ三日ばかりしかたっていない。新たなテントもない。となりの人は十畳間以上の建物に近いテントを作り過ごしているので、少し荷物を置いただけでもう五度目のはり紙だ。遠くよりなりくりを悲しみ、喫茶に入る。こんな毎日せかされては心安まるひまもない。楽しみが消える今日の夕暮れ……。

昨日の現金が生きた。地球の席で一息つく。しょせん公園住まいはしたくないのだからあきらめよう。望みがめぐるまで。

つかれのため、本の活字が入らない。ノートも終わりそうだ。冷静になりくりに身をまかせよう。自立への試みは失敗をしたが、あれでお金があったならそれぞれまっすぐ自由に歩める体験を十年ぶりでしたことは意義があった。

夜の散歩をして、タバコを拾いながらお酒を買う。飲まずにいられない。帰途はり紙を見ると、二十六日土曜日撤去して下さいと書いてある。あまりにも早急だ。

怒りと悲しみをかかえながら歩く道のりの遠さを二倍感ずる。人の事情や体調を無視をして、不平等なあつかいを受けたことが残念でならない。せっかく明るく便利に生かしていこうと、楽しみにしていた。無理な行為が通じないことの恐ろしさ。明日一日で運ぶ力が出るだろうか。土台も、うつわもととのえていない。

八時前テントたどりつき、静かに事情を話す。落ちついて、明日午後にでも運ぼうということになった。おパンを取りに出かけると、九時近く一人になった。お酒一合、野菜と共にゆっくり飲む。今日は半分あげる気持ちにはなれない。一合でも少ない。涙をこぼしてはならないと強く言いきかせ、明日の不安、体力をととのえ突然、変化に怒りを止める。十一時近くもどって来た。フランスパン、リンゴ、キムチ、お酒一合、わずか戴きぐっすり眠る。

1月26日

一月二十六日午前九時過ぎ起きる。くもり空で肌寒い。軽くパンを食べ、一時になったら行動しようと身をととのえる。どんなことになるやらおさまる状態に早くありたい。一月十日よりガタゴト車に乗せられたようにおちつかない。せめてお金でもあったら、もう少し食べたいものでも食べ、少し渡すことができるのに、残三百六十円あまりで前の地にもどることはあまりにも心ぼそい。百円玉一個渡してくれた。感情おだやかであるだけでも救われる。

一時、ワゴン車*をもって駅近く公園入口まで向かう。興奮をして頭がはちきれそうだ。白いマスクをして日中の恥ずかしさをかくす。きれいにととのえたテープやビニールを手早くはがしたたみ、荷物をワゴン車に乗せる。黒いリュックに大事なものを入れかつぎ、両手でかかえられるほどふくろを持ち、人に出逢わないように歩く。三度往復、三十分少しの道を通る姿は孤独と沈黙の登山をしているような気持ちだ。

共の人は、ゴミを捨てワゴン車二回ですんだ。前のテントのわきに置いた荷物、わずか捨てただけでほとんど持ってきた。銀のぼうをさし、カサをテープで止めビニールをかけてくれたらもういいわ。中に荷物を入れて片づけるのは、一人でゆったり始めるわ。節分過ぎるまではまだ寒いので眠ることはできないと思うけれど、とりあえず夕暮れより天候くずれるらしいので荷物がぬれないようにしておきたいの。それぞれの生活は、最低二人、三千円から五千円ずつくらいもたないとちょっと無理なので、もう少し夜は泊めてもらいます。

今でも泣きそうな空もよう。私も泣きたかったががまんをする。

1月30日

寝ぞうが悪くうるさくて眠れないとイライラしている。私もうでが痛く、泊まり十三日間、そろそろ気づかいでつかれてきた。新たなテントで過ごしてみたいが、なかなかそんな機会がめぐってこなかった。残二百円少しで出発をするのも心ぼそかったが、今日より新たなテントで一人眠ってみるわ、と言った。近くの人が、野菜、弁当、鳥肉を運んでくれてわずか怒りがやわらいだが、とうと、うでをゲンコツでやられてしまった痛みに痛みが重なる。一月末、慣れてくると互

＊台車のことと思われる。

いの習慣は直らない。

新たなテントで野菜、肉を切り気を静め、新たなテントで今日より一人寝てみよう。まだ少し寒いが、このまま二人、せまい中でくらしても、何も開かない。

町に出てきますとノート、平十三年一月より三月までの五冊を持ち、三時過ぎ、町に出る。二階、月の席で続き書く。明日に持続することは未知だ。今年こそはせめても、わずかな金パニックが回復できることを願わずにはいられないが、昨年の日記、一年読み心苦しくなる。

ゆったりと過ごし、夜の町を歩く。七時過ぎ、大空に星が無数に輝いている。町より遠くなった冬の淋しい地にもどる〔の〕がおっくうになる。

二日目、横になったまま、真っ暗だ。今日は出かけないよと声を出した。タバコ三箱をすき間より入れ、私も今日は早く眠るわと、自分のテントに入る。

第４章

2002年9月3日
〜
10月4日

「不思議なノート」

５か月間ひとりで暮らしたテントを立ち退きで追われた小山さんは、２００２年１月より共の人のテントのわきに自分のテントを建てて暮らし始めた。

第４章は、小山さんのノートのそのままを伝えるため、小山さん自身が「不思議なノート」と表紙に書いていたノートを１冊まるごと掲載した。

２００２年９月３日

九月三日、音楽堂の生演奏も終わった。

夜まで保ってくれた心身。カン二十個近く拾い、八時過ぎもどると、ちょうどボスが共の人をたずね、わずか残りの酒を飲んでいる。残りの酒カップ半分を戴(いただ)き、今日も終わる。ぐっすり眠りたいが、異様興奮のまま、出かける共の人を見送り、パン、野菜で軽く食事をする。横になっても汗がふき出し眠れない。

十一時近くもどってきた。フランスパン三本、ナス三本、箱酒一個、半分戴き、もう目もあいていられない。今日はここで少し眠っていいよと言うので、入口を大きくあけ、バタンと倒れるように横になり、死んだように眠る。四時四十分、自然に目が覚めた。ひんやり空気も涼しくなっている。

９月４日

九月四日、自分のテントもどり、そのまま横になる。日中の太陽をさえぎるように紅のカサを天上に広げ、このまま一日でも眠っていたいような、つかれがどっと出る。

夕方、入口でガタガタ音がする。ぐっすり眠ったあとは、やや体調もおさまっている。君のサンダルを直してやったよと、イタリアの革のサンダルの先がはがれ、歩くのに不自由だった。きれいにくっついている。ありがとう。もう時計は三時半を回っている。菓子パン五個、ミカン一個、残りウイスキーわずか、五十円玉を一個出してくれた。ペットを持ち、夕暮れの広場を大きく回る。もうタバコ一本だけだ。五時過ぎ、タバコを拾いに町に出かけてきますと気分よく夜に向かう。町を歩く。日中歩くことよりずいぶん楽だ。二百四十二円では今日も喫茶に入れない。

二時間近く、路(みち)から路をゆったり歩く。めずらしく六箱近く拾えた。夜のネオンと別れ、トボトボ夜空を見上げながらテントもどる。今日は二箱タバコ渡すことができた。静かに眠っている。森の樹木も暑さでつかれているようだ。今日は出かけないと、そのまま暗(くら)闇(やみ)で横になった。

一人、ナスの塩モミ、玉ネギスライス、梅ぼし、夕方戴いたウイスキー小カップわずか、これが最後だ。淋しいが明日を思うと不安で息苦しくなる。軽い夜食をして、コーヒーを二はいばかり飲み、深く今後の事を考える。現実的に救われようのない九月の出発も、日々生きることであくせくとつかれる毎日は、夢も希望も逃げていきそうだ。風もない深夜、幾度も起きあがり息苦しい一夜を過ごす。

9月5日

九月五日、十時近く目が覚める。土曜に今年最後あるはずの並びもいまだはっきりしないと言う。今日の夕方返事があるらしい。何ごともあてにできず、何も開かない。今日も相変わらずむし暑くジリジリしている。このままテントの中にはいられない。限界に達した精神と肉体、二日間も離れていたノートもなくなりそうだ。明日、あさっては、雨になる予報らしい。空はうっすらと雲が横たわっている。夕方まで町に行ってきますと、マンジュー一個もらい、十一時過ぎ、大通りをまっすぐ歩く。

二百四十二円をもち、お酒も買いたいが、ゆれる精神をととのえることだと路をまがる。まっすぐ町に回り歩いていると、路上にセブンイレブンのふくろが落ちている。中を見る。大型の新しいノートだ。この奇遇に心喜ぶ。足でふまれたふくろは中味が健全だ。心のつまりが悪化しないよう、大きな文字をつづることも未来への希望にもつながる。この昼時の不思議な出逢いに、幾分心も解放して、午後の三時間をノートと共に過ごすことができた。

現在、書くことのみで生きることのできない、長い過去よりの羅針盤の中心を保つ生活と人生になり得ない。日本の人間精神の支柱は、影をかすめたまま大きくゆらいでいる。この十日以上も続いた暑さのため、再び夏がもどったような毎日は、この秋の不安をますます深く悩ませる。残八十五円を残し、目的は遠くあてのない旅路がえんえんと続く。命と歴史の歩みの開化を願い、町に出る。曇り空だが、まだ雨はふっていない。そろそろ渇きうるおいのない空気に水分が必要となっている。風景をながめ、夢中でタバコを拾いながら二人、二日分を二時間かかり歩き、やっと五箱ばかりになった。切らしてはならない。わずかな酒も買うことはできない。

五時過ぎ、西に沈む光を見送り、公園にたどりついた。真白い箱が出かける時にあった。帰る道中、まだあったら台がわりにほしいとゴミ箱の近くまで行くと、箱は数メートルもある位置にころがっている。かかえ、噴水近くまで向かう道中、清酒の大がベンチの上にある。人が誰もいない。軽くふってみると二、三合は入っている。この喜びに大事にかかえ、お酒の縁をうれしく思い、明日の雨をしのぐことができると、六時近くもどる。タバコ、酒、わずか出し、何十時間もテントを一歩も出ないで暑さを耐えている共の人に出した。黒のぶどうをわずかもらい、動きが止まらなくなった体はゴミぶくろ探しにもう少し散歩をしてみようと、荷物を置き、さかずき一ぱいの酒で動く気力が出る。とうと(とうとう?)夕方まで待った並び返事は中止となったらしい。来春までもうないだろう。ゼロに等しい金のとぼしさは深く、胸をえぐるように、夕暮れの淋しさと共にせまってくる。

　身軽にして音楽堂の方向まで向かってみる。スローのオーケストラが、舞台で練習をしている。人少なく涼しい風がふいてきた。約一時間、町の灯の間を歩き、ふくろ五個、カサ一本を拾い、八時近くもどる。共の人も出かけた。やっとテントの中におさまることができた。むすび一個を置いていった。ナス、玉ネギ、梅ぼしで軽く食事をする。胃にもたれる米つぶはわずかなお酒のおかげで消化をする。十一時近くもどってきた。急に寒気がするほど涼しい風が漂って、雲が星空を包んでいる。

　食パン一キン、ニンニク、菓子パン一個、一合の箱酒を小グラス一ぱい戴き、もどると大きな雨がポツポツとビニールを打つ。久しぶりの雨の音だ。ぬの三枚をかぶり、心身の熱がとけていくような安らぎに眠る。

9月6日

九月六日、朝のマイクで自然に目覚める。激しい雨がまだふり続いている。雨もりのしないだけでもよかったと、コーヒーをわかし、パンをわずか食べる。

　昨日拾った白い箱に食料を入れ、その上に白いカラ箱を一つ置き、ぬのをかけたら机代わりにもなる。ちょうどよい高さだ。さっそく大きなノートを出してみる。今まで、テントの中で読み書きしたのは二、三度しかない。

　午後、共の人は福祉の集まり*で管理事務所に行ってくると、カサ一本をもち、激しい雨の中出かけた。秋の移動予定**もどうなることやらわからない。定まらぬ不安定な無収入のテント生活の不自由さは、社会の人間生活からほど遠く離れ、あまりにもそがいされた魂は言論さえ奪われていく。貧しく淋しい日々に耐える気力と、職業として社会で働く機能を回復する機会に恵まれない限り、いつも餓死寸前の不安にそのかされる。日本の大都会の中心に近い位置で、何の保障もない毎日を送り生きることは、誰にも問題にされない。肉親や友がいても、言うに言えない孤独がなお深い。それぞれ自給自足に近い日々は、必要なかてを補給するのみで精いっぱいの原始的生活のように不自由だ。ピクニックのテント生活を楽しむようなわけにはいかない。毎日せかされる精神の歩みは、人間としての自尊心も、人権も、希望も、四季折々の自然の変化の中に押し流され、存在感さえ霧のベールに包まれてしまいそうだ。元気でお金のわずかある間はまだ現実的にも、自分のリズムと意志や希望を保つことができる。全く奪われ、動くあてさえ、気力さえ養う人間にとって必要なかては保つこともできない。

　一時間もするとサンドイッチ一個もち、もどってきた。結果は未定で、今度二十日になったと言う。なぜか緊張と興奮が覚めてしまう。雨もつかの間やんでいる。夕方になると、近くのボスがナポレオン焼酎（じょうちゅう）を二本、梅ぼしかかえ、自分が悪かった、飲もうとグラスにそそいだが、酔いが回ると悪ふざけがひどく、感情が乱れイライラしてくる。ふざけるのもいいかげんにしてほしいと怒りがこみあげ、皆、ゼロからの出発だ、ふるえる心身は通じることがないようだ。すぐもどり、シケモクもなくなった。タバコ代として百五十一円預かり、町にかけ走る。今にも雨が降りそうにどんよりしている。二時間ばかり、湿気多い大地をタバコ拾いながら歩く。すっかり精神的リズムを失った状態は、

＊　支援団体の集会や会議を指すと思われる。
＊＊　小山さんと「共の人」が住んでいた区域が、再び、工事による立ち退きの対象となったこと。

どこを歩いているのかさえわからなくなり、同じ道を二度も三度も歩いている。

町の角にむらさきのカサが一本、一週間ほど前より美しく、目立って、忘れもののように置いてある。ハッと目が覚める。この雨でも誰も持っていかなかったのかと、自分のカサを一本置き、しばらく交かんしましょうと手に持った。タバコも五箱拾えた。百五十円分を二箱でかえてもらおうと、七時過ぎ、もどろうとすると、ポツポツと雨が降ってきた。大きなむらさきのカサを広げ、マンガの本一冊を拾い、もどる。共の人も出かけてきたらしい。中に入りなさいと、ウイスキー、赤身カンヅメを出し、気分を変え飲んでいると、なぜしんせいを買ってこないんだと言う。タバコ拾えたので、手もちのない時は少し現金をもたせてほしいと話をしていると、突然怒り、うでや顔をひっぱり、たたこうとしたが、すぐ機嫌なおり、塩をもらい、二時間ばかりでその場を去った。

テント入ったとたん激しく大きな雨が音を出してふり始めた。私の今日の悲しみの涙だ。本当になさけなく淋しいと大きな声で叫んだ。何を大声で叫んでいるんだと共の人の声がする。私のストレスのばく発よと黙って不安をかき消す。パン、トマト、玉ネギスライスを軽く食べ横になる。二十四時間を二日近くもこもっていると、意識はもうろうとして何日かさえも忘れる。

9月8日

九月八日、朝八時過ぎ目が覚める。雨もやんでいる。日曜の音楽のメロディが、今日の動きをうながす。なぜか胃ぶくろがムカムカする。湿気でぬれた全体は、まだ雨のしずくで大地もべっとりとしている。下着を替え、気分を変えてみるが、読みたい本もとぎれた。大きなノートを出して書いてみる。喫茶で読む書くの時間や、金がめぐらない時は、心がもぬけのからのように苦しく淋しい。今日も入るあてのない金、やりきれない。私の子どもの頃の夢は、金もちになり、貧しい人を助けられるような人間になりたかった。五十代で百円のお金にこまり生きていることのなさけなさとつらさを、目覚めと共にひどい痛みとして受け止めなければならない。この毎日に明るいきざしがやってこないものだろうかと思案にふける。まだ昼前だ。午後はまた、本を二冊もち町に向かってみよう。何か気がまぎれることに出逢うかもしれないと、外に出て水くみに行く。

あわい光がわずかに光る空、ぬれた大地。日曜の音楽のリズムが所々でかなでる。二時近くに町に向かい、ゆったりと歩いてみる。通りに面したベンチに、ビール、ゴマセンベイを置いてバスに乗っていく人の残りを捨てようと、近くの電話ボックスで整理していると、受話機の穴に百円玉が一個、光のように見えた。こんな事初めてだ。思いがけない今日の不安な足どりにはげみがついた。何日かぶりで笑いの声が出た。まっすぐ本屋に向かってみる。九月二十日と書いているのに、もう古くなってだめです、もう一冊はわずかよごれているのでとことわられた。近くのゴミ箱の上に二冊を置き、もうしばらく本屋通いをやめようと思った。きびしい現代に動く町に店々は目まいのするほど活気がある。

ふと、つかれ、ビルのふもとのイスにすわるとおもしろいビンが一本置いてある。アラビアの水だ。めずらしい。朝よりムカつき、何も食べてこなかった。少し口にふくんでみる。まろやかでとろりとしている。ふくろ小さく重いが、夜コーヒーをわかし飲んでみようとかかえ、人混みの中をタバコ拾いながら歩く。じっと息を殺して、歩ける道のみを下を向いて歩く。二時間もすると、やっと橋までたどりついた。人の動きがおとなしい通りで、手持ちのウイスキーわずか、水、センベイを一つまみをして悩む。これ以上歩いたら喫茶に入りたくなる。出るとき百円返してくれと言われた。返し、喫茶入ったら、また五十円少ししか残らない。もう少しがまんをして歩き、タバコ拾えたら拾い、手もちをもう少し保っていようと気力を出して歩き始めた。秋祭りのみこしをかついで歩く姿に出逢った。なぜか涙があふれそうになった。大通りに出ると急に外国に行ったように、明るいファッションに身を包んだ世界の人々でにぎわっている。いつものコースをモクモクと歩く。やっと五箱ばかりになった。ドットつかれが出てもう無理だ。六時近く、公園、噴水近くを通り、テントもどる。二箱半渡し、百円まぬがれる。

七時過ぎるともう暗くなる空、梅ぼし三個、これでもう終わりと、特別味のよい食べものを食欲なくちょうどよかったとゴマセンベイをわずか出す。今日はもう出かけないとそのまま急に静かに、森は暗くなった。普段の意識にもどり、野菜わずか、パン、梅ぼし三個、水割りで軽く夜食をする。アラビアの水でコーヒーをわかしてみた。アラビアンナイトを想像してみる。

日本にいたら大半の女は不幸福だ。九月九日は古代の女性紀元祭であったと思う。近代はそれを意識する人も少ない。男が女性化をして、女が男性化をしている場面も多い。今日の午後、音楽堂広場でレズビアンのデモに出逢った。皆、元気がよい。若い頃、一度さそわれたこともあったが、あまり興味がない。女性同士の結婚も、男性同士の結婚も許されている現在。* その出逢いと真実の愛があれば、お互いに助けあい、理解しあい、生かしあっていく仲なら、男同士の二人であれ、女同士の二人の人生でも、孤独や貧しさを少しでも離れられると思う。

9月9～10日

九月九日、曇り空、ゆったりと眠り、スッキリと目が覚める。今日は雑務を離れ、夕方より喫茶でゆったりとしようと、昨年のノートを四冊もち、駅近くの喫茶、二階の席にすわる。流れるフランスのシャンソンの曲が心よくひびく。三日間、外歩きばかりの心身は気だるくつかれていた。三時間近くを貴重な時間として過ごし、残百五十七円を保ち夜の町に出る。日が短くなった。近辺の道を歩き、タバコを拾い八時過ぎもどる。軽くパン、野菜で食事をして、出かけた人を待つ。十時近く、おだやかにもどってきた。ウイスキーわずか、パンを一、ローソク一箱を戴き、雨らしい予報をしのぐ用意をする。

深夜三時近く目覚め、あまりもの静けさにラジオをつけてみる。なつかしい曲を一時間ばかり聞き、九月十日十時過ぎまでぐっすり眠る。

予報の雨はふらなかった。カップラーメンを食べさしてやるよと、日中、久しぶりで半分食べる。残りの二個のサツマイモ二個、玉ネギ、ニンニクを煮て、コーヒーをわかし、曇り空の夕暮れを過ごす。夜、町に出るので待ち合わせをしようと寝こんだ姿もわずかよみがえった。

とぎれる食料もとぼしく、淋しい。早めに一人テントを出て、大きく町を回る。タバコ五箱やっと拾うことができた。八時近くの待ち合わせまで、二時間以上も歩くと空腹でぐらぐらする。思いきり何か好きなものを食べたいと、手もちのウイスキーをわずか口にふくみ、菓子一つを食べてがまんをする。早目に、ふくろかかえて現れた。リキュール入りのおもしろいビンのウイスキー一本をクイクイ飲みながら、知り合いにもらったとペーパー、つけもの、トマト出してみせた。

三十分ばかり町のベンチで休み、暖かい日でよかったと、夜の路上を再び歩く。十時近く、パンをわずかもらい、十一時近く、無事テントもどる。明日は洗たくをしようとおだやかに一日も過ぎる。

９月11日

九月十一日、ベトつくような暑さだ。十一時過ぎ、よごれがひどいズボンや衣類をもち、洗たくに行く。三ヶ月前よりテントに生活をしていると言う六十代の女性がとなりに現れた。数々の話がはずむ。若々しく気力ある人だ。二時間近くをよごれと共に過ごすと、具合が悪くなった。こんな時、わずか小金が回ったなら喫茶で意識を切り替えられるのにと、急に不機嫌な怒りと悲しみがこみ上げてきた。うでの痛みがひどく、ベットリとした空気は、じっとしているときさえ息苦しい。このままでは共倒れだ。金のあるものと、ないものとの語りは、あい矛盾する。お金いらない、俺はいつ死んでもいいなんて言わないで、もう少し生きていく金サク（金策）の知恵でも考えてよと泣きそうな声で叫んだ。体中がガクガクふるえる。

よごれのズボン一ソロエ洗うのに一時間もかかり、手より血が出てきた。それでも、まだ洗い方が悪い、今度は水をくんでこいと、大きなペットを出す。もういや、水くらい、自分でくめないの？　このケチ精神生活にはもう殺されてしまうわと叫んだ。君のような

＊小山さんがこれを書いた２００２年時点では、海外には同性婚が認められていた国もあったが、日本では２０２３年10月現在に至るまで認められていない。

もの、死にたければ死ねよと、平然と冷たい態度。もういいわと怒り、水を五、六本くみ、倒れるように自分の身をかかえ、町に急いだ。気を静めるものがない。残百六十一円で野菜を買おうか迷う。オレが持ってきてやる、買うことはないと言うが、一つ一つもらうたび注文が多い。これ以上淋しくなったら明日もない。今日のめぐりの悪い悪魔よついて離れず、私の心を暗くする。がまんをして八百屋の前を通り過ぎ、タバコわずか拾い、ぐらりぐらり、不ゆかいな気持ちなおらぬまま、もどろうとする。ビールとポテトがあった。喜びの声も出ない。泣いている心は涙も出ない。いつも入る喫茶の窓辺の灯を見て、こんな時、中に入ることができたら、体調も気分も回復するのに……と淋しく前を通り過ぎる。

　八時近く、カン七個拾いテントもどると、ちょうど出かけようとしている人に出逢った。よお、タバコはあるかと、あまりおかしいことを言うなよとムッとするような声を出した。わずかな金もゆうずうできないもどかしい五十代の男女の姿を三日月が笑っている。

　トマト一個、つけもの、パンわずかをウイスキーと共に飲み込む。昼の洗たくのつかれがまだとれない。洗いきれずカビのはえたシャツを明日洗おうと水につけてある。ほしたふとん敷き、早目に横になろうと二日もノート、本より離れた生活のいらだちをおさえる。

　十一時過ぎ、もどってきた。出てこいよと普通にもどっている。気のおさまらないまま外に出る。果物、菓子をもち、わずかふくろに入れ、百円玉をポンと出した。明日ぶどうを食べさしてやるよ、何かあったら叫べと。十二時過ぎには横になった。

　バームクーヘン一個、菓子パン一個、つけもの、水割りで一人、夜食をして、ぐっすり眠る。

9月12日

九月十二日、暑い日差しで目が覚める。約束のシャツ一枚、自分のシャツ二枚をもち洗たくに行く。どんなに洗ってもカビが取れない。再びイライラしてくる。なぜこんなによごれるまで着てしまうのだろう。昔は毎日、うるさいほど自分で洗たくをして、毎日下着も替えていた人が考えられない。ウデをおとすばかりの痛み、洗ったものをまた捨てる肉体、ろう費に神経が痛む。今日は早めに町に向かいますとノート四冊をもち、もうがまんできないと、まっすぐ喫茶に向かう。四十分近くの道のりがこんな遠く感じたことはない。

　やっと二時過ぎ、たどりついた。つまりにつまった我が心身をときほぐそう。もう三時間近くもなる。ノートと共に夢中で過ごす時間も終わる。一時の不安は消えたものの、明日の開かない人生だ。残り百十二。

　五時過ぎ、まだ明るい町に出る。にぎわう夕暮れの路に入り、レタス二個百円で買ってしまう。安く、どうしても食べたかった。残り十二円。ノートを拾った道を歩き、今日まで続いたことをお礼する。タバコ拾いながらいつもの道を歩き、七時過ぎもどると出かけ留守であった。さっそく野菜、パンで軽い食事をすると、もどってきた。沈黙のまま、静かにテントの中に入った。タバコ一箱持ち、のぞいてみた。まだ入るなと着替えている。べとつく空気も夜になっても消えず、そろそろ雨でもふりそうだ。

　軽くウイスキーの水割りを戴き、一時間ばかりローソクの灯を見てゆったりする。マヨネーズ、残り納豆、ナシ一個、レモン二個戴き、横になる。

9月13日

九月十三日、自然の時刻に目覚める。今日の夕方より雨らしいという予報は曇り空だ。あわて身じたくをして二百円借り、十二時、公園を出る。町を回り、まだ人混みのない道を歩く。祭りのみこしが今日の活気を待っている。タバコ拾い、明日雨でも一日、二人分保つよう、五箱近く拾えた。二百十二円の現金を保ち、四時間近くを歩く。つかれは心の余裕がすりきれていく。曇り空の天は沈黙で緑の樹木を包み、夕暮れの噴水近くは人気（ひとけ）少ない。

　共の人は福祉の集まりに出かけていない。まだ早い時間、レタス、果物をサラにそえ、軽くパンを食べ、久しぶりでなつかしいサウンドのメロディの流れる音楽堂まで向かう。まだ人気ないが、こんなきれいにそうじをされた広場を見たことがなかった。画面より流れる映像とリズム、ナポレオンの白馬に乗った姿が（ママ）初めて眼前にする。過去、私も持っていた像。一時間ばかり踊った。

　知りあいのボスが、酒一しょう手に持ち酔い姿で回ってきた。いつもと違うがらの悪さは目立つ。黙ってその場を去り、テントもどる。共の人も出かける様子はない。ぶどう、サトウをもらいテント入る。

九時過ぎより雨が降ってきた。心落ちつく暇もなく、休養する時間もないままうながされる毎日の動きは徒労だ。軽く夜食をして、あるものをゆっくりと飲み食べる。肌寒い空気がすき間風のようにおそってくる。深夜、四、五枚衣類をかぶる。

9月14日

九月十四日、朝のマイクで目が覚める。ケーコちゃん、飲もうとボスの声がする。雨はやみ、共の人も起きあがった。昨日はパトカーで連れていかれてしまったよとケロリとして、昨日の悪酔いはないようだ。

昨日、音楽堂の広場で酔い、がらの悪いボスに似た人がいたのですぐもどってきたの、酔って別人になると目立つのよと言い、眠気を覚まし、一週間ぶりで、酒、ソーセージ、チーズ、タバコ数本、百円で朝の時間を過ごす。沈黙の空は何も言わない。

それぞれは、現実的に、私よりもつものをもっている。女だと責められても、これ以上何も出すものもない。わずか酒一合、百円を持ち、町に出る。歩き、気力を奪う悪言を背負いながら、今にもふりそうな雨雲を見て、今日一日でもゆっくり過ごしたかったと一人つぶやきながら、午後の町を歩いても心が淋しい。

三百円の手持ちで喫茶に入る。何も言いわけも、理解者もいない。私の出発の、店の二階、カウンターの席で息をつく。去年は貧しいながら毎日通えた。五日ぶりでつまっている心を現実的に生きようと回復を待っている。ライター二個持ってきたが、全部、火がつかない。こまってしまうと窓辺で呆然としていると、となり〔の〕ステキな夫人が赤いライターを一個、置いていった。ありがとう、と今日目覚めの興奮を静め、去年の今頃のノート二冊を読み、新たなノートに文字をつづる。流れる過去が前進しない時、人間同士の甘えやふざけでつかれてしまう時がある。

気がおさまり、夕暮れの町に出る。土曜の人出でにぎわう大通り。教会の食事*に並ぶ人の列に共の人の姿も見える。声もかけず、空腹のまま時間をゆったりと散歩をする。やや、タバコも拾えた。雨ふりそうでふらない、どんよりとした空。

七時過ぎ、公園にもどると、サウンドメロディが流れている。もう帰り、入口をあけている人の姿見る。早かったのねと中に入り、ウイスキーわずかつまみで九時近くまで過ごす。それより音楽堂を一回りをしてカン七個拾いもどる。軽い食事をして、朝より意識興奮をした一日を回想してぐっすり眠る。

9月15日

九月十五日、朝より近くのボスの声がする。ギンナン拾い終わったよ、一緒に飲もうと外に出る。一本もらったという焼酎酒、つまみで寝ぼけのままわずか口にふくみ、二日連続の朝酒はよく回る。共の人の毒舌が始まった。タバコを買ってこい、もう少し目が覚めるまで待って……と心身をととのえる。こいつ最近態度がでかい、バカ女と真青な顔に目のみがキラキラしている。今日は目元おさまっているから大丈夫よと、立ち上がり、小銭を持ち売店までタバコを買いに行く。なつかしい場所も日曜の人気で明るい。ショートホープ二個買い、二百円残を持ちもどる道中、ボスがもう眠いと、タバコ一箱渡しもどった。共の人に一箱、酔い回ったらしい。言葉のぶつかりで、近くのものなげ飛ばし、人の顔をたたく。ハナのホネが痛い。つい泣いてしまう。地べたにすわり、大きな声を出して涙をポロポロ久しぶりに流した。

夕暮れ、悲しみをあきらめ、まだふりそうもない空を見上げ散歩に行く。私は以前とは心も態度も別に変わったとは思わないが、最近おかしいと言う。なぜか淋しい空気にすべてが暗く見えるのだろう。そのまま横になり、身動きしない人を無視して町に出る。この町の路から路、気のいやされるまま呆然と歩く。日曜の夕暮れ、喫茶に入る用意をしてこなかった。軽いふくろ、小さなバッグ、おなかすきすぎてむなしい渇ききるような孤独をおさえ、玉子三個、七十五円で買う。野菜を買いに、市場まで歩いてみようとネオン灯(とも)る町を歩く。野菜がコンニャクになった。

残百七十五円残し、まっすぐ音楽堂までもどる。三

＊キリスト教の教会が月に数回、ホームレスや生活困窮者に提供している食事。

人のおだやかなエレキサウンドの歌がひびく。人は少ないが、三十分ばかり立ちすくみ、三人のグループの音楽的センス輝いているショウを見る。

まっすぐもどり、暗闇で眠っている人に声をかけ、テントに入る。さっそく玉子一個を出すと、一個がわれてメチャクチャだ。コンニャクと共に温め、わずかゆっくりと食べて横になる。

なぜか無性に激しい淋しさより、新たな命が燃えるように息づいている。秋の出発だ。平十四年、それぞれ歩む未知なる旅が再び始まる。しぐれのような雨の音、心の動ようは根源なる愛の目覚めより耐え忍ぶ力にささえられる。

9月16日

九月十六日、時間もわからぬまま目が覚める。雲に包まれたテントの中は暗い。外に出てみようかと思ったとたん、激しい雨が降ってきた。動きの休養がめぐってきた。涼しい空気が静かな空間にめぐる。ノートを開いて文字をつづってみる。ゆらぐ精神をととのえよう。


一人、明日に向かって雨の中、共の人をたずねてきたボスの声が聞こえる。たくさん作ったんだ、ケーコさんに食べさしてよと去った。何だろう。すぐ、オイうどんがあるよ、出てこいと叫んでいる。昨日のこりかたまりが激しくならないよう、ハイ、今すぐ行くわと明るい声を出す。どっさりと大きななべ二つに、ゆでたソーメン、肉と野菜のスープが入っている。これはめずらしい食べものらしい。食料をよろこび、半分をたっぷり食べる。やや激しい気性もおさまっている。大きな果物一個、ケーキ半分、スープの残りわずかをもらい、今日は雨やむまで休養だわと、まだ二時近くの早い時間、テント入りノートと向かう。

九月、半月も過ぎた。六日までの毎日のリズムが狂い、七日よりとぎれてしまった。ガソリンの不足に毎日不足し、おぎなう物にかけ走った。真夏も無事過ぎたものの、このへんでガックリと力を落として寝込んでしまったらおしまいだ。ウデや顔のハナの骨の痛みが静けさと共に深くなる夕暮れ。今年一月のノート一冊読み、一人半自立に生きていた新年を回想する。もどるはずではなかった地に再びもどり、七ヶ月近くなる。人間同士のぶつかりのないよう気づかう毎日は、昨年と違って一人いられるテントがあるだけでも楽だ。町出れば、人に、人におされて歩く道……。日曜の森の空間、雨の日は不気味なほどの静けさだ。何ごとも思いつめて考えると息がつまってくる。このままではならないと思いつつ、現状を人間として不自由なまま過ごしていると、まるでかくりされた病人のようにうろたえてしまう。夢や希望を空想する時間はたっぷりあるが、なぜか緊張と圧迫が激しい。

七時近くもなると、暗くなり、もう明日の朝を待つのみだ。ローソクの灯をつけ昨日買ったコンニャク、ニンニクを温め、わずか水割りを飲む。コーヒーをわかし、戴いたカステラを食べようとすると腐っている。何も動かない日なのに、食欲がある。かたいフランスパンをちぎり、八時過ぎに横になる。意識、現実より離れ、聖なる灯とは何かを思う。ふれてふれ得ぬ深き心情は、泉のごとくあふれ、別世界をさまよう時間はつかの間に過ぎていく。現実を全く離れた意識は、この世のあらゆる規制や束ばくをこえ、自由な愛の源にたどりつく。安楽の魂はすこやかに深い眠りに入った。

9月17日

九月十七日、朝八時過ぎ、マイクで目が覚める。となりより、オイ、昨日食べたナベを洗ってこいよと声がする。雨が一時やんでいる。水くみ、ナベ洗いにぬれた大地をふむ。ガスのじゅうまんした森は息苦しく、心臓の動悸（どうき）が激しい。また午後より雨らしいよとなくなったシケモクの箱を出し、足りない心細さを感ずる。ウイスキーわずか、梅ぼし一個、飲み食べると、体調も普通にもどった。黒パン一つ、ミカン一個、ソーセージ一本を戴き、今日の夜食がたりる。

雨ふるまで近辺を回ってきますと、息苦しい森を出た。まだ時間の早い町は閑散（かんさん）として、歩道もぬれている。路上に新しいタバコ数本、ライター共に落ちている。このはげみに歩く道中、大型のグリーンのカサを一本拾う。とめ金がこわれているが、テントのビニールが落ちてこないようささえになる。手持ちのカサを一本置き、駅近くの野菜市場に久しぶりで入ってみる。祭りのみこしもかたづいている。十時過ぎ、見る野菜すべて新鮮で安い。残百七十一円ではキャベツ一個買ってしまうとおしまいだ。もやし一ふくろ三十五円を買う。他は目をつぶり、一ふくろを持ち町に出る。雨が降ってきた。タバコも二箱拾えた。わずかな時間、サンダルばきの足元をぬらし、誰もいない道は涼しく淋しい。

まだ昼近くにテント入り、ぬれた衣類を着替え、さっそくソーセージもやしいためを作ってみる。わずか食べ、なつかしい味をかみしめる。喫茶に行けず、重苦しい感情はつまるがめぐりがない。ノートを広げ、大きな文字を書けることは幸いだ。雨にぬれ鳴くカラスの声を聞きながら、今日もまた数々よぎる一夜が過ぎていくだろう。人働く時間、ガウンに身を包み会話のない時間、好きでもあり恐(こわ)い時がある。

夕暮れ、むすびもらいに行ってくる、カサはないかと言う。ちょうど拾ったグリーンのカサ一本を、入口の穴より、ハイ、プレゼントよと出した。消えるのも早い。暗くなるまでノートを読み続ける。目もつかれる。八時の時刻まで、目つぶり、小ぶりになったテントの中で、今後の不安を思う。

出かけてくるよと町に向かった。残りもやしいため、コーヒー、パンを少し食べ、どうしてもとぼしすぎて淋しい。たっぷりと買い物をする夢想をする。

十時過ぎ、もどってきた。やや雨はやんでいる。ふくろドッサリと菓子、パンをもっている。ナシ一個、菓子、パン二個をもらい、百二円現金を借りる。残二百二十五円になった。これでは不足している。買い物も夢想で終わってしまう。いつになったら少しまとまったお金にめぐりあうだろう。あまりにもひどかった七日よりのとぎれより、内にこもり、心つまる日が続きすぎた。後遺症が大きく暗く重い。

9月18日

九月十八日、朝のマイクで目覚めるが、雨上がりの湿気が少し上がるまで待とうと、昼近くまでテントの中で出かける用意をする。心臓のこどうが激しく、二十四時間、二日間のこもりで顔が青ザメて気だるい。一時近く、体調を治しに町まで行ってきますと、起きている共の人にことわる。バカ女、何が具合が悪いと冷たい言葉を背負い、明るい太陽の下をぐらりぐらりと歩く。

またとぼしくなるが、もう精神的に耐えられない。

もう秋彼岸に入った。大通りをまっすぐ歩く。コンのメンカーディガンが落ちている。子ども用の本二冊、ゴミ箱のわきにある。現在の憲法写経したものもあるが、きれいなので、ふくろと共に拾い、一時半過ぎ喫茶にたどりついた。いつも〔の〕席があいている。昼過ぎの人出でにぎわっている。人の活気と音楽で意識もよみがえる。ノート二冊読み、鏡の前のボケた姿の身をととのえ、大事な時間を過ごす。三日間、雨の中、切り替えるひまもなく、不安な日を過ごしたことは体によくない。早く、早く、明るいきざしがめぐって助けてほしい。せつぜつとした願いがこみあげてくる。三時間二十分もすわってしまった。

　八月九月、一番必要な精神的時間の費用を奪われ、今日は二十円少しだけしかめぐらない。半殺しにあったような、やけ気味にばく発しそうだ。残七十円を保ち、裏道を歩く。五十円ほどで買える野菜はないかと、要求する野菜をながめる。もやしひとふくろ五十円、二日連続のもやし、まずくはなかったが、すぐなくなる。二十円で夜の町をタバコ拾いながら歩くやりきれなさ、六時過ぎ、駅近くまでやっとたどりついた。ゴロリとフランスの水がころがっている。拾いあげると冷たくまだ新しい。二、三日前に戴いたウイスキーももうなめるほどしかない。これで一滴も切らしたくないという酒ともお別れなのかと、トボトボテントもどる。出かけ留守であった。

　もやしをいため、残りかすの酒をきれいな水にそそごうとすると、暗闇にこぼしてしまった。残念で食事がのどに落ちていかない。あきらめじっと横になっていると、十時過ぎもどってきた。酔い、一ぱい飲もうよ、グラスもってこいと勇んでいる。ダルマのビンをどんと出し、白いカップにドクドクついだ。一週間前、新発売のハムのうすぎりをいつか食べさせてやると言っていたものを出し、おいしくたっぷり食べる。塩から、センベイは明日だとふくろしまい、古い菓子パンを二個、ミカン一個、ダルマ残り半分を全部やるよ、早くもどれと横になった。うれしい。かかえて眠ろうと喜び一夜を過ごした。

9月19日

九月十九日、昼近く、暖かい日差しに包まれ、たのまれた洗たくものを持ち、広場に向かう。心臓の動悸が激しく波うつ。どうしたのだろう。胸をおさえながら、二日連続のトイレでの息苦しさを耐えながら、たのまれた四、五枚をゆったり洗う。カーディガン一枚置く。水をくみもどり、このまま倒れてはならないと気をおさめ、共の人のテントでわずかウイスキー、塩から、センベイ一枚を食べ、意識回復することを願い、本二冊を持ち早めに町に出ることにする。

裏道をくだり、もうやめたと思ったものの新しい本に出逢ってしまった。本屋に持っていくといらないとことわられた。タバコ拾いながら心臓の動悸は止まったものの、淋しい気持ちで、大きく回り歩くことはつかれる。二十円の道のりは暗く淋しい。

六時過ぎ、もう歩けないとテントもどる道中、むすびもらいで並んでいる数十人の中に、共の人の姿も見える。ちょうど近くのボスと出逢った。お金が入った、飲みに行こうと、共の人がむすび二個をもらい、もどるのを待っている。私もう歩けないわ、本屋に行っても現金かえられなかったの、二十円では飲む気もしないし、駅近くまで歩けないわ、と暗闇に近い森の中で泣きそうになった。

この本で百円貸してと出して見せた。本はいらないよと百円玉一個を出した。荷物置き、三人で満月に近い大空を見上げ、駅近くまで歩いた。タバコ、ビール、酒を買ってきた。駅近くの広場で、月を見ながらゆったりして飲む酒二合、カンビール一本、サキイカ。一時間ばかりでボスは酔いつぶれ、陸橋に横になってしまった。共の人も町に出ると言っていたが、ちどり足。今日はもどろうとまっすぐ帰り、それぞれのテントでバタンと倒れるように眠る。

9月20日

九月二十日、目覚めるとテントの中は温室のようだ。今日は共の人の誕生日だが、何もプレゼントらしきものも出せない。一時、福祉の集まりに出かけると勇み用意をしている。ハイライト五本出し、おめでとうと低い声を出す。目覚め、昨日と同じく動悸が止まらない不安がおそい、じっとしていられない。ああ、まとまったお金がほしいとつぶやいた。今やるよと、百円ポンとなげ飛ばしてよこした。よかった。二百二十円になった。ほとんど、この二、三日、食事らしき食事もしていない。このままではもやしのようになってしまう。体力のないふるえる身をととのえ、動悸とまらなかったら町に向かってみますと、菓子パン一個食べ、テントを出る。暑い夏が再びもどったようだ。ぐらぐらしながら人気（ひとけ）のある道を歩いた。駅たどりつくとマンガ三冊が落ちている。喫茶、今日は入らなければ歩くこともできないだろう。残四十円では陰惨くさい。悩んでいると、大地に一円玉がキラキラ輝いている。

六日ぶりでフランス風喫茶の二階カウンターの席にすわる。頭上に音楽のメロディがやさしい。今日の救いだ。ノート三冊読み、明るい光に包まれた窓辺で本、ノートを過（ママ）ごす。午後、気の遠くなるような貧しさが早く止まってくれることを祈り、不安定な心身をととのえる。二時間ばかりで、やや心身おさまったが、トイレより出ると音楽もとまった。静かな空間、五時まで法華義疏（ほっけぎしょ）を読ませて戴き、熱がおさまった町に出る。二時間近くタバコ拾いもどり、今日の集まりの結果を聞く。一応、来春まで移動予定ものびたらしい。今年の動きが一時おさまっただけでもありがたい。ウイスキーわずか、塩からを食べ、一時間ばかりゆったりとする。八時過ぎ、サウンドの音楽のメロディが聞こえる。月が光々（ママ）と輝き、おだやかな大空だ。楽しく踊ることができた。カンビール、新しいタバコを一箱拾った。ちょうど誕生日のプレゼントにふさわしいと九時近くもどると、となりのテントが丸やけで、二十人ばかりの消防団や警察官が火を消している。おどろき、気のぬけるような恐怖を感ずる。風があり、火でもうつったら大変であった。あまりにも多いがらくた荷物に囲まれた生活への苦情がつきなかった。天罰なのだろうか。共の人は起き上がらず、おどろきもせず、眠ったままだ。つかれのまま恐怖に包まれ眠りに入った。

９月21日

九月二十一日、回りのそうじで目が覚める。昨日夜、ボスがオレがガソリンをぶっかけたんだと言っていたが、信じられない。原因がわからないらしいが、これからの問題だろう。わびしい目覚め、水をくみに行く。

トイレの水道の前に行くと、息苦しくなり、再び激しい動悸に包まれ、重い熱量を感ずる。その地を離れたらややおさまったが、なんとも言えない四日目の肉体のあつあく（圧迫？）に不安だ。町に出るのも四十円では心ぼそい。本をかかえ、夕方、町に向かってみよう。人災がなかっただけでもよかった。ガックリともしないで住んでいる何人かが焼けあとのそうじをしている。とてもまともな目で見られない。

日中の暑さは、昨日と変わらない。まっすぐ本屋に向かってみる。ビスケットひとつまみでは、五冊の本を持ち歩く力さえ出ない。七十円の現金にかえてくれた。土曜の午後は、人出でにぎわい、昨日の精神的ショックが生めかしくよみがえり、タバコも二箱も拾えない。三時過ぎ、まだ時間は早いが喫茶に入ることもできない。百十一円を保ち、まっすぐもどる。

パンを少しつまみ、ノートを読み、時間を過ごす。この一週間ほど、前より活字がちらつき、読み書くこともできなかったが、書いたノートや本の活字も少し読めるようになった。淋しいが、今日もまた喫茶に行けないと五月ごろのノート二冊を読んでいると、五時過ぎ、出かけるよ、九時半近く町まで出てこい、野菜をもらいに行こうと声が聞こえる。体力は衰えているが、かたいフランスパン、菓子のみだ。好きな野菜のためなら無理をしてでも出かけようと、六時過ぎ、夜の町に出る。祭りのショーのエレキ演奏に眠気も覚める。昼、拾ったアラビアの水を口にふくみ、わずか残ったウイスキーを口にふくみ、九時過ぎまで参道を往復、路から路を歩く。今日は同じ道を二度も三度も歩いている。ポッキリ倒れそうだ。

約束の時間より早く、ベンチすわり待っていた。人出にぎわう夜の町はなごやかだ。ウイスキー一本、ナスひとふくろ、果物をそろえてきた。今日はパン休みだと顔を赤くしている。近くの八百屋でレタス、ネギ、わずかやっと手にすることができた。黒い雲の上に大きな月が輝いている。サイフを出して十円を出せと言うので、黙って十円を出すと、百円玉一個を入れてくれた。これで今日の夜の散歩は終わりと、駅の明るさをなごみ、もどろうとすると、カンビールのカンが七本ばかりふくろに入り陸橋の所においてあった。手に持つと一、二本ほど中味が入っている。突然、心が軽やかになった。

十一時近くテントもどり、ゆっくりとサケのカンヅメ一個をあけ、グラス半分ほどウイスキーを飲む。となりに住んでいた人の地はひっそりと片づいて空間が広くなった。駅近くの地にうつるらしい。

ウイスキーわずか、ペットもらい、ローソク二本、ナスと一緒に持って帰れと、十二時近く自分のテントもどる。久しぶりにレタスを食べ、ビールを飲みぐっすり眠る。

9月22日

九月二十二日、朝のマイクでスッキリ目が覚める。突然、身が軽くなったような静かな空間、ノート三冊読み、新たなノートに文字をつづる。ナスとキャベツの塩もみ、レタスをちぎり、ドレッシングを作り、一皿共の人に持っていく。

どんよりとした天候、夕暮れより雨らしい。水をくみにペット、ぞうきんを持ち、トイレまで行く。ふきん二枚洗っていると、五日間の動悸が再び息苦しい。

午後、町まで行ってきますと不安な心持ちで胸をおさえながら日曜の人群れの中を歩く。気だるいが、雨が降ってきたらタバコも少ない。夢中で五箱近くを拾い、五時近く、駅たどりついた。陸橋でファッション集まりの人々をながめ、立っていると、外国のすばらしい女性が写真をうつさせて下さいとニッコリ笑い、カメラを向けた。あわて、ノー、ノーと口をおさえことわった。こんな落ちぶれ、つかれている時、話もせずどこの誰かわからない人に笑顔で写真をうつしてもらう気持ちになれなかった。

フランス水一本、菓子一箱を拾い、雨が降り始めた大地を歩きまっすぐもどる。まだ時間が早く淋しいが、もうテント入るわとタバコ二箱、菓子を渡し、うす暗いテントに入る。野菜、ビールでゆっくり夜食をする。パンわずか、コーヒーで空腹もややみたされる。早目に雨の音を聞きながら、涼しい深夜を過ごす。

9月23日

九月二十三日、八時過ぎ、目が覚める。雨はやみ、曇り空だ。このテントの中で初めて法華義疏九、十、十一、十二、十三の巻を読む。今まで細かい活字を落ちついて読むことができなかったが、喫茶も行かない。リズムが狂った九月後半も無事過ぎてくれることを祈り、午後の時間、ノートを開く。
午後、水をくみにゆく。恐く、トイレは入れない。雨このままふらなかったら散歩に行ってきますと用意をしたとたんポッポッと雨がふってきた。ノート一冊読み、今日は外を歩くのをやめようかと、野菜わずか、フランスパン残りを切り、口にふくむ。一時間もすると雨もやんだ。近くのみを一回りしてきますと身軽にして出る。音楽堂は外国の祭りボランティアでにぎわっている。競技場を一回りをして、駅近くと、めずらしいコースを回った。道中、透明カサ一本、タバコ一箱、カンビール拾い、六時過ぎもどる。日が短くなった。

暗いテントの中に入ると、残りの食べものをゆっくりビールと共に飲む。ナス一個、レタスわずか、ネギせんぎりを温め、食べたかった野菜の味をかみしめる。体力のつかない空腹は菓子わずかでおしまいだ。八時過ぎ、出かけてくるよと町に向かった。横になり、お金の苦面(くめん)を真剣に考えるが、何も開かない。どっと不安とつかれを感ずる。

十一時過ぎ、もどってきた。機嫌が悪い。フランスパン、ハンバーガー一個あげ、菓子わずか、カキをもらう。お前は酒とタバコばかりだ、お金も入らないくせにつべこべ言うなと突然ざっくりと痛んだ胸をえぐる。ムカムカするように、くやしい。何もできない、何も要求するものが作れない現在、何を言われてもみじめな状態のみで住まなければならない。せつぜつとした心境は、深いみな底(ママ)につき落とす。

近代の精神は影をかすめ、肉体や現状をおびやかしていく。明け方まで眠れず、明日の大そうじが終わるまでまんじりともしない。こんな気力ない日々は長い。

9月24日

九月二十四日、この地に来て三十ヶ月目になる。となりの火事の片づけものの音でガタガタしている。うるさいとどなり声、飛び起き、力もぎとられるようなガクガクの体力をかかえ、町に出る用意をする。心臓のこどうも激しい。共の人も異常な状態で起きて、注意をしてこいとどなっている。ビニールでかくされたこげかすの品々がちらりと見える。無残だ。声も出ないわとスーツケースを持ち、ふらふら町に向かう。皆、何というエネルギーだろう。少し離れ忘れたい。

　二百二円の現金を今日まで保った。トボトボ歩く、休みどころに向かって、青空の太陽は天高く輝き、歩く力をやっとささえるのみのエネルギーに消耗している。十二時十二分、喫茶にたどりついた。三日間、つまりの中で過ごした精神がわずかでも解放されるものなら、残四十五円、のちのことは考えられない。昼時でにぎわう人々、いつもの席でノートと共に過ごさせてもらう。まだ心臓の動悸がおさまらない。ガタゴトする心身よ、少しでもやわらいでほしい。

　三時間近く、ノート、法華義疏十五、十六の巻を読み、心身をととのえ、三時過ぎ、町に出る。ボールペン二本拾う。道路の真中にふんわりとぬのが落ちている。車にふまれないよう拾いあげてみると、見事なバラの花のついたフランス、パリのスカーフだ。香水の匂いが漂う路上、昨日、帰る道中、バラの花のついた大型タオルを一枚、音楽演奏が終わった地で拾った。秋、淋しい日々をなごませてくれるだろうと喜び、道中、タバコを拾いながら五時近くもどる。

　夜はダンボール拾いをたのまれている。まわりはきれいに片づき、あとかたもなくスッキリとしている。明日の大そうじの体力をととのえることだと軽くパンを食べ、少し横になる。九時になった、出かけるよと言っていたが、突然やめて早目に眠るよと声が聞こえる。よかった。とても体力が保てない。荷造りをしたまま、夜明けまでうとうとする。

9月25日

九月二十五日、朝七時、まわりのざわめきで起きる。暖かい日差しは今日の出発をかなでる。ふとんほし、共の人の荷物を出し中の整理を手伝う。十時近く、六人ほど管理事務の人々が回って来た。だいぶ荷物が少なくなったね、住みごこちはどうだとたずねられた。前の地より淋しいけれど、落ちつきます。十月の移動予定で荷物をだいぶ整理をしました。スッキリとしていいよと、やっと無事通り過ぎた。

　夕方まで飲みもの、食べものもなく、よごれを直す手伝いをする。寝不足でどっとつかれが出てきたが、一応、一ヶ月、それなりに住むことができる。

　ボスがたずねてきた。お酒一しょう、トウフ二個、一時間ばかり休養をして、体力に少し活気がついた。つまらぬことで悪言が出てくる。もう自分のお金持つまでは一緒に飲まないわと残りのよごれをそうじする。突然となりの人が、奥さん、うるさいですよ、少し静かにして下さい、本も読めないですよと、苦情の言葉を初めて聞いた。もう夕暮れで暗くなりそうなのに、何もないテントの中でそうじの管理をめぐると町に出てもどってきたばかりだ。私は奥さんではないわよ、一週間に一度ばかりわずか語り、うるさいなんて言われることはないわ。つかれと共にムカムカしてきた。

片づけもの終わると八時近かった。タバコ数本、共の人はつかれ、とうと怒りながら横になった。気だるいが、町まで急ぐ。いつものコースを夢遊病者のように歩いた。あまり一人一人が個人の自由と要求が深くなると、わがままとぶつかりも多くふゆかいだ。わずかタバコ拾い、リンゴ一個、ピーマン一個、キャベツ、ネギ、大根の葉、レタスの残りを初めて一人でもらった。かかえもどり、レタス一皿食べて、日にほしたふとんの上に眠る。となりのムカムカが伝わってきそうだ。ここは荷物置き、眠るだけでいいわ。

9月26日

九月二十六日、昼近く、オイ、午後に雨ふるから洗たくをしてこいと聞こえてくる。恐い。再び息苦しくなった、どうしよう。具合が悪いので、少し洗い、前のように動悸がしたらまたにして、と言うと突然、何が具合悪い、仮病だ、倒れたら倒れたでいいじゃないか、このバカ女とテントを足でけとばした。ムラムラする怒りに飛び起き、なんと弱いものいじめをする男が多いだろうと、洗たくものをもち、トイレまで行く。くつ下五足、パンツ三枚、Tシャツ、ふきん四枚。前のように激しい動悸はしない。無理をして頭、身も洗う。倒れずすんでよかったと沈黙でほし、何も言わず町に出ようとすると、ボスが現れ、カンの金が入った、飲みに行こうと言う。もう私いいわ、昨日、自分のお金を持つまでは一緒に飲まないと言ったでしょと感情が高ぶった。共の人が、何、と言って真青に顔がひきつっている。今でも(今にも?)飛びかかりテントをめちゃくちゃにしそうだ。いいから町まで行って飲もうと言う。それじゃ駅近くで待っておりますと、一人歩いた。こんな時、逃げるべきか、がまんをしてつきあうべきか迷う。何も言わず時間のみが自然に流れるのを待とうと、十五分ばかりすると二人現れた。酒一本、ビール一本、タバコ六本、センベイ、ちくわをわずか食べながら、駅近くでおだやかにつきあい、飲み終えることができた。ボスは森にもどり、二人で近くを回り、たりないものを補給しようと歩いた。

夜、十時近くまで大きく回り、ウイスキー、野菜、菓子、ちんみかかえ、長い旅路をしたようだ。ベンチでボーっとしている。動かないので一人立ちあがり、駅で待っていると歩いた。待てど待てど来ない。一時間近く、のどがかわいた。陸橋にカン十個、一本中身入りがあった。おいしくクイクイ飲むと気力回復して、迎えに行ってみようと町にもどった。

道中ふらふら歩いてくる姿が見える。そのとたん、足元がふらつき横になって倒れた。三メートルばかり離れた地よりかけ走った。ふくろなげ飛ばし、顔が傷つき、三ヶ所もすりきれ、手より血も出てきた。ゆり動かし、このままでは病院に運ばれてしまうわと起こし、近くのイスにすわらせた。早目に一緒にもどっていたらこんなことにならないのにと、重い荷物を三つ持ち、ゆっくり駅まで歩いてきてと先に歩いた。後よりついてきたが、また姿が見えなくなった。駅のトイレにでも入っているのかしら、ここまで来たらもう一人でも帰れるでしょうと、今にもうでが落ちるように重い荷物を持ち、テントまでもどると、もう先に帰り、テントの中に入り呆然としている。ウイスキー半分をもらい、十二時過ぎ、自分のテント入り、レタスちぎり、カンパリ一ぱいを飲み眠る。

９月27日

九月二十七日、目が覚めると雨がポツポツふってきた。オイ、出てこいよと叫んでいる。のぞき、傷ついた顔を見て、二週間ばかりで治るでしょうとなぐさめ、水割り、ビスケット、つけもので昼の食事をする。明日の午後まで雨らしい。少しで〔も〕あわただしい動きを静め、体調を治そうと、ハチ蜜、菓子もらい、自分のテントもどる。野菜たっぷりと食べられるように用意をする。色とりどりの野菜は八種類ほどだ。一サラ渡し、今日は一人で夜、野菜パーティをしようと、暗くなるまでノートと共に過ごす。昨日、現金百円をもらった。残二百四十六円……。

暗くなった六時過ぎより、九種類の野菜のきれいな部分をくみあわせ、塩もみやいためものにする。水割り三バイで、ゆったりと、雨の音を聞きながらそれぞれの野菜の風味を味わう。のち、コーヒー、パンをわずか食べ、普段のあわただしい動きを止める。八時にはもう横になり、まだ早い淋しい時間、心の整理をして眠る。

9月28日

九月二十八日、九時過ぎ目が覚める。どんより曇り、雨は小ぶりになったものの、再びふりそうな天候は暗い。新しい本の活字を数ページ読んでみるが、ちらちらとよく見えない。残りわずかになった野菜を夜のかてにちぎり、パンをわずか食べる。タバコも五、六本だ。死んだような静けさの中で、三十七時間ばかり過ごした。

少し体を動かしてみようと、出かける用意をして、午後二時過ぎ、町に出る。駅近くの喫茶に入りたいが、わずかでもタバコを拾わなくては入ることもできない。


残二百四十二円を保ち、路を歩いたが数本のみだ。これ以上回っても、ジメジメとした空気でつかれ、たちまち治った体の痛みもまたぶりかえしたら大変だ。ひと休みしようと、拾ったスカーフの地でお礼し、喫茶に入る。三時十二分、空席で広々と明るい。使ってしまえばもう百円玉はない。同じ不安のくり返しを続けている。彼岸に二十七巻、法華義疏、読み終えることができなかった。わずか心安定した時間、第十七より二十一まで、静かに読ませて戴く。五時半で暗い空、九月末も我が心の灯をかてに無事終えるよう、この一瞬の喜びを。

六時近く、暗闇になった外に出ると、今もふりそうな雨はふらず、保っている。この喜びに残八十九〔円〕の道を歩き、タバコ三箱近く拾えた。

八時近くもどると横になっている。一箱渡し、音楽堂まで向かう。一時間、何もかも忘れのびのびと終わるまで踊ることができた。明るいライトに照らされた足元に、一本のビンがあった。冷たい酒が二合ばかり入っている。大事にかかえ、夜、野菜と共に夜明けまでゆっくりと飲み、食べる。

９月29日

異様に燃える内面の情熱と輝きあふれる泉……。二、三時間の眠り、のち興奮覚めず、むし暑さに飛び起きる。タバコ二本だけだ。雑誌二冊持ち町に向かう。十二時出発、一冊二十円、いつになくおだやかで人波も町もきれいな空気が漂っている。タバコ一箱拾い、散歩をする。

日曜の午後、人出が多くなった。出がけに菓子三種類戴いただけで、食料らしきものもとぼしくなった。もう一冊の本、二十円、計百二十九円になった。軽くなったふくろをさげ、一時間ばかりいつものコースを歩き、二箱ばかりタバコ拾う。寝不足と空腹で倒れそうだ。二時近く、少し眠ってから夜再び出てこようともどり、野菜きざみ、夜の食事の用意をして夕方より横になったが、ポッポッと雨の音がする。今眠ってはいけないと飛び起き、本ぶりにならないうち近辺を一回りをしてこようと外に出る。

一日より台風が来るらしい。三日ばかり空もようがくずれたら、タバコも食料も足りない。すぐ雨はやみ、まだ歩けそうだ。競技場の人群れの下に、タバコ一箱落ちている。つぶれた箱の中は真っ白で、十四、五本も入っている。ねむけが覚めてくる。

夜の町を歩き、六時過ぎ、公園入口のベンチでビール二本、残り菓子、キャンディを拾う。わずかでも、めぐってくれた喜びかかえ、七時過ぎもどる。共の人も傷のカサがとれ、町に出かけてくると留守になった。やっと野菜のみで夜食ができた。残りわずかではどうすることもできない。

十時過ぎ、うとうとしているともどってきた。さつまいもひとふくろ、ミカン一個、むすび二個、ローソク三本、フランスパン二本、リンゴ一個戴く。

９月30日

九月三十日、小ぶりの雨だ。ぐっすり眠った。オイ、水をくんでこいよと聞こえる。大荒れにならないうち、二人分、五、六本をくみ、タバコ十八本、シケモクを渡し、正油を少しわけてもらう。タバコを買ってきてほしい、君に百円やるよと、今月初めて千円札をサイフに入れた。雨の中、町まで急ぎ、タバコ一箱買い、二百二十九円の自由な残金を持ち、迷う。何日かぶりで駅近くの喫茶に入る。精神が不安でつまらないよう、二時間近く、窓辺の空席でノート一冊、法華義疏二十二より二十七まで読み終えさせて戴く。毎日、現在通えないことは残念だが、いつかめぐる日まで、残四十九円。まっすぐテントもどる。八百一円のお金、タバコを渡し、五本のゴールデンバットをもらい、自分のテントもどる。

まわりを片づけ、夕闇せまるまでノートに文字をつづる。九月も無事終わるこの末を、明日につながるようじっと嵐の前の静けさに沈黙をする。闇に包まれたテントの中で、わずか残り野菜、二、三日保つだろうかと、わずかつまみ、フランスパン、ビールで夜食をする。七時過ぎ、むすび二個をもらってきた、これより町に出かけるとカサ一本持ち、まだ小ぶりの中、きっと大丈夫よと元気に町に向かった。十一時過ぎ、もどってきた。パン三個、ぶどう十つぶ、野菜四種類、西洋レタス、ニンニクの芽、キャベツ、ハクサイ、ブロッコリときれいにつまったふくろをかかえ、何よりもうれしいと思った。

十二時のニュースを聞き、十月一日の時刻を見て、自分のテントにもどる。安心をして二日保たせようとした野菜、ロールパンを食べ、横になる。

10月1日

十月一日、朝早く、自然に目覚める。まだ激しい雨はふっていない。暗い空、関東直撃二十一号と言うが、嵐の時間が過ぎていく。十月の秋晴れを待とう。

昨日戴いた野菜を洗い、夜食べられるようにする。レタス一皿、フランスパンわずかで、朝食、タバコも十一本だけだ。息苦しい一日出発、一人、一人の精神をととのえ、未定の日々を生きていく気力を保とう。

暗くなるまでノートと共に過ごす。七時のニュースを聞く。昭和二十四年ぶりの関東の台風らしい。八時近くになると、風と雨が激しくなってきた。少しおろおろするが、じっと去るのを待つ以外ない。不安の食欲が出る。むすび、パン、野菜を食べ、嵐の音を聞きながらぐっすり眠る。

10月2日

十月二日、朝、早目に起きる。台風は去り、明るい光が差し込んでいる。うそのようだ。二、三日はくずれる天候と聞き、こもる予定が動きとなった。まわりもにぎやかだ。

水をくみに、雨上がりの広場を大きく回る。青空にすばらしい太陽の光がぬれた大地を包みすがすがしい。昼前より、サツマイモ、野菜をガス台で煮て、昨日の緊迫を忘れる。夕方までテントの中で本とノートと共に過ごす。残四十八円の十月の出発は、台風と同時に恐い。タバコも二、三本だ。現実の町並みを明るい笑顔で歩けない。真白いズボンのファスナーがこわれていたが、いつの間にかなおっている。不思議な気持ち。雨漏り、テント、ビニール飛ばされずよかった。

夕方よりタバコ拾いに町に出る。台風で洗い清められた建物や大地がしっとりとして、歩いていても気持ちがよい。参道往復、路から路、十月初の歩きぞめ。

七時過ぎ、酒もわずか、空腹のまま淋しくもどる。帰ったとたん、近くのボスが一しょうナポレオンをもち現れた。三人でグラス三ばいばかり戴く。野菜イタメ、わずかのつまみで、すっかり酔いが回った。共の人より百円。

底の底よりふき出す言葉の群れは、一人でテントで政治や歴史、自分の人生などあふれ止まらない。近くの人が、うるさいババア、静かにしろと声が聞こえる。叫んでいるわけではない。たんたんとこの程度の音で一人、大事な話をしているのに、ババアうるさいとは何事だと、なお明け方まで語る。一年に何度か、緊急時あふれる言葉。共の人はめずらしく何も言わず静かだ。

10月3日

十月三日、朝、ボスがお金が入った、飲みに行こうとさそいがかかった。昨日の事情を話をした。注意をした人の所に向かい、あやまらせた。一応無事すみ、興奮もおさまらぬまま駅近くまで三人で向かう。ビール、酒、二本を戴き、冷たいカンビールを一本飲み、一時間ばかりでそれぞれ別れる。本二冊を拾った。本屋まで向かったその前で、昨日注意した人が生き生きとニコニコして、悪かった、ごめんな、おとうさんによろしくと、自転車に乗って去った。

一ヶ所の本屋はダメであったので、二ヶ所目まで向かった。五十円一冊、三ヶ所目二冊四十円、計九十円保ち、昨日のつかれがどっと出た。

三時近くもどる。共の人ももどっている。時計一個、ミニパイプ一箱、ローソク一箱、カキピー、パンを戴き、自分のテントもどり、大きなキャベツ一個の三枚を夜食べられるようにする。横になったが、なかなか眠れない。六時過ぎ出かけた。野菜イタメ、朝、ボスより戴いたチューハイ一本をジュースのごとくおいしく飲む。十時近く、もどってきた。アメリカトウモロコシ、ウイスキーわずか飲み、わずか語り、自分のテントもどる。十二時近くよりぐっすりと眠る。

10月4日

十月四日、朝、弁当をもらったよと声がする。久しぶりだ。小型弁当一箱、パン一個をもらい、おいしく食べる。十二時近くまで横になり、もう少し眠ろうと汗ばむ暑さに耐える。キャベツ塩もみ、一時近く福祉の集まりに出かけた。起きてノートと共に過ごす午後。そろそろノートも終わりに近い。約一ヶ月、大きな文字を持続できた時間は尊い。夏のように暑いテントの中で汗ばみ、夕方四時近くまで過ごし、町に出る用意をする。残二百三十八円。

六時半近くまで、いつものコース、二重、三重に歩きまわったが、気だるく、タバコも少ない。今月、一度も喫茶に向かえない。こんな神経で何事も心の調和も動きもとれない。わびしくもどる。六時過ぎると暗闇になる森。タバコ一箱、塩小一ビンをもらう。静かな夜を過ごし、ぐっすり眠る。

第５章

2002年10月30日
〜
2003年3月16日

第４章の「不思議なノート」の最後の日付の数日後、共の人が急死する。小山さんはノートを書くのを「止めようと思った」ようだが、しばらくのちにまた再開する。第５章は、その時点から始まる。

ますます窮乏し、共の人に代わって小山さんを支配しようとする「ボス」の干渉にもおびやかされるが、他方、テント村の住人たちや支援団体、管理事務所など、他の人々とのかかわりが増えていった。公園で音楽に合わせて踊り、心身を解放させる場面も目立つようになる。

２００２年10月30日

十月三十日、朝早く目覚める。白い大型ノート*も終わり、止(や)めようと思った日記も空しいため息の出るような淋しさだ。昼近くまで供養をしていると、ボスが酒一本、新鮮な鳥肉、スナギモ二パック、フライパンを持ち現れた。食べ終わると涙流し泣き叫び金真(きんま)**をしのび、なぜ早く去ってしまったのだと怒り静まらない。乱れた別人にその場を去り、軽く洗たくをする。どっとつかれ夕方一人、むなしい散歩をする。

　しばらく落ちつき、私なりに冷静に今後を見つめ考えてみたいが、この所、連日暗い話に落ちこみ、堂々めぐりの状態は、明るい方向を見失っている。夜、頭つまりカゼ気味になる。人間の複雑な心境は微妙にゆれ動き、自由があって自由な前進はまるで死のみかのように暗い十月末だ。

10月31日

十月三十一日、頭のつまりを晴らそうと、朝の供養を終え十一時過ぎ、町に出る。昼近くイタリア風喫茶にたどりつく。三時間、十月末の悲しみを離れようと意識切り替える。夕方より町の方向に向かい、マンガ二冊、百十円、どっと体の調子が重く、足どりもにぶい。大通りでスーパー残り食べものふくろにびっしり戴(いただ)き、タバコ拾い夕方五時過ぎもどる。

　夜、ボスが大型弁当一箱を置いていった。めダイが入っている。味わい食べる、十月の末。

11月1日

十一月一日、朝早くボスが弁当四個置いていった。うどん、スキヤキ、タコヤキ、食パン一キン。無事十一月を迎えることができた。食べものが好きであった金真に弁当をそえ経を供養し、残二百七十一円をもち町に出る。ノート、ミニパイプ、酒、駅近くの喫茶に入り、ノート、本を読む。マンガ本一冊、五十円にかえてもらう。残六十七円。

　雨が降ってきた。まだ昼過ぎの町は静かだ。十一月の日々が幸いであるよう、となりに弁当一箱、サラダをくばる。夜、金真のテントで供養し酒そえ一時間ばかり過ごす。自分のテントもどり、たっぷりと食事をしてぐっすり眠る。

11月6日

十一月六日、不安な心にふるえる。一日の出発……。大金真テント供養のち夕方、本三冊もち町に向かう。大通りを歩き、夜のネオンに灯(とも)る町を歩いた。マンガ一冊四十円。計五十円。つけもの、イカクンかかえ、七時近く金真テントで供養し、昼作ったスパゲティを食べる。本当に亡くなった。食料と金。この一週間よく食べた。いつもの三倍の量だ。まだ食欲がある。ホホが少しふっくらしたように感ずる。真夏のつかれを回復するようぐっすり早目に眠る。

11月7日

十一月七日。朝早くカンの音で目覚める。ボスが一週間ぶりで声を出し、タバコ買いなさいと二百五十円手渡してくれた。カン回収終わったら飲みに行こうと勇んでいる。思いがけない現金に心明るくなる。

十時過ぎ、無事終わったと千円札数枚もち、町に行こうとさそいに来た。働きものはつかれも見せずさっそうと駅まで歩く。トボトボうしろについて、気分を晴らそうと買い物つきあう。ビール一本、酒二本、つまみ二ふくろ。広場で酒一本飲み、町に買い物に行く。ウイスキー、ラーメン、うどん、突然の興奮に道中トイレ遠くかけ足でテントまで歩いたが失敗をする。もたされた一本のウイスキーも路上でわれてしまった。あわてるとろくなことがない。

焼酎(しょうちゅう)一本、肉を買ってきた。ボスのテントでわずか戴く。一ヶ月の時が過ぎた。金真に酒、ウイスキーをそえ供養する。

夜八時近く、町に一人出る。八百屋でハクサイ、ミカン、シイタケのちぎりカスをドッサリと戴き喜ぶ。道中、ココアを拾い、自分の不思議な力と行為が自分でもわからないほど激しく動いた。夜、ラーメン一個食べ眠る。

＊２００２年９月５日に拾ったノート（＝「不思議なノート」）のこと。１３７ページ参照。
＊＊「金真（きんま）」は「共の人」のことで、10月7日に急死したらしい。ノートでは、死後は「金真」と呼ばれている。

11月8日

十一月八日。朝早く暑さに目覚める。ボスが大ビール一本を置いていった。のどがかわいてしょうがない。水がおいしい。また、すぐもどってきた。小さな焼酎をかかえ金真のテントで飲もう〔と〕顔を赤くしている。一時間ばかり水で割った酒を一ぱい飲み眠ると、おだやかにもどった。タバコが数本しかない。福祉の*Cさんがたずねてきた。今日二時より撤去の会合**だと笑顔でさわやかだ。無事終わるよう、かげながら祈っておりますと身じたくをして町に出る。タバコ一箱拾うのは昼は苦労する。昼近く喫茶に入り昨日の異様な動きのつかれを回復して、意識正常にする。新イタリア事情わずか読み、ノートと共に過ごす。

雨ふるはずが、外に出る。明るい太陽が輝いている。青空はすみきっている。タバコ拾い三時過ぎもどる。五時過ぎるとうす暗くなる涼しさ。金真のテントの供養。ボスが小さな酒、食物をもって現れた。来春まで撤去は延びたらしい。正月早々引越しの苦労をまぬがれただけでも、つまった緊張がときほぐれる。夜、自分のテントもどり、五曲ばかりの歌がこぼれ落ちる。静けさをうちやぶった声……。ぐっすり眠る。

11月10日

十一月十日。朝六時近く目が覚める。一度も起きずぐっすり眠ったが、昨日よりカゼがひどい。タン、ハナ水で頭が重い。晴天の光はテントを包み、今日の行動に迷いが出る。ボスがたずねてきた。今日はカゼ気味で誰とも話をしたくないの。うつったら大変だわと言うと、大丈夫か、ガスボンベあとで一本やるよと一度去った。いつも夜寝ないで動いている声はつかれている。こまったとあわただしく外に出て水をくみに行き、金真のテントで供養する。まだ九時過ぎだ。できたら今日はつきあいたくない。ボンベも持ってこない。一時間ばかり悩み、町に出る用意をする。

近くで何人かと一緒にボスが話している。オイ飲みに行こうよ。酔っている。私タバコ拾いに行くの、と黙って歩いた。いいから駅の方に飲みに行こう、とハナを赤く寝不足の姿でついてきた。回数券をかえてくると地下までおりていき、千円札数枚もち、小銭ジャラジャラ。金が入ってよかったよと売店に酒を買いに行った。酒二個、ビール一本買って来た。公園入口のベンチで光を仰ぎながらカンビール一本飲んでいると、オレの頭をかってほしい、金を千円やると言われたが、これればかりはダメとことわった。あの十月六日、頭をかってほしいと言われ、突然具合悪くなり次の日亡くなった金真を思うと、もう私は人の頭をかるようなことは二度とするまいと思った。オレの言うこと聞けないのか、これからすぐかってほしいとしつこい。これればかりはどんな〔に〕お金なくてもダメです。もう手に力も入らないと言うと、黙って酒二本をふくろ入れ、怒った調子で去った。せめて二、三ヶ〔月〕前はそんなことは言わなかったのに、わがままな態度にムッとする。私はボスにそこまでする必要はない。

一緒に飲んでいるだけで疲れる。私のめんどうを見てと金真に言われたと言うが、そんなこと言うはずがない。ついていけないエネルギーと力の働きにかりたてられてこられても私はできない。この二年以上、ぶつからないように逃げてきた。あまり深入りをしないよう気をつけていた。金真亡くなる一週間前、ボスに魂うばわれていようと、いつも目がきれいであったのに姿や態度がどんよりとしていた。ひんぱんに人のつかれや痛みを知らず、無理につきあわなければ怒り手のひらを返すような態度はいまだ直らず。無茶だ。あのテントいる限りは無理にわずかな時間ならとつきあってきたが、耐えられない。エネルギーの消耗でつかれる。それぞれのプライベートを生きる自由はあるはずだが、あまりひんぱんに私生活まで干渉され、誰のテントかわからないようでは、わずかな酒を借りて飲んでも心は救われない。私は私なりに生きていきたい。オレについてこいと一週間ほど前に言われたが、私はハッキリとことわったはずだ。特別めんどう見てもらわなくても皆それぞれ一人一人この現状を生きていくようになっている。つきあいの程度を考えず、ダラダラきょうだいのように無理に相手の立場や心情、肉体

＊この章のノートでは、「福祉」は主に民間の支援団体を指している。行政による支援は「公福祉」と書かれている。
＊＊支援団体が呼びかけた、立ち退きに関する話し合い。

的なハンディを理解せず、これ以上エネルギーや気づかいでおそれていたのではこまる。

　この公園で一番恐れた存在だ。金真いたからこそわずか飲むつきあいをしたものの、早く死なれたらこまる。どんなことあっても、私一人きりにされたらボスに私のめんどうを見ろなどとけっして言わないでほしいと願っていたばかりだった。大丈夫だ、俺には何も言わない、黙ってうしろにくっついていろ、何かあったら言えと、まだまだ死に取りつかれるような状態ではなかったのに、ひんぱんな酒ぜめはとうと(とうとう?)私生活や体の調子がおかしくなってしまう。

　二年前、一度映画さそわれて足痛み、ことわっただけでどろ酔いになり、深夜四時間近くもどなり怒り二人とも殺してやると叫んでいる。その夜一人きりで身ぶるいしながら、人間の二重面の恐怖に命もぎとられるほどだった。次の日金真が福祉をたずね注意をしてくれ、しばらく姿を見ないよう、つきあわないようにしていたのに、幾度もしつこく人の悪口を他に言いながらたずねてくる。福祉のCにめんどう見てあげてよと言われた。だから俺の言うことを聞け。オイお前、と朝夜となく堂々めぐりの話をすることは、勉強するひまも書く時間も奪われ、心荒れむらむらとしてくる。限界を感じ、この辺で再びはっきりとそれぞれが相手に干渉しないで生きていけるようならなければこの私も倒れてしまう。なさけない気持ちをこらえてイタリア風喫茶で具合の悪さをこらえる。夕方に悲しみ怒りがおさまらないまま町をめぐる。知りあいにウイスキー一本借り、事情を話さぬまま本四冊を拾う。もどり、金真のテントでゆっくりと水たっぷりと飲み、ウイスキー飲みまぶた目がはれるほどの涙と叫び声をあげ、精神状態が落ちつかない。誰も近よってくれるなと、この怒りの原因を解決してカゼを早く治したい。その夜、自分のテントでぐっすり眠る。

　再び一人のテントをたずねたら、今の心情では何をするかわからない。長い恐怖に耐えた生活がばく発したようだ。

11月11日

　十一月十一日、明け方入口ガサガサ、ボスがかすかな声を出し、むすび三箱を入口に置いた。発作的にまた逆上をして身ぶるいするほどいやだ。もう二度とたずねないでほしい。食べものもいらない。ただ恐怖ばかりだと怒って叫び、飛びおきた。ムカムカ、イライラ興奮が再び始まった。こんなむすび、恐(こわ)くて食べられない。あまのじゃくにそそのかされるような人生はもう二度としたくない。今日こそゆっくり寝ていようと思ったのに、勝手なきたなさを眼前にすると気持ち悪く、いられない。このテントは近よらないでほしい。いやだと言っているのに、毎日監禁されたように朝早くから回りをされることはない。誰に何をたのまれようと本人がいやだと言っていることを少しでも守ってくれなければ、ぐちとつかれのはき出し場になってしまう。現在、本当に人のめんどうを個人でみられる人はいないはずだ。外に飛び出し、むすび三箱をゴミ箱のわきに置き必要な人が食べたらいい。ぐらぐら目まいするつかれをかかえ、怒りと悲しみがこみあげてくる。テントのビニールもハサミで切られている。いたずらのひどい悪ふざけは金真の悪い部分のみをまねているようだ。

町まで歩き、喫茶で休もうと思ったら、サイフの中身が百四十一円しかない。昨日たしかにまだ百九十あったはずだ。幾度通ってもこんな時一ぱいコーヒー代をかしてくれとは言えない。まだ八時過ぎだ。気を静める場もない。初めて私も直接おこったので何をされるかわからない。ぶつかりのないようそっとしてほしいのに、あまり慣れ慣れしくなるとふざけた嫌味やつかれで結果は全部無になってゆく。

昼過ぎ、恐る恐るもどり、金真テントでせめて五日はもたせようとしたウイスキーも半分以上なくなっている。タバコも数本のみだ。このまま一夜過ごすことはできない。泣きながら、とんでもないとばっちりを受けた解決を何とかしてほしいと叫び泣いていると、福祉の男女がたずねてきた。事情を話し気をなだめられ、明日幹部がくるかもしれないともどった。やや恐怖がおさまったものの体中がガタガタする。夕方、そろりそろりと心臓をおさえながら、最後の金でタバコを買いに行く。今にも雨が降りそうだ。残三十七円。ウイスキーのビンをかかえながら、もう歩けない。このまま追い出されてはあまりにもくやしい。まだオレは死んでもここにいると突然消えた金真は大事なことを解決しないまま、去ってまだ一ヶ月少しなのに、あまりにもふざけバカにした態度で供養もせず、自分の女になったと勝手に支配されるぐらいなら二度とつきあいをしたくない、ともどる。

　一応その夜は泣きつかれ眠り、興奮を静めた。もう逃げて歩く費用もない。自分のことは自分でやっていけるよう、いらないと言う無理な世話やめんどうを見てもらわなくてもよい。お互いにストレスの元だ。

11月13日

　十一月十三日、昨日よりは幾分気もおさまった。十日で三十三日間、ぴったりと経の供養やめた。声を出す気力も出ない。二、三日でめまぐるしい異常性にぶつかった時、なんらかの警告だろうと異常に暖かい気候の天を見上げる。十時過ぎ、金真のテントいると福祉幹部三人がやってきた。よかった。一応事情を話す。今日ではっきりと、今後ボスは私のめんどうを見なくてもよいことを告げてほしい。私は私なりに生きていくと告げた。ボスにたのんだ福祉のボスも事情わかり、帰る時はっきりとことわってやると三人、今後の金の心配をしてくれ、女性センター*や公福祉の援護**を受けられるよう区に行ってみようと言ってくれたが、突然私の現在の心理状態でアパート借り、公福祉のお金で生活していくことは不安だ。二、三日考えてみますと返事して想像する。

　おだやかに一つの大問題を解決してくれなければ、今後大変なことになる。恐怖を払ったのち、いやがらせをされないよう祈るばかりだ。しばらくガトガト（ママ）ゆり動かし、しげきをあたえないでほしい。自分のお金で仕事をして生きていきたいのが私の希望だ。心のみだけでもそれぞれ自由に歩みたい。

11月14日

　十一月十四日、朝カン回収の音で早く起きる。一日どうしたらよいのか迷う。暖かい日差しが今日もまた一日をかりたてる。二、三日中またたずねてくると昨日福祉の人は去ったが、答えは現状前に進まない。久しぶりでノートと共に過ごす。気の荒れやかりたてられるような動きをセーブするよう、早くカゼが治り冷静に判断をしていかないと、振り回されるピエロだ。

誰とも関係なくこの公園に一人来て、大事にしてきた。一人黙って去っていけばよい。追い出されることはない。特別なかかわりを持つこともない。もっと貧しく孤独でつらい時、一人ぼっちで生きてきたのだから今さら、肉親より離れ、自由な道をすすめられているのに特別めんどうを見てもらうと人を紹介されたり探したりする必要もない。本来の心が回復するよう我ながらズタズタになったいのちの再生を来春まで育(はぐく)もう。

その夜決心をする。現在いる場をこれ以上ガタガタされてはこまる。福祉の援護を受け、住宅街で規則きびしい生活には耐えられないだろう。強制の時はやむ〔を〕えないが、もう少し自分の本来をとりもどし、明るい近代を生きていけるよう頑張ってみることだと、とりあえず現在はこれ以上深く過去の事情をたずねられたりすることは苦痛だ。

真夜中二時くらい、ボスの叫び声が風に乗って飛んできた。肉体のない声……。激しい気性の念がひびく深夜。

＊ 女性のためのシェルター組織のこと。
＊＊ 行政による支援の意か。

11月15日

十一月十五日、早目に目が覚める。身じたくをして外に出て水をくみ、金真のテントで決心を告げ、十二時まで福祉の人を待つ。メモをして出ようとしたとたん女性二人が現れた。ちょうどよかった。優しい態度で事情を理解をしてくれた。これでしばらく私なりの出発だとテントを出る。

大事な本二冊かかえ、大通りまで歩く。古本屋めぐり一冊ずつ置く。マンガ二冊拾い、坂をおりる。まだ静かな時間、カンヅメ一個、エビと出逢(であ)う。カンヅメ二個、落花生二ふくろを、近くの女性がくつ一足をくれたお礼に出したばかりだ。新しいクツをはき、三十七円の町歩きはつかれる。マンガ屋で百円。タバコ二箱拾い、まっすぐテントもどる。かれ葉散る夕闇(ゆうやみ)にそまる。大空に半月が輝いている。

11月18日

十一月十八日、朝早く目覚める。暖かい日差しがめぐってきた。まわりの整理をしていると管理事務所の人が回って来た。人数かくにん、金真のテントは警視庁でまだとりこわしを許可していないと言っていた。復活を待ったが、勝手にボスがオレにまかせろとさわるようなことは身勝手だ。午後久しぶりでわずか洗たくをする。かわいた大地に水をまき、ざわめくかれ葉をはき、外に出ようとするとぎろりとにらむボスの姿。黙って怒りの感情がばく発しないようおさえる。身動きとれない夕暮れ、ノートと共に過ごす。

11月20日

八時近く起きると身じたくをして外に出る。曇り空だ。まわりもそうじでザワザワする。金真のテントで新しいクツ下五足をふくろ入れ、回りの管理事務所の人に、不幸な悲しみを心おだやかに見送ってくれた人達にお礼に出そうとした。いつも二人いても緊張をしていたのに一人で心ぼそいが、十時まで待ち、来なかったら町に出ようとメモをして本三冊を用意をする。どんなことがあっても、こんな気持ちの時、喫茶に行けるお金がほしい。百二十五円ではどうにもならない。新しい本だ。少しでも高くとってほしい。

九時過ぎ、荷車と五人が回って来た。先日を（ママ）お礼の言葉をはき、衣類ひとふくろ、五足入ったふくろを出した。君がはきなさいとやさしい口調で去った。よかった。金真の霊もなぐさめられるだろう。スーッケースをかつぎ広場まで向かう。紅のもみじが美しく見える。天に向かい無事に終わったと喜び一夜の宿のありがたさに感謝する。数分太陽の姿と光が森を包んだ。

十時半過ぎ、まっすぐ本屋に向かう。マンガ本二冊で百七十円にかえてくれた。今まで〔で〕初めてだ。間違えではないかと思ったが、今まで何十冊も出し、あまりにも安すぎるくやしさに二度と通うまいと怒った時もあった。これで喫茶行けると、モクモク歩く。

11月21日

十一月二十一日、朝六時過ぎ寒気で目が覚める。昨夜夕暮れのいやなことを思い出す。水をくみに行くと、不思議な力をもつ七十五歳のおじさんと出逢った。山もりのカンつぶしをして手を洗いに来て私の顔を見て言う。この間ボスが来て私を、オレの女になった、性関係もあると言っていたよと教えた。

とんでもない、まだ一ヶ月少しでそんなことをするはずがないし、まるで無礼で異常な発言や行為に、十日ほど前耐えられず怒り、今後いっさい近くによらないでほしい、まして福祉の人にめんどう見てほしいと言うこともやる必要は今後いっさいいらないとことわってもらったばかりだ。あまりにもひどい人間性になさけなくなる。来春は何か霧が晴れるだろう。

カン回収の日だ。明日もって来なさい、お金にかえてやるとおじさんがすごい気迫で言ってくれたが、三百〔円〕少しでカゼも治らない。食料もなくなった。十ヶ月たくわんを食べながら今日の予定もたたない。十ヶ月近くこのテントの中には金真も他も誰も入っていない。一人ぎりぎりいっぱいのスペース、冬は衣類や寝具で半量ほどの空間のみだ。残りひとたばのうどん、スパゲティをゆで、ニンジン、西洋ニンニク残り二個、金真残してくれた調味料でスープを作り二つに盛りつけをする。湯気でテントの中、ポカポカ暖かい。

11月25～26日

呆然（ぼうぜん）と、寒さの中で今後を思う。休みなく動いた時計の針が止まったように機能が止まっている。これが今日までの現在、私のすべてだ。外界を見ず、一日じっとこもっていようとノートを出し、読みつづる。

このテントに荷をうつして明日でちょうど十ヶ月になる。この地に来て二年八ヶ月だ。道中五ヶ月の移動があったが縁切れず時々通っていた。明日、金真の四十九日。昨日まで一日二度ずつ通ったが今日は自分の休日にしよう。あまりにもつかれた。

暗くなるまで五、六冊、平十三年に書いたノートを読む。わずかつまみで残されたウイスキーを飲んでいると雨が小ぶりになった。八時近く、タバコ少なかったので金真のテントに行って、わずかすわる。明日まで、保つだろうか。数本そえたタバコをながめ心ぼそい。十時過ぎに横になる。雨の音がシットリと心よい。

夢で金真がきれいに頭をかり、どうだと笑っている。毛先が四、五本はねとんでいるような頭のカット、大きな建物の美容室、私は大の字にジュータンの上で横になり待っていた。

真夜中に目が覚める。のどがかわいたが、水がわずかしかない。冷たくなったコーヒーを飲み、夜明けになっていく。雨もやんだ。タバコ一本のみだ。心ぼそい。九時近く、身じたくをして水をくみに行く。雨で落ちたかれ葉がテントのビニールを包んでいる。一瞬、天の光が輝いた。手をあわせ四十九日、金真の光のスポットが、まるであいずをしているようだ。ノート二冊読み、本を三冊持つ。タバコ買いに町まで行こう。まだ早いがじっと保っていられない心身。

十時過ぎ、トボトボ三十六時間ぶりで歩く。久しぶりの雨の音を聞きながらの休養だった。

11月27日

十一月二十七日、一度も真夜中起きずぐっすり眠った。朝、肉体はスッキリとしているが、予定がたたない。上下下着や衣類を替える。昨日の残りわずかつまみ、冷たいコーヒーを飲む。

平成十三年のノート七冊を冷静な心で読む。

あまりにもせつぜつとした毎日の人生の日記（または開化）は五十六冊目になろうとしている。書かないより、やはり書いてよかったと思うこともある。今後八十円、食料わずかで持続していくことができるであろうか……。夕暮れまであまりもの不安に身動きとれない。今年はことにひどかった。つまりの不幸がなお追いかけないようもう一度気力、勇気がほしいが、何もする気力が出ないもどかしさ。

11月28日

十一月二十八日、朝早くカン回収の音で目が覚める。明るい晴天の光が差し込んできた。十時過ぎ、ボスが酒酔い、私の名を呼び、大丈夫？　オレが悪かったけん、あやまるよと二度もたずね、沈黙の心を荒らす。夜、オレのテント遊びにおいでとまるで子どもをからかうような酔い声と九州弁で、普段と別人だ。二度と話はしたくない。堂々めぐりの調子屋とこれ以上つきあいたくないと気分の悪さをおさえ、白い紙にメモをした。今後いっさいこの地区の人とは、個人的なつきあいはしません、金真テントも警視庁でまだ保っている、あまりどろ酔いで近よらないよう自分の人生を歩んで下さい、今後話はできませんとメモをして外に出ると、金真のテントの入口ははずされだらりとしている。何度言われたらしつこく寄ってこないだろう。

気分の悪さにドット心の悲しみがつのり、なお暗くなる。

11月30日

百九十一円保ち、人ごみを離れ歩く。道中マンガ二冊出逢う。この四、五ヶ月よくマンガの本に出逢う。過去一度も一冊も拾ったことなかった。

ずいぶん人出が多い。まるで祭りのようだ。これで喫茶に入ると三十一円しか残らない。十二月一日早々耐えられるであろうか。悩みながら歩いていると、地下鉄の所にキラリと光ものが落ちている。一円玉かと思ったが百円玉であった。久しぶりの大地での現金の恵み、これで安心をして夜の時間、喫茶に入れる。

店内は、人の活気でムンムンしている。めそめそしていられない。明るい人々を見ていつもの席でつかれ果てた我が姿を鏡の前で見つめ、十一月の生のつらさをふり払う。

平成十四年一月から二月までのノート三冊を読む。人も少なくなった。夜七時も過ぎた。ジャズのメロディが流れている。久しぶりの夜の時間、落ちつく。このあたたかさをかかえ明日を迎えよう。

七時半近く、暗くなった外に出る。人気少なくなった大通り歩き、マンガ一冊出逢う。夜の参道の灯が美しい。タバコ拾い、八時過ぎ路地を歩く。八百屋の残りのハクサイやキャベツ、セロリー、ピーマンをふくろ一つ戴き大事にかかえもどる。めずらしく九時になっている。

一時間ばかり金真テントでローソクの灯で過ごし、十一月も無事終わろうとしているが、十二月一日は本当にいやな記憶がよみがえり、まだ生めかしい納得のいかないうながしを思うと、誰も想像もつかない恐怖となって身ぶるいする。去年は金真が夜、森で一日にたおれ今(今にも?)でも死にそうにケガをした日記を読んできたばかりだ。心ぼそき十二月一日の出発、災いのないよう自分のテントで静かに横になる。

12月8日

人出数ない日曜の午後、タバコ拾いながら、こごえるような心身のふるえをととのえる。悩む歩く道を今日はマンガ本一冊だ。このままの冷え状態では無理だ。二、三日前、ワイン置いてあった所に向かう。今日、白だ。不思議に一本だけだ。ポツリと光のように見える。このはげみで大通りを歩き、残ゼロになるが喫茶に五日ぶりで向かおうと静かな道を歩く。小雨が降ってきた。かびたふくろに入ったしょうがづけ二ふくろが目にとまる。拾いあげてみると、中はやわらかくきれいだ。菓子もある。タバコ二箱を少し拾い、三時ちょうど、全財産をたたき暖かい喫茶店でまず体をあたためることだ。正常な意識にもどらないと何ごとも進まず明日はない。青ザメた寝不足の顔を見て、五日間の緊張と寒さをやわらげるサイフの中身、一円玉一個もなくなることは生まれて初めてのことだ。百五十七円、喫茶代ちょうどを五日の日、四苦八苦しながら作り今日まで保った。現金がこごえるような身をあたため、人の活気が生きる希望をあたえる。

　店内のいつもの席で冷えこんだ体をあたためる。人のなごむあたたかさの中で明日の不安も忘れ、ノートと本で心身をととのえる。三時間過ぎた。暗くなった夜道……。今でもみぞれふりそうな肌寒い空……。タバコ拾いながら灯のついた町を歩く。ゼロのサイフのこらしめを身に受けながら初めての体験は話すにおよばない。大通り入ると新しいタバコ一箱拾う。ラーク。大事にかかえ、まっすぐもどる。

　七時半、金真テント今日のかてわずかそえ、一時間ばかり過ごす。ガタガタ震えるような寒さは二月のカンの時よりひどい。八時半、自分のテントもどると、みぞれがパラパラ降ってきた。ワイン小グラス二はい、コーヒー、菓子、イモ、野菜で軽く食事をして、せめてタバコだけでもいつもよりたっぷりあることを心のささえにゼロのサイフをなげ飛ばし、皮肉な思いをさせる十二月の八日、無事過ぎてくれることを思った。まだか、まだかと苛酷な思いをになわせる鬼神がうらめしい。人間をこやしにも思っているのだろうか。カラス泣く夜。

12月10日

十二月十日、十時近く目が覚める。雨のしずくや雪のかたまりがまたテントをうつ。

心ぼそき目覚め、残りわずかな食べものも終わりに近い。雪景色を見る余裕もない。ノート二冊読み、今日の動きを思う。どうすることもできない。無気力な状態。金真テント供養、九日初めて休んだ。

すべて清めてくれただろうと雪どけを待つ。午後三時過ぎ、いよいよ四十八時間ぶりで外の風景を見て町に出てみようと、身じたくをして外に出る。雪がところどころの大地に残っている。まぶしい光が冬の風景を包んでいる。

金真テントのぞくと入口水びたしで、ふとんや衣類も湿気でぬれている。ひんやりせまる空間、水をくみ四時過ぎ、本をもち町に出る。現金ゼロの心身は普段より二倍の不安に包まれる。駅近くでマンガ一冊に出逢う。足どりも重いが、なんとかしなければもどれない。金サク（金策）だ。悩みながら知り合いの所で金サクをする。この二日間のつまりをなかったと思い、大事なかてに使おうと、暗くなった夜道を歩く。

12月11日

十二月十一日、午前十時近くまでぐっすり眠る。昨日よりは目覚めて心おだやかだ。カゼ気味も一ヶ月過ぎても去らない。おだやかな光がテントを包み、数々のつまった雑務にうながすが、まだ無理だ。衣類一枚着替えられるような状態ではない。ノートを広げ、文字をつづる。明るい日差しがめぐってきているのになかなか外に出られない。

管理事務所の人が二、三人回って来た。おばちゃんいる？　軽作業の仕事*あるよ。やってみるか……と一枚の紙を配ってきた。十二月二十三日より来春三月まで何度か、日払い八千五百円、八十名と書いてある。石運びや片付けらしい。やれるものならやってみたい。ハナ水を流しながらなんとか、体力つくようになりたいが、主食が足りない。野菜とつまみだけでは肉体労働は無理だ。

＊公園の管理事務所が窓口となり、東京都が野宿者に提供していた仕事の一つ。このような仕事提供の事業（＝公的就労事業）は、立ち退きを求められた際の団体交渉によって獲得された。

12月15日

十二月十五日、うす暗い夜明け、外で男のセキばらいがする。不気味だがそのまま眠りに入る。夢でボスが私のテントをぐるぐる回り、ののしり、出て行けとつばをかけ、うらめしい声で叫んでいる。助けてと逃げて近くのプレハブのような所に幻の人が白いベッドに寝かせてくれた。うなされ起きると誰もいない。いやな夢だ。かき消し、起きてサンドイッチを食べ、コーヒーを飲む。何ヶ月かぶりでサウンドのメロディが流れてきた。魂にふれるなつかしい曲。暗い心が幾分明るくなる。

一時過ぎより、ノートと共に過ごす。今日の午後も終わろうとしている。音楽に恵まれた久しぶりの日曜日……。三時過ぎ、今日は散歩の日にしようと身じたくをして外に出る。あわい光はもうすぐ消える。金真テントで一時間ばかり気を静め、まだぬれた湿気の重さが長すぎる（ママ）。私にくれた銀のサンダルをふくろ入れ、今日は雑務必要な買い物をやめ、ぷらりぷらりとタバコ拾いしながら近所を回ってこようと、なつかしいリズムが流れる音楽堂に向かった。五時近く、陸橋より望む空は半月がうかび夜空に近い。踊る人々の活気。あつ着の衣類が心身を包み軽やかな状態になれない。カンビール一本出逢い、その喜びにあらためて鏡の前で身をととのえる。こわれたズボンのファスナーが直った。

銀のサンダルを音楽の係の三人の女性いる所に忘れものと届ける。はいて踊ってみたかった。ステキで夢のある服装ができない冬の日本……。十分ばかりリズムにあわせ踊ってみる。またあとでこようと町まで向かう。人出におされながら、いつも〔の〕コースをめぐる。ことに今日は活気ある人混みだ。マンガ二冊、カイロ、タバコ、ボールペン、拾いながらいつになくゆらりと楽しみながら歩く。

六時過ぎ、公園にもどるとひっそりと静かな空間、サウンドも終わっている。昼と夜の違い。またいつか踊れることを楽しみに二、三曲こぼれ落ちるメロディを口ずさんで見る。まだ声が出る。安心をして、金真テントに向かい、タバコそえ、弁当広げおかずのみ、ジン、小グラス二杯を飲みもどる。

八時近く、無事日曜の祭りのようなにぎわいも終わった。自分のテントもどり、かたい米をあたため、パン一個つまみ、コーヒーで夜食をする。小さなカイロが妙に熱く暖かい。寒さをしのげるのに十分な熱さは大きいのより使い道がある。十時過ぎ、意識の高なりをおさめ、一日の行動を振り返り、十二月も半月過ぎ、明日より後半が始まる。

12月16日

午後二時近くまでノート、本で過ごす。出かける用意をして外にでると福祉の人がたずねてきた。いつも小ぎれいにしていますね。十八日のアルバイト決まってくれたら良いけれど、何事も結果が無事終わらなければわからないと笑いながらあてのない明日を思う。

ちょうど七、八人の工事人と管理事務所の人が回って来た。一枚の紙は来春の移動地と工事現場の地図であった。私は現在、誰の仲間にも入れないので、移動の時は一番はじの地にしてくださいとたのんだ。ハイわかりました。三月近くになったら少しずつ荷物を運べるようにしておいて下さい、よろしくと工事の幹部の人がやさしく名をたずね、おだやかだ。管理事務所の人も十八日の大そうじ、アルバイトの申し込み[*]の話をして、誰でもできる、大丈夫だよと。全部、この地の人達の移動の時は、金真のテントはずす時も手伝いますと言って去った。わずか午後の一時間ばかりで十人近くの人を眼前にすると新たな緊張に身がふるえる。

12月17日

十二月十七日、十時過ぎに目が覚める。雨はやみ、光が差し込んでいる。うながされる今日の日中の歩み、身じたくをして化粧をしてみる。ノートを書き、風の音がおさまるのを待ち、早目に町に出てみようか迷う。十二時近く、思いきって身じたくをして昼の町を回ってみようと外に出る。明るい光だ。金真のテントのぞき、明日は七百七十日過ごしたふとんを出す気力を回復する。本三冊もち町にでる。道中知り合いに出逢う。また借りをしてしまう。まっすぐ本屋向かったが、二

＊東京都の公的就労事業の抽選のこと。12月18日の項では「アルバイトの面接」と表現されている。

冊はだめとことわられた。ウイスキー一本、わかめ、ちんみを買い物をしてまっすぐもどる。

キリスト教ボランティアの人々がカンヅメ配りをしている。人がずらりと並んでいる。とても並びもらえそうもないとあきらめ、これは明日の借りだと買い物をしたふくろに入れ、水をくみに行くと、昨日菓子を配ってくれた人がカンヅメもらいに行ったらと言う。小さなふくろをもち、人誰もいなくなった残り十二個、トウモロコシ、インゲン、グリーンアスパラとふくろいっぱいになった。神様にお礼をと黒人の男性、ニコリと笑い天を見上げた。神様イエス様ありがとうと声を出し喜びかかえ、金真のテントに運んだ。

12月18日

十二月十八日、朝のマイクまでぐっすりと眠り、目覚めさわやかだ。九時過ぎ外に出て、ぬれたふとん、金真の着た作業着、衣類の一部、ひとふくろ、クツ一足を出し、待っていると三人の管理の人*がビニール包み、運んでくれた。曇り空より、明るいスポットの光が一瞬輝いた。十時半無事、つらく悲しい作業がすんだ。自分のテントをささえる二本、ホネおれたカサも替えることができた。午後一時のアルバイトの面接が無事終わってくれることを祈り、金真テントで静かに気を静めていると、ボスが黙って立ち遠くで見ている。いやな時に姿が見えるとくやしさの涙が出る。

つまみウイスキーの水割を飲み、悲しみをこらえる。

十二時半、テント出て初めて公園管理事務所まで向かう。人が多く並んでいる。クジびきらしい。二百何番までの番号がある。七〇番の券をもらった。マイクで番号を呼ばれた人のみがさいようとなるらしい。ドキドキしながら、まるでかけごとをやっているような緊張だ。一時間ばかりで、七〇番のマイクの声もきこえる。昨日でちょうど金真去り七〇日が過ぎたばかりだ。この自然の恵みに喜び、笑顔が出てくる。曇り空が急に明るくなり、太陽がサンサンと輝き始めた。来年、三月三日より七日までらしい。ずいぶん遠いが少しは希望が保てる。

三時ちょうど、広場一人向かい、五冊もった本をかかえ町に出る。二百十円にかえてくれた。この恵みで五日ぶりで、喫茶に向かえる。足元がかろやかに歩く。

四時ちょうどたどりついた。残百九十三〔円〕、わずか余裕がある。さっそく、ノートと本で冷えた体と二、三日の緊張をときほぐす。今日はなつかしいメロディが二度も流れる。

12月19日

本をもち町に歩く。知りあいと出逢い金サクをする。買い物ウイスキー、玉子、ローソク、貝カンヅメとセンベイのみでは体も保てない。新発売の孤高のウイスキー大、おもしろいビンだ。ザッシ二冊本屋に置きまっすぐもどる。金真テントそえ、まだ二時近い時刻だ。

もう一度町に出ようと軽く食べものをつまみ、昨日の残りウイスキーを水たっぷりに割り、飲み、散歩に向かう。ほし梅干し一ふくろ拾う。めずらしい。タバコ一箱、マンガ四冊、路地裏で出逢う。約二時間近く人気（ひとけ）少ない道を歩き、暗くならないうち公園に入る。知りあいの人がアルバイトの仕事見つかりよかったねと喜んでくれた。ずいぶん元気がいいねと出かける前、近くの人にも言われた。明るく元気につとめようとしているの……と緊張のままだ。

四時すぎもどると、テントの中はうす暗く、ローソクの灯が必要だ。一日の中で朝、夕が一番にがてだ。さっそく金真のテントで、新しい酒、つまみそえ、ざわめく心をおさめ、そぼくな気持ちに帰ろうと気をやわらげ、歌を二曲ばかり低い声で歌ってみる。ぐっと涙がこみ上げそうになった。かたいむすび一個戴き、六時過ぎ自分のテントもどる。

12月23日

入口にドサリとふくろを置いていった人達がいた。のぞいてみると、三人のキリスト教ボランティアの人がどうぞとニコリと笑っている。さっそくふくろ持ち金真のテントに運んで中を広げてみると、チョコレート菓子箱、人参、カボチャ、リンゴのかんそう菓子がどっさりと入っている。まるでサンタクロースのようだ。今日の昼にふさわしいプレゼント……。と菓子一

＊公園管理事務所の職員のこと。

個食べていると近くのボスの声だ。俺はこれは食べないとふくろどさりと入口に置き、がんばれよと顔も見せずに去った。個人で買ったものでないのでしょうがないと金真にそえる。わずかもらい、外に出ようとするととなりの人が自転車で戻ってきた。大きなふくろをかかえ、これもらったけれど僕は甘いものは食べない、と言って置いていった。どうも、緊急な時には戴き、またほしい人には配りますと言って、一応そっくりと金真のテントに置いた。まるで菓子屋のようだ。ない時は食べ物一つもない時があった。腐るものではないので補給できる。

一時間、めまいのするほど、喜びと悲しみがわきおこる。去年はありえなかった補給、金真がいたら喜ぶだろう。神の恵みを感謝して、ひとたび時間が早い午後をノートと共に過ごす。三時過ぎ、町に出ようと用意をして突然の食物整理であわただしい。にぎやかな数時間を離れ、私個人の旅をしようと外に出るととなりの人がもどってきた。肉マンか弁当食べますかと聞いてみた。迷っている。昨日戴き、かたいけれど温めるとまた食べられます。お菓子のお礼に……。と久しぶりで大きな声が出た。ハイ戴きますと返事を聞き、肉マン二個、弁当一個、玉子一個を渡し、夕陽(ゆうひ)に見送られながら町に向かった。久しぶりで人と語ると興奮する。今日二度目だ。

フランス風喫茶に向かってみようと心定め四時過ぎ、こみ入る店内に入る。熱いコーヒー、カウンターの席が一つあいている。流れるクラシックの曲が新たな意識のリズムをかなでる。迷わず入ってよかった。心かろやかになった。まるで明るい別世界だ。生きた人、町の動きが美しく見える。

12月26日

十二月二十六日、明け方より冷え冷えとする寒さだ。ほのかな光がテントを包んでいるが、起きるのにまだ時間が早い。再び目をつぶり十時過ぎまで眠る。昼近くまでノートと共に過ごしていると、オイ、ケーコおきろ、オイオマエと、酔ったボスともう一人の男の声がする。エッチな話、ムカムカするような胸の痛みが激しく心を暗くする。幾度あれほどの態度で近よらないでほしいと言っていたのに、ずうずうしくいかにも自分の女のようにテントたたき、オイ出てこい、オレのテントにこい、飲もうとドラ声を聞くと悲しく声を出す気力も出ない。あまりにも人をバカにした行為を平然と続ける態度は誰も止めるすべもないようだ。こんな者のため今日も神経をおかされることはいやだ。亡き仏も神もいないようだ。人の力を奪い野獣のごとく生きる、人間精神をおかされた言葉と行為に、深い人間それぞれの業の悲しみを感ずる。夕方まで外にも出られず、ずっしりと背中にやりをさされたような痛みといやみを感ずる。このまま一日を過ごすのはいやだと、金真テントあいさつをして町に出かける。

まるで静かな町並み……の中をトボトボ力なく歩いていると、透明なふくろに入ったチョコレート五個が落ちている。ふくろのあいていないステキなデザインは心なごめる。二時間近く路(みち)から路を歩く。中華屋のわきにキャベツのちぎりかすが透明なふくろにドッサリと入っている。入口がちょうど、手が入るほど開いている。あんなに好きな野菜もゼロだった。残二十五円では買うこともできなかった。初めての置位(ママ)だ。その前は二十五歳の誕生日、生きたタイをごちそうになった店がまた代がかわり、灯がついている。背向け胸の動悸(どうき)を押さえ、わずか戴く。

肌寒い夜道、今日はこれまでとタバコ拾いながら帰る。金真テントにチョコレート、タバコそえ、一時間少し過ごす。こんないやみが二度とないよう不安にふるえて再びくしゃみと頭痛がする。自分のテントもどり、残ったかたい米つぶを温めお茶づけのようにして食べる。消化不良をおこさないよう残りカンパリを飲み、横になりぐっすり眠る。何も考えないように二十六日より三十一日までは私個人の時間として使おう。残りわずか、心の整理できないまま毎日聖なる神々や仏を思い続けることはできない。

12月27日

十二月二十七日、朝スッキリと目が覚めたが、意識よみがえると昨日のことが暗く背後を追いかける。昨日のキャベツを水にひたし、ちぎっていると、福祉の女性がたずねてきた。かわいい顔をして不安な事情を聞いてくれた。紙一枚もらい、すぐもどった。今日こそなくなりつつあるかての補給、金サクをわずかでもしなければこの不安定が直らないと、昼近く外に出ると、ボスがうしろにゆうれいのようにひげ頭ボーボーとした狂気な姿で立っている。オイ、このテントをすぐたたんでしまえ、と命令口調で突然言う。身ぶるいをして、このテントは何度も言っているようにまだ警視庁より取りこわしの通知が来ておりません。来年三月には管理の人も手伝い、きれいにしてくれると言っております。突然そんな失礼なことを言うことはないでしょう。金真の肉体は去ってもここをと大事に生きて、死んでも霊と魂は生きております。とふるえながら、なんとひどいことを言う権利もないものが、一番金真を利用しておきながらあまりにもひどいと、深い傷をえぐられたようにぐらぐら目まいがする。

何？　このバカもの、この野郎、霊も魂も生きているなんて、お前バカではないか、いいから早くテントたためと、狂気な叫びで今でも飛びかかってくるような態度と人相は殺し屋のようだ。そんなこと言ってもこまります。管理事務に相談に行ってきますと逃げるようにその場を去った。となりの人も留守だった。何このヤロー、おぼえておけ、とぶつぶつ声が追いかけてくる。ガタガタふるえながら、あまりにもひどい金真に対する無礼な態度と、私に対するおどしが三日連続でやられることは、あまりにも異常なる行為だ。

五、六人の福祉の人に偶然出逢った。事情を話をするとダメだと皆恐れ、恐怖にふるえている。とりあえず管理事務所に相談に行ってみますと一人事務所まで向かったが、噴水近くの水があふれ三人出かけていると、留守番の人が言った。意識興奮したまま誰もいない広場をモクモクと歩いた。あまりもの悲しみに気が動転しそうに、強い光を見上げることもできない。今日のおどしは人間理性では考えられない狂気だ。火でもつけられたら、この暮れ、どんなことになるだろう、許せないと怒りこみあげる感情は足元さえぐらつく。金真とどんな関係があったのかは知らないが、百箇日もたたないうち、毎日朝夕心こめて供養しているのに、何が突然、霊も魂もない、こんなもの取りこわしてしまえとはあまりにもひどい。これで天罰も受けず、よく人のエネルギーをもぎとり働きそんなこと言えるものだ。あまりにもバカにした態度にムラムラと、善なる神もいなくなった森の恐怖が身にせまってくる。

ちょうど三人の男性、工事中の噴水の近くにいた。興奮をしながら事情を話をした。三月までそっとしておいてよろしいですよ。取り壊しの通知がまだ来ていない。あとではっきりとあまりおどし、しつこく嫌がらせや、いやな行為をしないよう、本人に忠告をしてくださいと伝え、いったん戻った。あわてて身じたくをして、何としてもこのふるえを止めなければじっとしていられない。

がっくりとつかれ、わずかでも町にいられない。一箱ばかり拾い、やりきれない気持ちで五時過ぎもどる。金真テントでわずか時間を過ごし、この異常事態をなげく。あまりもの人間関係による結末は、残された私は本当にどうしてよいかわからない。せめてこの地で最後の正月を静かに過ごし来春を待とうと、時々夢現れる金真の姿は元気だ。私を四百回以上もなぐりとばして怒ったが、ボスがいやなことをしても一度もなぐる気力も出ないと特別やさしかった。

まだ死なないのかと人の顔色をうかがい、さそっては、えぐるような皮肉を言う。あまりにもひどいかかわりの道中、突然去ってしまった金真の心情はわからない。時がすべて解決してくれるだろう。

サウンドの音楽のメロディが久しぶりで流れている。気分を変えて昼出逢ったウォッカ、ラムをあけ、口にふくみ、ムカムカの悲しみを離れようと努力をする。早目に自分のテントもどり、軽く食事をする。真夜中まで眠れず、とうとイエス様にそえた新しいタバコをあけてしまう。暗闇で不気味な静けさを忍び一本吸う。何も思いたくない。よぎる数々のことふり払い、眠る。

12月30日

十二月三十日、九時過ぎ目が覚める。心あせり、やることは数ありせかされるが何もできそうもない。野菜、カンヅメをあけ、わずか口にふくみ、透明な入れものにそえる。明るい日差しがテントを包んでいる。十二時過ぎ、外に出たいが、また出逢い、いやみこれ以上言われたら不ゆかいだ。出かける用意をして、精神的つまりは限界をこえている。十日ぶりで喫茶に行こうと身じたくをして、素早く外に出る。

少し金真のテントのぞき、出かけてきますと中に入らず、まっすぐ向かおうとスーツケースをさげて旅に出るような心持ちだ。となりの人も出かける様子だ。ボスの態度が不気味だ。

今年の正月、ここで過ごすのは最後だ。せめて静かに過ごしたいと、カステラ一本戴きそれぞれテントを離れた。公園広場を一回りをして、ボスの姿に出あわずよかったとため息をつき、町に向かう。道中、シイタケひとふくろ出逢う。

二時半近く、イタリア風喫茶、無事たどりついた。いつ見てもすばらしい空間だ。空席が多い。いつもの席で、この暮らしのつらさを忘れたいとノート四冊読み、心ととのえる。この時間の尊さ、今年最後だろう。残七十八円。これで新たな年を迎える運命はどんなものだろう。

12月31日

十二月三十一日、ゆっくりと十時過ぎまで眠る。

ガス台を出し湯をわかし、ソバでもゆでてみようかと思ったが、心せわしい。菓子と野菜でがまんする。戴いた食べものもむすび一個になった。七十八円では、なぜか元旦を迎えることが淋しい。あるだけの本を午後はもっていってみよう。つらくいやなことだが、一円でも多いほうがよい。じゃまなく意識さえおだやかに新年を迎えればよいことだ。生活を離れ、正月は海外や旅に出る人も多い。せめて誰にも干渉されない一日、二日過ごせれば、十五年の歩みもいつも変わらぬ状態だ。

ノートも六十冊近くになる。苦しさと淋しさ、喜びを書きつづった文字も私の精神のひとこまだ。反対をおしきり守り継続した文学の道もまだまだ遠く、はるかなる旅路、到達のできない、人間精神の究極は、美と芸術の源をたどってゆく。

午後、いよいよ今年最後の道を歩く用意をする。金真テントでわずかな時間を過ごし、本屋に向かう。五冊、思いがけず二百六十円にかえてくれた。前もどされた本も人違うとわずかなお金になる。これで来年の喫茶、二度通うことができる。

2003年1月1日

一月一日、朝九時近く目覚める。まだ四、五時間のすい眠で眠いが、これで二度寝をしたら夜になってしまうだろう。

起きて軽く食べものを盛りつける。おせち料理らしきものは何もない。いつもの変わらぬ野菜、カステラつまみ、白いカマボコのみが正月らしい。

金真テントあいさつに行く。妙に今日は金真テントの中がキラキラ、シットリとうるおっている。雲あつき肌寒い日よりだ。おみきそえ、二合ばかりを置き、広場向かう。誰もいない公園の広場は、しんしんと冬の空気につつまれ閑散（かんさん）としている。

町に出ると、突然明るい光が輝いてきた。参拝客でにぎわう駅前を通りぬけ、一時間半ばかり静かな空間を散歩をする。酒の恵みのところでお礼をして、三時近くもどる。金真テントで軽く食事、酒わずか飲み、夕暮れを過ごす。

平成十五年出発、それぞれの旅路が、ゆったりと豊かに希望に向かって歩めるよう。

本当に一人きりになった人生を大事に歩んでみよう。

１月５日

一月五日、九時近く起きる。今日もまた、音楽堂よりサウンドの曲が流れ、日曜のリズムと活気に今日の行動を思う。昼近くまでノートと共に過ごす。

一度、町に出てみよう。本をもち、風冷たい曇り空より、明るい光が輝いてきた。まだ人出少ない町の路上は、ちり一つなく清められ、まぶしいほどだ。

本屋二ヶ所、菓子、タクワン出逢い、マンガ二冊かかえテントもどる。

気を静め、まだ時間の早い二時近くだ。このまま夜になってしまうのは忍びがたい。もう一度、ゆったりと散歩に向かってみようと町に向かう。今日がピークのにぎわいだろう。半コース、トボトボ、人群れと共に歩く。赤と黒のかわいい手ぶくろを拾う。寒さで感覚のなくなった荒れた手が暖かい。

道中、町のトイレがこわれ、四時近くあわてて音楽堂の方向にもどる。まだサウンドのメロディが流れ、昼時より人の活気がでてきた。大きな太陽の光が踊る人々を包み、海外にいるような気分だ。一時間ばかり踊ってみる。こりかたまった肉体はボリボリ音が出る。

日が沈む五時には終わった。去年、金真の誕生日の時以来だ。夢中で好きな踊りを自分なりにリズムにあわせ、なにもかも忘れ踊っている時の気持ちは幸福だ。

1月9日

一月九日、九時過ぎまで一度も起きず眠り、すばらしい夢の中をさまよっていた。

今日も天候に恵まれ、明るい光に新春を迎えている。昼過ぎまでノートと共に過ごし、午後、ウドンメンをゆでてみる。慎重にガス台を出し、キャベツ、玉子、一緒に湯に入れる。時間早めにできあがった。真白いメンはつやつやしてきれいだ。わずかつまみ二つの入れものにそえ、タレを作る。

一つ一つしかできない性格、いくつものことを一度にできないやりきれなさのストレス、休みなくついてくる雑務はつらい。

昨日、金真亡くなる一ヶ月ぐらい前、ラジオ、懐中電灯、電池を戴いたのを出してみた。目が覚めると、懐中電灯がローソク立てにまっすぐ立っている。おかしくおもしろい姿。電池をラジオ〔に〕入れてみる。よく音も出るが、音を出すのも恐い。去る人の好意の姿を思いうかべると、きれいな心だ。

何もかも初めての体験は、このゆれる日本、東京の一角でもう誰一人、私を、私生活を知る者はいない。そんな孤独と不安は、自分で自分を少しでも理解し、性を知り、いたわる心を保ちたい。

1月17日

月夜美しい冬空。九時近く、金真テントたどりつく。ウイスキーとそえた食べ物でゆっくりと思いしのび、百箇日の夜を見送る。突然何ものかに取りつかれたような恐怖に包まれる。ボスと金真の関係がドロドロしたまま、消えてしまった。悲しみがわきおこる。

かなりの酔いがめぐり、自分のテントにどうして歩きもどったのか、言葉のはき出しは二時間以上もふきだし、いやな記憶やボスの狂気な異常の恐怖にとりつかれ泣き叫んでしまう。

1月18日

一月十八日、目覚めなんともむなしい渇きと心身疲れ果てた消耗を感ずる。一本の半分は飲んでいる。音楽堂のほうよりサウンドのメロディが弱り切った魂をはげます。暖かい明るい太陽が今日も輝いている。野菜、食物を盛りつけ、上着二枚、マフラーボウシ菓子をふくろ入れ、外に出る。三時過ぎている。金真テントに食物をそえ、昨日の乱れた精神をととのえる。四時すぎ、ふくろをもち音楽堂まで向かう。係の人にふくろを渡し、夕陽包まれ一時間ちかく踊ってみる。動悸がややするが、心が救われる。五時終わり、カンパリとわかめかかえ、町をタバコ拾いながら歩く。

今日の日は黄金の光に似ている。清められた心身。七時近く、金真テントに戻りやっと体調が普通にもどった。二時間半ばかりいつもより長く静かに座り、昨夜の恐怖をはねのける。

1月30日

一月三十日、この地に小さなテントを作り一人眠るようになって、ちょうど一年目になる。去年のほうが暖かかった。今までの中で一番おちつくが風あたりが強い。金真も一度も入ったことのない三角形の姿は自然に我が手で作られた。

移動地は人も住めそうもないような荒れ地だ。気分も重くなるが、私の希望にたどりつかない限りは流れを（ママ）さからうことはできない。今日は私の時間にしよう。昼近くまで横になっていた。目覚めて好きなものが並んでいる時は心の不安が少ない。ノートと共にゆったりと平十五年一月末を過ごす午後……。二月の節分無事過ぎ、暖かい気流に包まれる春を待とう。昨日買った食べものを二つの丸い入れものに盛りつけ、バームクーヘンを切り味わってみる。三時過ぎテントを出て水をくみ、明るい太陽も西に沈みそうだ。

日増しわびしさを感ずる中、金真のかかわり多い人間関係がとぎれただけでも、今日の青空のようにスッキリした気持ちだ。今後の新たな出発にさわりはない。タンゴ青空を口ずさみながらまっすぐ一、二、一、二に町まで歩く。

1月31日

一月が無事過ぎていくことのみを喜ぼうと、星輝く大空を仰ぎながらもどる。金真テントで二時間ばかり今後を思いながら、二月の寒風を乗り越えられるよう、まだ気をゆるましてはならないと身をひきしめる。

いつもより早い時間、自分のテントもどり本来の我に返る。時計の時刻が十二時を回るのを見届け、深夜、幻の世界に入る。一年ほど前につかんだ光の愛は、ほのかな灯となって心の奥深くに消えずひそんでいる。我が身、金霊を包む光の愛は、深夜の静じゃくをうちやぶるような激しさとなって、恐怖や不安より解き放す。

2月1日

二月一日を迎える新たな意識、夢うつつを離れ現実の明るい光がテントを包む。午前十時過ぎより身の回りを整理をして、一日の出発にふさわしい時間を過ごそうと、ささやかな食べものを作り、いつものように三時近く外に出る。土曜のサウンドのメロディが冷たい空気をあたためる。水をくみ、金真のテントで一日のあいさつをする。スーツケースにいつもにない物を入れ、今日は夜の時間をおだやかに過ごそうと日常の雑務を忘れようと、四時近く音楽堂まで向かう。美しい太陽が陸橋より、ことに大きく見える。まだ人出少ないが、何人かの笑顔で四十五分踊る。汗にじみ出る動きとリズムさわやかな心身。五時、フランス風喫茶たどりつく。カウンターの席にすわり、窓辺より見える町の灯のネオンが夜の風景となってまぶたにしみる。

2月2日

平十五年二月二日二時、明るい地に向かいたいが身動きとれない。二十五年目を迎える今日を、この地で二時の時刻を迎え、善なる神の力の弱い悲しみを感ずる。意識切り替え、ベーコン、目玉やき二個、やきそばを作ってみる。コーヒーを熱い湯でわかしている。とぼしくなる必要なものの残りを見て、貧しい我が人生をなおみじめに追い込むような人間の多い所には行きたくない。やりきれない気持ちをこらえ、せめて前だけでも通らぬよう、いやみの言葉でからんでこないよう怒り悲しみを離れなければ、金真のようになってしまう。もう一人の私の何ものかが語る。あんなものに力を入れ、エネルギーを奪われ、ましてテントまでやかれるようなことをされないよう、早く立ち去ってほしい。今日もサウンドのメロディが午後より流れてきた。淋しく冷たい心に少しでも灯が消えないよう、早く希望のめぐりを探そう。いずれか立ち去らなければならない地でこれ以上精神をついやし清めても何もならない。鬼神とカラスにむしり取られるばかりだ。二週間も過ぎたら寒さも少しは楽になるだろう。

十五分ばかり踊ることができた。のちの淋しさが出ないよう、金真テント向かう。平十四年十月七日、時計が二時二十分ちょうどの時、金真の肉体はこのテントより運ばれた。私がたずねた時、入口のビニールが大きくひらいていた。あんな嵐の時、なぜあんな入口がひらいていたのだろう。透明な手ぶくろが、去った後ごみぶくろより出てきた。一時十分、肉体が動かなくなった姿を見た時の異常なショック、わずか一時間十分でつれ去られてしまった。月日過ぎるごとにあざやかによみがえる。二時間近く、金真好きな豆や、菓子、酒そろえ、人間のあまりもの短い存在がはかなく消えるつらさを思う。

呆然と静かに眠った夜の森は不気味な寒さだ。金真去ったら私一人でとてもこんなテントぐらしで一週間もいられないだろうと、命はいらないと口走る時、私は一人深夜眠らず悩んでいた。残された面影のみをしのび、希望あるゆえ今日まで生きてきた。この貧しさを何とかしなければならない。本来病ないというものおかされざるを得ない生物にとって必要なものがめぐらなくなった時、心身はくち果てる。

自分のテントもどり、ことに冷えこむ深夜、激しい興奮の感情に包まれる。とうと夜明け八時近くなった。

２月７日

二月七日、十時近く目が覚める。福祉の女性がカミ一枚配り、一時より集会がありますと声をかけていった。初めてだが天候も良い。ボスがこない限り向かってみようと、食べものも入らない、緊張のままだ。スーツケースに大事なものをいつもより多く入れ、本六冊、無事終わったら本屋向かおうと入口に置き、金真テントあいさつをして、一時過ぎ集合地に向かった。弁当お茶を戴いたがわずかつまみ、お話を聞く。明るい太陽が救いだ。この一月二月で四人も亡くなったという。悲しい話も聞く。いつもの年より十二月は七度も気温が低かったらしい。まして、この一月二月も昨年より温度が低い。三月には移動地にうつらなければならない話だ。人間が少しでも住めるように条件を出す交しょうに、二時管理事務所に向かうことになっている。人間として生きている主導権を自分の手で勝ち取ろうと、力強い幹部の熱演、五十人近くハタをかかげ、かけ声を出し管理事務所まで向かった。二階の集会所で交しょうの時間に入った。二時二十分より四時半ちょうどまで、それぞれの条件を述べ、十一日九時半現地で希望地を申し込むことと、水道三ヶ所作る約束、今後移動を強制しない、地ならしをするという約束をして無事終わった。まるで映画の場面を見るような緊張に興奮をして意識空中にういている。

この一ヶ月、今日より動きにうながされる。一人広場回り、大きなため息をつき興奮を静める。何もかも、体力と忍耐。流れに慣らす以外ない現在、無事おさまることを祈り早くおちつきたい。

２月８日

二月八日、目覚めると再びボスの酔い声が近所の人を叫んでいる声がする。あのエネルギーと反乱は何だろう。誰も何も言わないようだ。太陽の明るさのみが意識わずか回復させる。

町をめぐり、暗くならないうち気だるくもどる。五時、金真テント好きなものをそえ、三十分ばかり昨日の恐怖を払っていると、となりの若い男性にボスが酔い声で、この野郎出て行け、ぶっころしてやるぞ、チンピラ野郎早く出て行けと身ぶるいするようなおどしの叫びをあびせている。何もされないのに、またこの時間、いかにもとなりに一人、金真に似ている人が、小さなテントで暮らしていることが気にくわぬ様子の叫びだ。黙っている。怒りケンカでもなったら私はもう倒れてしまう。四日連続あの業のクセが、のちまた、知らないと言われる。トボケ屋は悪霊だ。これでは自分のテントもどりゆっくりしようと思っても無理だ。なお狂気になり何をするかわからない。

荷物持ち外へ出ると、ゆうれいのようにボスが立っている。ケーコちゃん、大丈夫……？　と女のような態度に変わっている。私はスカーフで顔をかくし泣きながら、黙ってもうやめてほしいと心につぶやきながらその場を逃げた。三、四年前も幾度もあった。公園でやくざ同士の争いの時もどんな涙一（ママ）しょうも流し、泣いて止めたこともある。理性も狂ったような異常行為はとめても無駄だ。また今日もやられた。これだけの人間がいても、関係のないことへは皆知らん顔だ。

　重い荷物をかかえ、音楽堂の方向に向かう。いつも五時までだが、今日は、映像もうつり皆楽しそうに踊っている。荷物を置き、くさった気持ちが少しでもいやされるものならこの出逢いが心を救ってくれるだろう。雲の中より、三日月が一瞬輝いた。踊り場の空間が広い。出て行け出て行けあの悪魔と叫びながら、恐ろしい人間の住みつく森の長い習性にそまった生き方をする人に取りついた悪魔をにくみ、同化させようとする意識をふり払いながら、いやだいやだ出て行け恐いものは皆出て行けと二時間ばかりホールを自由に使い踊った。ポキンとおれそうだ。肉体のつかれと反対に意識のみはランランとさえてくる。町に出たいが、この荷物ではどうすることもできない。ジンが入る。喜びカンビール一本のみ、今までにない全力で踊った二時間、すばらしい踊りを見せてくれた個性ある人の姿ははげます個人の自由を開元（ママ）できる。芸術と音楽、踊り、一人で楽しめるリズムの空間作ってくれた人に感謝をする。

2月9日

　ゆったりと散歩に行こうとわずか食べもの飲みものを金真テント運び、水をくみに行く道中、一羽のカラス、木の上の天上を見ている。一枚の丸い正油センベイが落ちてきた。口にパットくわえ喜ぶように飛んで行った。人誰もいない上を見ても、鳥の姿も見えない。不思議な場面を初めて見た。

　五時近くより、町に向かう。ふくろが一枚ほしかった。通りの角のゴミ箱にパリと書いた新しいふくろが一枚あった。持ち上げると下に新しいブーツが一足ある。茶、ヒールの高いオリジナル品のようだ。この出逢いがうれしい。ちょうどイタリアのブーツが一足あったが、水でかび、一足もなかった。サイズL。足が大きくピッタリのクツを探すのに苦労していた。クツには夢がある。これをはいて踊り、ゆったり散歩ができたら楽しいだろう。西洋人形のカールちゃんがはくようなブーツ、ドレスでもあいそうだ。

　今日、音楽も聞こえなかった。京都に置いてきた安楽イスにすわった西洋人形がはいているクツと同じだ。どうしているだろう。私はもう人形のようにはなりたくない。ながめているだけでも楽しい。

いつものコースをブーツかかえながらタバコを拾う。日曜の夜の人混み、町角で大根一本出逢う。葉がかれているだけで中身は健全だ。ブーツと大根をかかえ七時半過ぎ帰ろうとすると、映像のあかりが見える。サウンドの音楽がいつもより音が低めだ。もどるのはまだ早く、恐い。昨日の二倍の人がつかれたように呆然と立ち、次の曲を待っている。一時間ばかり荷物を置き、美しい女性がカンパイとジュース片手に笑顔を見せた。リズムある曲が再び活気に燃えた踊りでもり上がった中で、昨日のつかれを忘れ踊る。終わりに近づいた。五時十五分前、ベンチでブーツを出してはいてみた。足にピッタリだ。いつか服装にあわせ、小遣いを持ち歩き踊れる楽しみがある。その夜は何ごともなく死んだように眠る。

2月11日

今日は朝九時半、移動地に集合をして希望の地を指定できる日であった。明け方雨はふり、向かおうと思っても向かえるような精神状態ではなかった。九時三十分、一人目覚めながらあきらめた。もうあの地では人間らしい生活を望むほうが無理だろう。百人近くもいる人がテントをはり生きていくにはあまりにも荒れ地だ。まして人間関係が一番恐い。皆貧しく明日にこまっている。働くにも働きえない状態と条件がわびしい。最後の動きとなった時は一番残された地に荷物だけでもとりあえず置いてもらおう。もうあわてることはないが、この辺で倒されたらボスの支配より、のがれられないだろう。少しでも古い因習意識でおどされ生きてきた三年を、新たな希望に向かって再び歩めるような精神をこれ以上おかされてはならないと意識とりもどし、星の輝きという本を広げ読んでみる。明るい世界の美しい一場面。店内が突然人でいっぱいになった。いたたまれない。

二時間半で席を立ち、町に出ると雨が降っている。タバコもない、どうしようと、近辺をカサをさして歩いてみた。路上にラークの箱が足でつぶされ落ちている。中身十一本も入っている。まだぬれていない。赤いライターがビルの手すりにポッリとあった。拾ってつけてみると、まだ火がつく。これで雨の一日の夜を過ごせる。今夜こそ何も考えず、ひとたびぐっすり眠ろう。

２月12日

二月十二日、数々の楽しい夢の場面をさまよい、昨日九時過ぎより一度も起きず、十一時近くまで十二時間ばかりぐっすり眠れたことはありがたい。体調がスッキリしている。曇り空で肌寒い。ある食べ物を整理をしてみる。夜一食でも食べられるように用意をして、ノートと共に過ごす。のちキャベツ、大根の塩もみをたっぷり作り、夜の食べ物の用意をする。

三時過ぎ、タバコもない。出る用意をして水をくみ金真のテントのぞき、玉子二個、タバコ二本、ライター置き、夜は来れないと手をあわせ町に急ぐ。曇り空の大地、今でも雨が降りそうだ。いつものコース、路から路を回ってみる。シケモク三箱、トマト一個、ティッシュ拾いもどろうとすると、大きなふくろにキャベツのちぎりが無造作にある。まだ一回分はあるがちょうどふくろ一個も拾った。二人の従業員がドアをあけて調理をしている。すいません。このキャベツ小鳥にあげたいので、少し戴けますかと声を出した。どうぞ、と出てきてふくろに入れてくれた。わたしも食べてみようかしらと言った。まずくて食べられませんよと言う。ありがとうと喜び、本当は自分が食べたかったた野菜だ。いつもよりきれいな部分のみ選び三日分ほどかかえ、現在はまだ新しいものを食べられないがうれしいと喜び、五時過ぎマンガ一冊出逢いまっすぐもどる。夜、ゆったり食事をして一度眠ったが夜明け目覚め、ローソク一本の灯でコーヒーをわかし残りの食事をする。

２月13日

八時過ぎ、曇り空だ。まだ早い。再び横になり十一時近く起きてみる。ノートを広げ、文字をつづり今日の予定もつかない。数々よぎる思考の中で我もない現在。ただ現実を生きていればこそ最低限必要なものがめぐらなければ、何を思ってもおちついた行動も日常も過ごすことはできない。まして希望や夢は遠いことだ。カラスたむろし鳴く声で朝より暗い。貧富の社会はますますひどくなる中で、一時も早くこの恐怖と貧しい毎日より離れやり直しをしたいが、そんな機会もめぐってはこない。

2月17日

出かける用意をしていると、午後、福祉の人が紙を一枚配ってきた。二時移動地に集まり、希望地を指定をして下さいと言う。天候が良いので二時ちょうど向かってみる。一画一画を白いテープでくぎり、番号をつけている。約一人五つぼ近くある。売店に近い明るい地を指定したら、もう希望者が早く指定しているのでダブることになる。まわり見渡してもここと決めるわけにはいかなかった。管理の人にずいぶん前は一番はじがよいと希望を申し込んだが、何もこうりょはしてくれていないようだ。平等にあつかうのは良いが、古い人や仕事の関係、事情ある人への配りょなく、特別な場所を無造作に誰でもくじびきで決められると問題がおきる。

ふと見ると近くにボスの姿が見える。急にムット心暗く悲しくなる。オレはあんな所住まないよ、行く所がある、一緒についてこいと言っていた人が、まるで皆の様子をさぐりにも来たかのようとう（ママ）ろうろ不気味な姿で歩いている。ここまでうってもまだ、自分が地主のように気にくわないことがあると夜昼朝となく酔い、大叫びで回ってこられたら真暗闇だ。

このへんはどうですかと九番の地を案内されたが、ジメジメして心が動かず無理だ。もうよいです。一番最後、皆おさまってから残された地に、一応荷物のみを運ばせてもらいますと、急に不機嫌に閉ざされいたたまれない感情が高ぶった。そうだねと白髪の係の人が理解をしてくれた。

十分ほどでその地を離れ、自分のテントもどり本九冊をもち町に急ぐ。ダメだ。二十二円を保ち大事なことを決めかねる。心ぼそい気持ちをかかえ、早く早く金サクをしなければとても動く状態にはなりえない。ゆらゆらゆれながらささえる者がいない現在、不安の中で慣れない人々を眼前にして、今後、女二人ばかりしかいないテント暮らしをしていかなければならないことはあまりにも淋しい地だ。町にも遠くなる。私の希望は町に近い所に住みたかった。ふくろをもって路上生活はましてできない。

読みたかった本をもち、まっすぐ本屋に向かう。一時も早く百円でも二百でももたなければ心の動ようはおさまらない。どのようにもがいても、この現実を生きていくかんじんなる必要条件がいくつも不足している。四十三時間ぶりで歩く町並みがまぶしい。まるで病み上がりのようにぐらぐらする。思いがけず、五百二十円にかえてくれた。今年初めてもつキラキラ輝く光の玉のようなお金をもち、せめて今月いっぱいでも私をささえてほしいといつも〔の〕コースを歩く。

今日のつかれは特別だ。人とのつきあいがにがてだ。わずか話をしただけで意識は頭上にのぼったままだ。金真は現実の人間に対応することがとくいで、こんな時はいつも影にかくれついて歩くだけでよかったのに、いざ自分一人で大事なことを決め歩む人生は久しぶりだ。暗闇で過去の私の人生をふりかえり、もう一度勇気を出さなければこのまま住む地もなくなってしまう。今日はどうか、深夜目が覚めずぐっすり眠らして下さいと目を閉じる。

2月19日

十時近く、五、六人の管理の人が回って来た。この間は大丈夫だったか、とボスが異常におどした時かけ走り事情を話をした人が心配そうにたずねた。一時は体調も心もひどい思いをしましたが、この一週間おさまっているのでわずか意識、体が回復をしました、と言って通り過ぎた。うしろより来た若い人も、今後移動の時はできるだけボスの近くより離れられるよう、皆一応おさまってから決めたほうがよいと理解してくれた。三月三日より七日まで作業の仕事を無事終えたら、九、十と二日間ぐらいに私の荷物テントはうつるようにしたいと思います。金真のテントは警視庁にまかせます。今度二月二十一日は、午後二時には最終希望地を決める日であること教えてくれた。一応その時はもう一度まわりの様子のみを見に行けたら行きますと言い、皆去る姿を見送った。

2月21日

二月二十一日、九時過ぎ寒さで目が覚める。なんと寝ぞうが悪いだろう。明るい光が差し込んできた。今日は暖かいと、となりの人と客が語っている。四十一時間、昼には外に一度出ようと今日の夜の食べものを盛りつけ出かける用意をする。福祉の若い女性が紙一枚持ちたずねてきた。一時より集会があるので移動地にぜひ来て下さいと言う。二時と思っていたが一時間早くなった。天候もよいので一時間ばかり町に出てから向かいますと明るい声が出た。

なにしろ移動の不安と、三月三日よりの作業の仕事無事終えないことには空中に飛ばされるような気持ちだ。今年三度目の日本酒、おだやかに恵む。自然の春の香りも漂ってくる。マンガ二冊拾いまっすぐ昼時の町並みを歩き、金真テントにそえ一時の集会に向かう。

十四、五人の人達が小高い丘にすわり、なすべき目的に向かいそれぞれ語る。私は最初決めた通りだ。今日決めかねる移動地。二時に用事があると言ってその席を立つ。突然いたたまれない淋しさを感ずる。まるで不安定だ。人間関係になじむになじめない心ぼそさが背後にドッシリと重い苦痛となって追いかける。やっと話がなんでもできるようになった。金真がいなくなった悲しみは気力半減する。スーツケースをもち、ボスのカンつぶしの音をしりぞけ町に急ぐ。まっすぐフランス風喫茶にたどりつく。知的な感覚が少しでもよみがえってほしい。

明るい希望、光の町で何か生きている実感をかみしめたい。二階カウンターの席にすわり、ノートと向かいあう。まるで飛行機に乗ったような空間。まだ三時過ぎだ。流れるメロディにささえられ、フランスにいるような気持ちに意識をきりかえる。星の輝き、半分読んでいない本を出し夢中で読み終える。近代の世界のすばらしい地を活字と共に過ごした。二時間も過ぎた。もう外は暗くなっている。一時間ばかりの夜の町を歩き、タバコ、ミカンを拾い、おだやかなネオンの灯に見送られ七時過ぎもどる。

3月9日

三月九日、朝五時過ぎに起きる。もう少し横になっていようと思ったが、スッキリと目覚めてしまった。これで仕事にでも行けるなら五日間のリズムが続くが、動きの予定はとまる。移動地がまだ定まっていないが、運べるように荷物を用意する。日曜で管理事務所も休みだ。一回りをして決まるまでゆったりしていようと外に出てまわりを歩いていると、竹林に去年、六月よりすくすく伸びた大きな竹、金真竹と呼び毎日貴料（ママ）そえ、天上を見上げながらゆすっていた竹が根元より切りとられている。前の地の銀杏の木もなくなった。無残なことをする人もいるものだ。

　五日間で四万二千五百円現金を戴くことができた＊が、残三万三千円少しだ。早い時間、外に出るとお金が出るばかりだ。じっとこもっていても一円も入らない。世話になった人への礼もある。まだまだ借りもある。またよき仕事収入がめぐるよう去年の苦しさを少しでも忘れよう。

　三時間、昼の時間で普段の自分のリズムにもどり、一時過ぎ外に出る。風は強いが明るい日差しが日曜の午後を包んでいる。今日は、またあったキャベツを少し戴く。あまりもの（ママ）の毎日の食が外食では金サクもついていかない。昨日、二年近くも残り戴いていたパン屋で、二百円、新しくふんわりしたパンを買い二日間で食べた。今日は二百五十円のフランスパン一本を買い、そろそろにぎわう町並みを歩き、明日を待とうと金真テント二時たどりつく。朝五時起きは昼食終わると眠くなる。三時過ぎ、自分のテントもどると管理の人がたずねてきた。

　日曜は休みかと思っていた。明日にたずねようとしている所でした、と若い回りの人の笑顔にホットした。私の位置は決まってますよとメモと番号を見せてくれた。一番最初希望指定の時、明るい南の地。ここならうつりますと希望した時は先人がおり、ダブると言われあきらめていた。何度か見に行ったが、他にうつり住めそうな所がなく、淋しく力おとし、去年より希望地は一番角にして下さいと工事員の人や管理の人にたのんでいたが配慮してくれなかったのかと怒っていたのに、番号を見ると、五五番、最初一目で見て気に入った地の番号に私の名が書いてある。心が突然明るくなった。なぜ、もっと早く知らなかったのだろう。作業中もずいぶん悩んでいた。私は子どもの頃より特別

＊３月３日から７日まで公的就労事業の仕事をしたため。

地にこだわる。現在の地、金真の所、五百五十日泊まり、駅近く、売店裏に五ヶ月、金真となりに自分のテント作り、ちょうど三百六十五日だった。子どものように喜び、急に地が決まったとたん意識興奮をする。作業の礼に白いふうに入れた三千円を渡そうとしたら、受けとれませんとかたい。この作業決まり務め終えるまで、大変な協力と多くの人が動いている。

金真のテントももう取りこわしてもよいらしい。四年近くも保ったテントのうらぶれは、これ以上保たせようとするほうが無理だ。二、三日中に中の物を整理することを約束をして、突然の恵みに動く用意をする。

四時近く、再び新たな心で指定地に向かってみる。十四畳ばかりある。光サンサンと輝き、もう人のテントの前を気づかい通ることはない。水道、トイレ、売店、街灯も近い。町に一直線で道路も歩けそうだ。五年前、西売店に百四十日いる時は夜十二時でも一人歩いたことがある。前は小高い丘だ。まるで奈良の若草山を小さくしたように、こんもりかりあげ暖かくのどかだ。近所も遠く、空間がある。これで、他とのぶつかりがない限り、希望にたどりつくまで世話にならなければならない。りっぱなテントを作ることはできないが、なんとか形整ってほしいと夢もふくらむ。

五時過ぎ、今日で最後になる自分のテントもどり、たっぷり食事と睡眠をとる。一人ぼっちの作業だ。気力出し頑張る。

3月10日

三月十日、朝のマイクで目が覚める。風とまり、すばらしい晴天だ。テントくずす前に一度町に出て、喫茶に向かおう。テント出発地点だ。昨日、いらないと言ってくれた三千円で、喫茶券、サトウを買い二千円。めずらしく太子の席があいている。顔を洗い、今日の動きが冷静におだやかに終わってくれることを願いながら、本、ノートと共に過ごす。

出がけに七十五歳のおじさんに出逢った。一ヶ月ぐらい前、ライター一個戴いた礼に百円渡し、現在あるカンを三百ばかりあげる約束をする。金真作業ブーツ、二年はいた私の神々しいクツ二足を出したらすぐなくなった。私の十倍以上ある荷物を一人運ぶ。おじさんの姿の気迫は若い人もまねができない。

新たな地は遠いらしい。不可思議なる力にささえられ、あれほどの人数の人が皆、テントをきれいにたたみ去り空間の広い森の姿は春咲く桜の花と共にますます美しくなっていくことを祈る。

十一時近く外に出て、ワンカップ二個、ピース、セブンスター一を買い、広場に向かってみる。肌寒い風、シモおりる三月の大地。中央より一直線に新たな移動地に歩いてみる。どうしてもシン棒が必要だ。今まで使っていたものがあるが、風あたりが強く、保てないであろう。相談に管理事務所に向かったが誰もいない。もどり、自分のテントの取りこわしに入る。悲しみがおこらないよう、もくもく孤独作業する。

昼過ぎ軽い食事をしていると、管理の人が二人回って来た。事情を話すと、これからすぐ銀ボウを用意をして、二本地に立ててくれることになった。金真のテントも警視庁より取りこわしの認可がおりた。二、三日中に荷物を整理するようにと言って、新たな地に向かい、二本の銀ボウを指定地に立ててもらった。長い銀ボウ二本、自由に使って下さいと置いて、早く荷物を運びなさいと礼を取らずに帰った。

新しい地にふさわしいビニールもないが、過去に作っている数枚をもち、カサを一本より二本に結ぼうとしていると、近所の人が三人現れた。二人、職人ふうの若い男性、一人は、貴くまじめなあごひげをのばした水戸こうもんだというおだやかな年配の人だ。風でささえられない空間は木が少ないため、どうしても一人ではできない。初めて話をしたのに突然、まだ宝をもっているのと言う。銀ボウに二本カサを結びつけてもらい、大きなビニールをかけ、両わきを長い銀ボウで風に飛ばされないよう自らのテープとひもで結びつけてくれた。

福祉の人がたずねてきた。作業の礼とふうを出したが、気持ちだけでよいと笑顔で紙一枚渡し帰った。となりの若い男性も手伝い、やっと、見苦しく粗末な今までの三倍ほどの空間ができた。十年近くいる女性も私の位置の遠くにうつったらしい。そばに来て、何か一言話をすると口ばかり達者で、何も話をするなよと男のような口調。慣れたベテランには、あまり近づきたくない。

となりの若い男性は深い静けさを好んでいるようだ。

新しいテープ三本、千円をひげの年配者に渡そうとしたら共の若い男性はこの人は礼を取らないよとポツリと言った。突然、大事な部分を黙って、たのまないのにやってくれた好意に感謝をして、手車まで荷物運びをする。五、六度往復する。テープ新しいのを三品お返しする。

もう夕暮れで目もあいていられないほどつかれる。ボウにカサを結びつけてくれた人に出逢った。やっぱりタバコ銭だけでももらっておこうかなと言う。よかったとサイフより千円出し渡した。あるものであれば必要時いつでも言って下さいと、わずかでも受け取ってくれた心に肩の荷がおりたように感じた。

食ものどに落ちていかない。半分運んだ荷物。新たな地で眠ってみなければわからないと六時過ぎ、暗くなった空、また明日にしようと、金真テントで一時間ばかり気を静め、ガタガタするつかれをいやす。たった二十四時間で、過去より新たな地での出発が始まる。

八時過ぎ、今夜、一度横になり眠ってみようと新たなテントに恐る恐る向かってみる。すきまだらけの中はまだ整理できず乱れているが、売店や外灯の明るさで、ローソクがいらない。あつくあたたかい大地のぬくもりが、まるでジュータンのようだ。興奮をして眠れないが、カンコーヒーを飲み、つかれと共に眠りに入る。

3月11日

三月十一日、朝マイクで起きる。すこやかにぐっすり眠れた。今までの五倍の明るさがあるテントの中は光に包まれ、今日の動きをうながす。何から手をつけてよいかわからない。とりあえず荷物を運び、過去の地を整理しなければならないと、パンの残りかすを食べ、外に出る。金真テント、十時ちょうど、暗くひんやりとしたテントの荷物を整理をする。エネルギーが足りない。食料補給と精神的意識回復に午前の時間を使おう。

午後に運べるよう、すばらしい天候にめぐまれた。これでどしゃぶりの雨では倒れてしまう。十時半、喫茶に向かう。鏡の前の大きな座イス。午前の空間にシャンソンが流れる。あついコーヒーを飲み、ノート、本で過ごす。ドンキホーテ新書も読み終え、対談集一冊半残っている。二時間で一日の始まる意識が目覚める。明るい町並みの歩道が小川のように光包まれきらきらしている。

いつも戴く八百屋で、久しぶりで新鮮な大根、コンニャクを現金で買うことができた。その通りのスーパーで焼酎ホワイト一本、トウフ一、玉子十個、カンヅメ一、駅近くでハイライト一箱。この一週間以上、シケモクを一度も拾わず好きなものだけを選び、つかれた時交互に吸い、よごれの気分を変える。

一時半、玉子一個のみ、作業始まる。金真の荷物をどうしようと思ったが、運ぶ道中、金真をしたっていた人が、金真の物ならほしい、とっておいてほしいと言う。五ふくろずつ手車につみ、午後の日差しに包まれ、百五十メートルばかり離れた地に運ぶ。四度目、寝具を運ぼうとすると、私のテントの近くの水道でボスが足洗いをしている姿が見える。まるで人相が悪くなった恐い姿だ。あわて、荷物みな路上にころげ落ちる。この辺で災いがあったら、なんのための労力なのかわからない。その地に荷物置いたまま、再び過去の地にもどり、水で割った酒をクイっと飲み心臓の動悸をおさえる。もう四時を回っている。いつも四の魔がボスの姿にひきあわせる皮肉。霊を払い六時近くまで五個ずつ、計七回運び、新しい作業ズボンを昨日テントを作る手伝いをしてくれたおじさんに一本あげる。喜んでいる。

今日の作業は終わりと、夜食の用意をして金真テントに向かう。となりの人と前の女性もつかれうんざりとする。無駄なお金ばかりかかるとなげいている。玉子二個ずつ、タバコ二本渡し、夜に入った。暗闇に灯をつけ、ゆったり飲みつまむ。もう三箱ばかりだ。

八時、金真のテントを出て、寒風よぎる、大空に輝く半月や星がことに美しく見える。新たなテント入り、夕方きざんだ大根、コンニャク、玉子を煮て食べようとガスコンロを出すと、バネがゆるみ、ガスボンベがうき上がる。熱量でゆるんでしまったのだろう。残念だ。ぐうぐうおなかは泣いている。しょうがない、ローソクの灯で温め玉子一個、野菜を食べる。パンもメンもない。本当によく生活費はかかる。自信がなくなってしまう。心ぼそい気持ちをこらえ、昨日より肌寒いテントの中で横になり、ぐっすり眠る。

3月12日

三月十二日、夢も見ず八時間ばかりぐっすり眠った。八時近くより明るい光包まれた。テントの中の荷物の整理はまだできないが、寝る場所食べる場所があるだけでも、あせらず歩もう。

テントのまわりで二、三人の男性が立ち話をしている。もう一度ガス台を出し、つけてみたが無理だ。生野菜を切り、カンヅメ半分もりつけ、玉子一個をのみ今日も始まる。動きの用意をする。私のうしろのテントの人に菓子一箱あいさつに渡す。おとなしい純ぼくでまじめそうな職人風だ。

十時半すぎ、金真テントに向かう。何もなくなった空間。大きな箱一つに菓子が入っているのみだ。オレはここを動かないと命を落とした地のテントも、二、三日中に取りこわされてしまうだろう。毎日通った場所だ。苦痛と貧しさの悲しみの念を消し、それぞれがもう少し豊かになれるよう希望をなくしてはならない、と。

となりテントの取りこわしをしている人に、大きな透明なビニールぶくろを一枚渡し、近くの女性も荷物運び終わった。

今日で終わりだ。金真のテントの中の物も全部出し、ほろびた空間はまともな心で見られない。入口をあけたまま最後の荷物を持ち、五時過ぎ新たなテントもどる。

近くで二、三人も男が立ち話をしている。古くからいる女性のダンナさんだ。ちょうど、昨日、お金が必要だと言っていた。無事終わったら五百円を過去衣類を戴いたお礼に渡すことを約束していたので、五百円玉を用意をしていた。ゴールデンバット一箱、五百円玉を渡し、せっかく戴いた衣類も半分以上は整理をした。もう働いた五日分の現金以上の物は消えた。

今後のことのみを考えればよい。見通しのきかないこれ以後のまかないをどのような生き方で歩むべきか、想像する余地もないくらい不安だ。夜の時間に入った。荷物の山の中で、ラーメン、野菜をローソクの灯で温め、十一時過ぎ横になる。なぜか天が近く感ずる。ますます空中にういたように人間思考の意識は天空に舞い散り、今後の意志が定まらない。愛を再び呼びもどそう。困難を乗り越える愛の光。

3月14日

三月十四日朝六時、スッキリ目が覚める。まわりの静けさに音を出すのも悪い。身じたくをして、八時テントを出る。大きくため息をつき、おぼろに輝く光を仰ぐ。慣れるまで出入りが大変だ。金真テントに向かうと、カンもなく誰もいない。取りつけてあったカサ四本、エモンカケをハサミで切り、片づける。ふり向きもせずまっすぐ町に急ぐ。

コーヒービン一、ショートホープ一。三百十〔円〕。これなくて、テントの中での気分が安らがない。飲みものもわずかだが、このままではボロボロ小金がなくなってしまう。あまりもの不安に足元もふらつくが、駅近くにポテトがドッサリとあった。誰かが戴き置いていったようだ。半分戴き、イタリア風喫茶に五時近くたどりつく。朝の空間の静けさで舞い散る意識を切り替える。ノート四冊を読み、涙あふれる。こぎつけた過去からの出発。一人の出発。百五十五日過ぎたが、その間の緊迫は平成の波乱の影響だ。新たな地にうつり、二度近くボスのかすれた酔い声がまわりをうろうろしているが、探し近づいてこない。しばらく物置きのような形で過ごそう。

三時間半近く過ごし町に出る。シンセイ、ゴールデンバット二個を買い、イモの重さをズシリと肩にさげ大通りを歩き、まっすぐ森にもどる。

金真テントに水一本をそえ、もどろうとすると、ちょうど管理の人に出逢った。これでよろしいですかと金真テントの空間を見せた。あとはこちらで片づけます、明日よりここは工事中となり、中に入れません。一ヶ月ばかりかかるらしい。笑顔のさわやかな男性、ギリシャの彫刻を思わせるように神々しい。お陰でよく眠れますと、頑張って下さいと言う声を背後に、うしろふり向かずその地を去った。まっすぐ自分のテントに入る。

3月16日

三月十六日朝、八時、寒気で目が覚める。明るい日差しに今日も始まる。まわりに人声がする。上下衣類を替え、クツも新しいのを一足出し気分を変えようとする。サイドベンツのセビロ上着男もの、金真にそえた上着、去年着ると言っていた黒トックリのセーターを着て出かける用意をする。二十時間もテントの中で過ごす時間は空中人生だ。必要なものが足りない限り、天気の良い時は町に出ざるを得ない。

外にテント直し手伝ってくれた男性が二人、立ち話をしている。ジャガイモ三個を渡す。今日は金真テントも取りこわされているだろうと前を通る。スッキリと木々のトンネルのみが残り、まわりのゴミもきれいに片づけられている。人が住んでいたあとかたもない広々とした空間はまるで別世界だ。遠くより手をあわせ、町に急ぐ。

通りの店で食べものを補給する。シバヅケ一、牛クンセイ一、サケカンヅメ一、氷サトウ一。計五百二十五円。二階食料売り場も安い。マンガ一冊拾い、まっすぐセビロを拾った通りを歩き、イタリア風喫茶に向かう。いつもより気分の変わった服装に、我ながら別人のように気が強く感ずる。

二、三日前、竹林の一番下のふくろの中より私の春用コート、グレーのズボンがきれいにたたまれ、かびもないで出てきた。金真が捨てないでしまっておいた衣類が不思議に湿気もなく保たれている。そのズボンをはき、歩く道……。今日も通えてうれしい。とぎれないよう、人通りのない道をさっそうと歩く。

十一時半たどりついた。日曜の空間。いつもの席があいている。去年三月のノートを読んでみる。一年の変化をかみしめ、三年近く続いたノートと共の旅路。あまり生活じみた貧しさの日々の内容。美しい場面に出逢えたらすばらしい思い出となるだろう。

駅前を通りまっすぐ広場に向かう。水一本をくみ、四時近くテントの中に入ると雨がポツポツと降ってきた。一枚のビニール、初めての雨らしい雨。大丈夫だろうか。カサでまわりを包み、夜食の用意をする。

第６章

2003年7月6日
〜
2004年10月12日

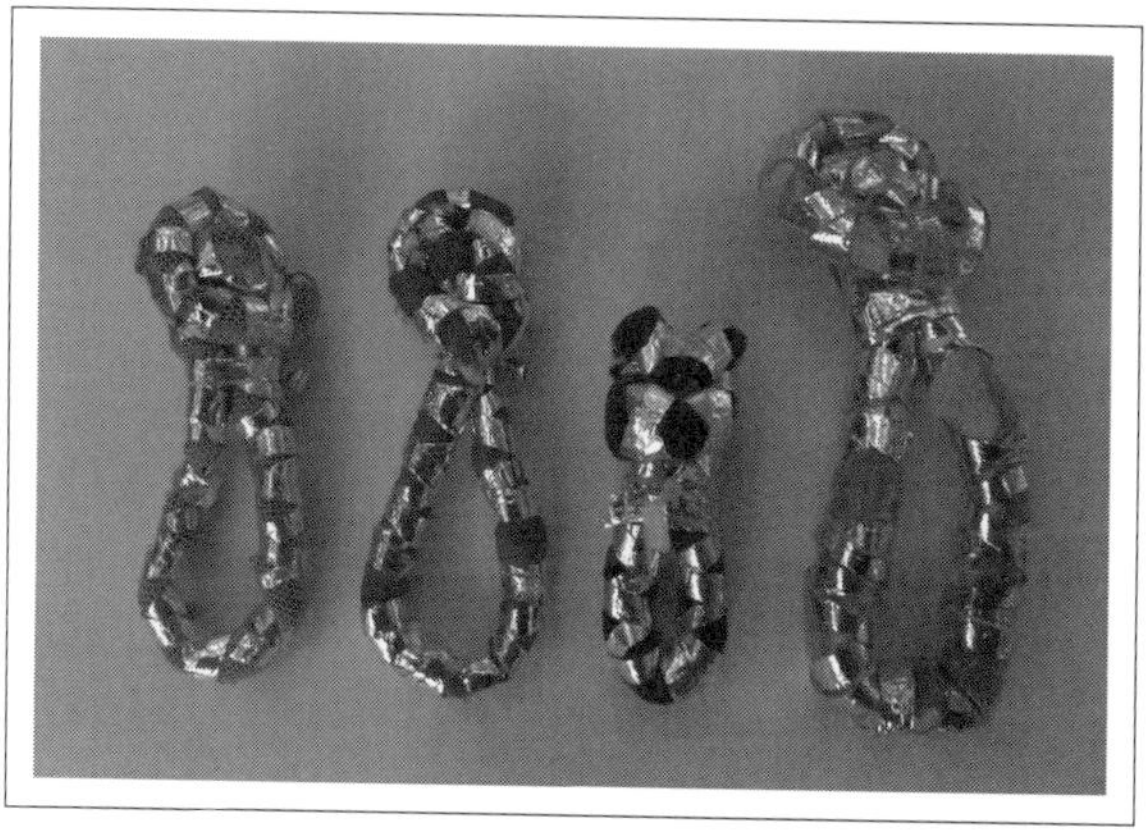

第６章に収めたノートでは、ますます困窮し、精神的にも苦しくなっていく生活が綴(つづ)られる。小山さんはノートを読み、書くことを続けながら、「聖作業」を行い、しばしば意識的に幻想の時空間に入り、そこで過ごすようになる。

２００３年７月３～６日

七月六日、突然小さなノートになった。

三日夜、駅近く喫茶を出て二日連続の精神安定をつとめたが、ガス深く曇り空、雨と天候がスッキリとしない。残百円少しを残し、四日を迎え不安定な一日を過ごす。夕方散歩の中でタバコ拾い、わずかな食料で身を保ち、五日、夜明けまで意識のみが冴（さ）え眠れぬ夜を過ごす。

午後、土曜、町をめぐる。公園の静けさがうそかのように人の活気でにぎわっている。本三冊をもち町を歩く。酒、タバコ、コーヒー、食べものをわずかにそろえ、参道で衣類、赤一枚、マフラー、半ズボンを戴（いただ）く。古着だがデザインがステキだ。

夜、音楽堂で一時間半ばかりサウンドのメロディで踊る。髪の長いかわいい女の人がニコニコ笑い、いつも来ているわね、ステキよと声をかけた。私は、初めて顔を見て心よく思い恥ずかしい気持ちで、好きなのでよく踊りにくるのと笑顔で語った。菓子二ふくろ。九時近くテント入ると、雨が降ってきた。夜明けまで夜食をする。

六日夕暮れ、雨やみ曇り空、不安定を直す。金サク（金策）だと目覚めあわてて本五冊もち、町に出る。にぎわう日曜の町並み……。二百十円現金保ち、サトウ一ふくろ買い、喫茶をあきらめ、タバコ拾い、パン五個に出（で）逢（あ）いかかえ、夜、七時過ぎ、音楽堂まで向かう。昨日より活気ある人群れの中で踊る。タバコ、わずか。八時半過ぎ、なごりおしんでテント入る。雨が降ってきた。静かな深夜、明け方まで眠れない。

７月８日

七月八日十時過ぎ、不安な意識が目覚めを暗くする。もうこんな貧しい人生こりごりだ。耐えられぬ、精神ばく発……。厚く暗い空は今日も続き、今でも（今にも？）雨が降りそうだが、身じたくをして、新しいカサを一本もち外に出る。雨が降り始めた。カサで身をかくし、ふるえるような心や体を誰にも見られたくないと、金真（きんま）の地を通りあいさつをして町に向かう。まっすぐ歩く。ゆらゆらゆれながら精神の回復を祈り、喫茶に入る。

三時間半もすわってしまった。知的未来学の本をわずか読み、やや落ち着いた精神状態で外に出る。あてにしていなかったがちょうど、キャベツちぎりぶくろが二つあった。喜び、野菜が何もなくなった淋しさが消えた。小雨が降ってきた。信号機を渡ろうとするとおおきなふくろが路上に落ちている。拾ってみるとやわらかい食パン一キンが入っている。この出逢いは奇遇だとかかえ、メロンパン一個のみで今日の夜を過ごそうと思っていた不安がとぎれた。

カン水割り、ノート小、玉子小とそろい、夕暮れ公園のテントにもどる。空重く、どんより重い雨雲に包まれた。七月太陽の光が見えない。数日の間、暗くなる心をふり払いながら、肌寒い深夜までゆったりと食事をする。

7月10日

天と地がひきさかれたような七月の気候は、この数年初めてだ。ローソクも少なくなった。息苦しいテントの中で、横になってはまたおき、酒少ない淋しさにコーヒーを飲み、大地震動する不安をかかえながら、七月十日を迎える。昼過ぎ、心臓の動悸（どうき）で眠れない。小雨が降っている。とても不安でいられない。思い切って身じたくをする。外に出てガス深い森を出て、町に歩く。ゆらゆらゆれる心身。やりきれない気持ち……。

昨日の百円の恵みで、喫茶まで歩く。残十三円だが、今日の夕暮れの体調が治らないことには何も開かない。四ヶ月目になる一人新たなテント生活は現在、誰もかかわってはいない。

7月12日

七月十二日、夕方三時過ぎに目が覚める。八時間は十分眠れた。曇り空でうっとうしい。今でも雨が降りそうな気配だ。むなしさとわびしさがおそってきた。外に出る用意をして何日かぶりで広場に向かってみる。かり上げられた大地……。ひっそり人気（ひとけ）ない土曜の夕暮れ、町に急ぐ。わずか金サク、駅近くの知り合いの人が自分の近くに住んだらと言ってくれたが、感覚があいそうもない。

人混みの中をタバコ拾い、心身の力がぬけたような気だるい体の重さにいつも通う喫茶の下で、一息をつく。ゴミ箱のわきにグリーンの男もののカサが一本、光のようにポツリとある。ツェール、ツェール*と喜び自分の赤いカサと交換をして、つえ替わりに歩く。音楽堂よりサウンドのメロディが流れている。インドの祭りでにぎわい、活気にのみこまれそうだ。食事なしの散歩も終わり、踊る力も失っていたが、三十分ばかり激しい映像の画面、リズムで然えている中で、ささやかに踊りもどる。九時過ぎよりラーメン野菜でゆったり食事をする。深夜、寒気がするほど涼しい。意識、日常より切り離し、我が根源にたどりつく時間。夜明けになった。雨がポツポツふっている。空気重く冷え冷えとする目覚めと不安。

7月17日

七月十七日、朝二度も入口をガサガサいじり、クマだよと、音で目が覚める。幾度注意しても忘れてしまう悲しさ、三度目また、入口をもち上げクマだよと酔い声で叫ぶ。今、寝ているので困ります、テントこわさないで下さい、と叫んだ。悪かったよと去った。

泣きたくなるような、いたずらの嫌悪にいたたまれない時間。早いが荷物をもち午後、外に出る。まっすぐ喫茶、二階の席にすわり気をなごます。

十五日、夕、今月三度目の太陽の光を見送り広場で過ごす。三宝噴水**のまわりを歩き、なつかしい歌を十曲ばかり大きな声で歌う。あふれる涙……。

7月24日

七月二十四日、午前十時近くまでぐっすり眠る。敷きもの三枚がびっしょりぬれている。寝具も足りない。今年の雨天は初めてのことなので、冬場を思うとぞっとする。淋しい目覚め。本をもち町に出る用意をする。

一時近くより、人出にぎわう喫茶に入る。平十三年三月のノート三冊を持ってきた。ゆったりと読みノートをつづる。トイレに入り身を整えていると、二人の中年の女性が、奥さん髪がステキですね、よく毛の色が整っているとながめ回す。何ヶ月も洗っていない。ふき、ブラシで整えているのみで、いつも帽子をかぶって歩いているのと、近くに寄られるのがにがてだ。もったいないわ、本当にステキとジロジロ見る。穴があったら入りたい。美容院にも行き、美しく整った時なら人に見せて喜んでもらいたい気持ちがあるが、一番よごれ気にしている時に、人にジロジロ見られると恥ずかしい。まして、ダンナもいない、貧しい時、奥様などと言われるとなお心苦しくなってしまう。

一度二十代の頃、アルバイト先で数人の客に、（ママ）まるでギリシャ彫こくのようだ、ミロのビーナスを思い出す、あなたでもトイレに行くの、とよく通いに来る。ジットがまんをしているうち、ぼうこう炎になってしまった記憶がよみがえった。今日は白ワインをもっているから大丈夫だと自らはげまし、七月末を過ごそうと午後の時間を精神回復に努める。

三十歳過ぎには、多くの人びとにもうるおいをあたえようと天がひきあわせた。神から人からの費用も住まいもめぐったが、現在こんなひどい思いをしても一人もかかわる人もいない。残百三十六円。この孤独と不安は並々ならぬ絶望となって、何ごとも信用できない懐疑が再び鏡の前の自分にうつる。

7月26日

七月二十六日、七時、マイクの音で目覚めたが再び十時近くまで横になる。目が覚め、あわただしくかりたてられる。スーツケースをもち午後の町に出る。にぎわう人出にほっとする。久しぶりの光が雲の奥より輝いている。天を見上げず、まっすぐ本屋の方に向かう。残りわずかでも、休めるだけの現金が必要だ。残二百五十七円を保ち、せめて今日一日でも保ってほしいと人混みを離れ、本をかかえたまま、喫茶まで向かう。二時近くより、いつもの席にすわり、人なごむ中でノート、本を読み、やりきれない心の回復を待ったが、まるで風船が沈没したように無気力で淋しい。

8月4日

八月四日、十時近くまでぐっすり眠った。日中の暑さは玉の汗が出てくる。スーツケースに大事な荷物を入れ、本を五冊もち町に出る用意をする。やさい、ジ

＊小山さんが憧れ、心の支えにしていたらしい存在の一つ。空想上の人物と思われる。
＊＊小山さんが１９９１年頃から思い入れをもっていた池と噴水。「三宝」は小山さん独自の呼び名。

ャガイモ、レンコンをふくろに入れ出す。月曜日の日中の町は静かに夏の光に包まれている。まっすぐ、本屋に向かう。百六十円、あまりに安すぎる。いつもの半ガクだ。ガックリとしてなさけなくなる。見る目のないものが、ただビジネスの流れ作業のようにあつかわれる時、金のないものの悲しみがドット背後を追いかけ、なお貧しさ追いこむ。本一冊もなくなるのは淋しい。少しうわべよごれていると返された三冊をかかえ、まっすぐ喫茶まで歩く。汗でびっしょり。これで二、三時間も歩いたら倒れてしまう。一時過ぎ、やっとたどりついた。ゲッソリやせた我が姿を鏡の前で見る。ホット命びろいしたような時間。この暑い一夏が無事過ぎなければ平常な精神を保つことは無理だ。人間の良心を尊重をした町や社会は理想と思うが、人間があまりにも多く意識が調和のとれない時、数々の精神的断層のひずみがおきる。三時間半あまり暑い午後、汗止まり身がひんやりして正常にもどった。

キャベツまたあったが荷物多く持てない。今日の休養の補給が少しでも長く保ってほしい。道中タバコ、食パン、ハシ五枚(ママ)を拾いまっすぐもどる。セミ鳴く夏の夜の静けさはもの淋しい秋近づくことを思う。十一時近く、ぐっすりと眠りたいと横になる。

昨日三日夜、小さなカエルがフランスボルヴィックの写真の天上の光のところにピッタリとしがみついている。帰りたいのかカエルも……。私も行きたいとかわいい姿をぬのでくるみ、外に出した。小さなカニも一ヶ月近くで死んでしまった。何もかも信じがたき現状のつかれに、美しい宇宙の風景のみがおかされず永遠の歴史に息づいている。

8月9日

八月九日午前九時過ぎ、激しい雨の音で目が覚める。まわりが水びたしだ。入口は風で飛びワゴン車も動いている。まわりの片づけに不安をおさえ、初めての二日間の休養を体験をする。食べ物、飲み物、タバコも少ないが、バナナがある。

ノートわずか読み、もう6時近くになった。とうと(とうとう?)一週間でフランクソーセージ十四本を大事な食料として、くさらず食べることができた。野菜も玉ネギ一個、ウリのようなキューリ一本三分の一をニンニクといため、スープにして夜食をする。二日間一歩も外に出ず小さな空間で過ごしたのは子供の頃の病の時、カゼで一週間入院した時以来だ。ウイスキー水割り小グラス一ぱい、ガスでぐらぐらする外の風景は風で枝木がドスンドスンと、うすいテントのビニールを打つ。中よりカサ一本を天井にとりつけ、ノート一冊も暗さで活字もぼんやりうすい。金たたりに出逢ったような無気味な静けさ。残十四円。明日の天候回復を待とう。

九日、あまりよいことがなかった。めずらしい休養は物がもう少しあったら二、三日は耐えられそうだ。十二時の時計のはりが回るのを待ち、十日、ちょうどこの地に移り五ヶ月になる。本当の一人ぼっちのやりくりと食べ物の補給にふり回され生きてきた。

8月15～16日

八月十五日、激しくふり続いている雨の音は恐ろしい。大きなビニールぶくろに大事な物を入れ、意識なくなりそうな不安のまま五時近くまで横になっていたが、タバコが一本もない。やや小ぶりになった。残一円。本をもち町まで急ぐ。百六十円。ピース一箱買いまっすぐもどる。水をくみテント入ると、再びどしゃぶりの雨だ。今日はナポレオンの誕生日。新しいタバコ一本に火をつけ、ますます貧しくなる日本の一人一人の個人経済、まるで毎日、不自由な穴ぐらに閉じ込められたようにビリビリ神経が現実にむしばまれていく。貧富の差が激しくなっている今後の社会を思うと淋しい気持ちだ。

十六日深夜、まんじりともせず、意識空転のまま、全く現実より切り離されたような孤独の中で、まる二十四時間水の中で生きているような錯覚におちいる。霧のベールに包まれたように恐（こわ）く不安定だ。こんな時、お酒も一滴しかない。外に出られそうもない。激しい雨にもめげず近くの屋根つきベンチで数人若い人達が夜明けまで、楽しく語り遊んでいる。このなぐさめに盆の暗さも無事過ぎることを祈り、天上にのぼりつめたような瞬間を味わう。

二、三日前おもしろい夢を見た。大きなカツオの魚がピカピカひかっている。金真がこれはナポレオンがつってきたサカナだときれいに調理をしたアラ煮を作り皿に盛りつけ、これを食べなさいと差し出した。目覚めて生き生きとまぶたを離れない場面。息止まりテントつれ去られる時、私は叫んでいた。自分の肉体に執着してはダメよ、またもどってきて……。と豪快な姿に手をそえ見送った幻の時間……。

空は暗いが、雨がつかの間やんだ。

8月25日

八月二十五日、十時過ぎ、暑さで耐えられない。三日連続の猛暑……。昼過ぎ、町に出る用意をする。昨日のにぎわいがうそかのようだ。残二百四十七円を保ち、まっすぐ喫茶まで歩く。太陽の熱にとけてしまいそうな午後一時過ぎ、店内にとび込む。私は自由人だと鏡の前でつぶやく。何かいつも、とりついて離れないような毎日のリズムは時おり息苦しくなってくる。

もう三時間近くも過ぎた。ちょうどよい体温になった。七十三冊目になる新しいノートと共に過ごす。八月後半、なすことはたくさんあるが経済めぐるまで待とう。残九十円かかえ、再び、自由金サクに悩まなければならない。

8月31日～9月1日

八月三十一日、丸十二時間ばかりぐっすり眠る。八月の末、サウンド祭も今日で最後だ。楽しいファッションをして、ゆったりと思いきり踊りたかった。みやげに衣類や小物ふくろ入れ、本数冊もち、めずらしい服装をしてみる。鏡見ておもしろく、身も心も明るくなった。久しぶりで午後、音楽堂にふくろを置き、町にまで向かう。まっすぐ本屋に向かい、二冊置き、残り絵のアルバムや長々と保った本で三ヶ所で四百円金サクをする。飲みもの食べものをわずかそろえ、五時半過ぎ町を去る。

道中、五、六人の女性がおもしろい服装を見て笑っている。六時、音楽堂にたどりつく。軽く食事、飲み物を補給をして、全体がいつもと違う調和のとれた人々の姿は国際的な活気に包まれ、さわやかな気分になった。見知らぬ人の笑顔に包まれて思いきり踊った。まるで身が空中に浮いたように止まらない。すばらしい三時間を過ごした。いつまでもこの思い出は美しい灯として消えないだろう。メガネを置き、赤ワイン、ビンビール二本、お好みやき戴き、九時最後の曲に見送られ天上の星に感謝をしてテントもどる。軽い食事。

突然の静けさ、時計の針も十二時を回り、九月一日も無事迎えることができた。興奮が覚めず、夜明け六時近くまでジッットすわったまま思い出をかみしめる。お金を出しても出逢えぬ人々と自然、活気。

９月５日

九月五日、八時近く目が覚める。今日、一日でも外歩きを休もうと思ったが、近所で叫ぶケンカがあまりにも激しい。身ぶるいするような動悸にいたたまれない。長くいる女性もわあわあ泣く声。

身じたくをして一時過ぎ、本をもち町に歩く。三冊置き、暑い日差しを受けながら大通りに向かう。時間の早い町歩きはどっとつかれる。

夕方四時過ぎ、大通り本屋でいやなことに出逢う。あまりもの徒労のつかれに、もう二度と前を通るのをよそうとする。現状のともなわない、全く理解されない行為にうながされかきたてられたこの数十年、どっと何かがふっきれたような気がした。実り恵まれなかった三十年の裁月、日々守りかかえた本との人生……。三千五百以上をこえる読書……。これ以上、持続することのできない立場に追い込まれた人生はがいこつになってしまう。めぐらなかったむくいはなんだろう。努力のむなしさがつきあがる、今日の夕暮れ……。あまりにもむごいしうちを受けた平十五、九月五日、五時三十分。またか、客回しをされたくやしさ、賃金のない働きにうながされ、どれいのごとく馬のごとくめぐり歩かされた長い人生、うかばれぬ我が心身……。金になり悪神につかわされた結末のくやしさ……。

善神消え去り、錯覚の迷いものにことの判断は霧に包まれ、淀(よど)む社会の人々の群れの中で今日の一日の苦痛は明日の生を暗くする。静まるに静まらない。今日の一日の出発そのものが自分の意志ではなかった。無理に追い込まれたつかれの歩みは、休養を許さないかのように日中の暑い日差しの中を歩ませる。意識もろうとした心身は冷静な判断を失い、堂々めぐりのつまりとぶつかり、この一瞬の出逢いと時間を避けられたらこんな残酷な思いをせずにすんだはずだ。後悔もむなしく意識興奮と恐怖のままだ。喫茶に入ってもおちつかない。ただ燃える頭、身を冷やし正常にもどることを願うことのみを考え、何も思うまい。

9月6～9日

九月六日、十時過ぎより草かりの機械の音で目が覚める。ムッとする暑さとほこり、草の匂いが息苦しくテントの中にいられない。昨日悲しみの余韻を残したまま、今後の人生を再び考え直さなければならない。こんな事態になって、おまわりにもうこの町を歩くなと言われたが、このままこもっているわけにはいかない。そこまで言える権利のない者が命令する態度は何だろう。おまわりが警視庁に言うなとは何だろう。何も言わず沈黙のまま、突然の混乱は悪魔のいたずらにしか思えない。幾分冷静にもどったが涙あふれてくる。居所を言わなかっただけでもよかった。衣類をすべて替え、気を取りもどすことに専念をしようと十一時、荷物をもち外に出る。猛暑だ。

喜び三十回以上百五冊ばかり出し大事に通ったが、こんな傷害に出逢ったことは私の命と運命を大きく変えていく。呆然（ぼうぜん）としながら残十八円を保ち、食料も飲みものも少ない。挫折（ざせつ）の傷を治るのを待ちながら九月七、八、九と三日間、もぬけのからのように過ごす。

9月19日

九月十九日、八時間たっぷり眠れた。やや しのげるような気候だ。秋彼岸、一冊残そうと思った法華義疏（ほっけぎしょ）を広げてみる。活字がよく見えない。テントのビニールをハサミで切り明るくする。

もう五時半になった。金曜の夜、ぶらりと町に出てみようと、バナナ二本を持ち六時半過ぎテントを出る。七時の駅前につくと、もうネオンの灯で町は夜に入っている。三年近く夜の時間をよく歩いた心は昼より楽だ。路地裏の店の開店で、路上でパーティをしている。カンビール二本、水一本を思いがけぬ出逢いに戴いた喜びに、ぶらりぶらりとまわりをながめながらゆったり歩く。タバコもわずか拾えた。

明日より台風が来るらしいと近所の話し声を昼、聞いたことを思い出した。秋に多い台風、おだやかに過ぎてほしい。残六円では緊急のため保存する資金にもならない。八百屋まで向かってみる。残りドッサリとあるふくろ恥ずかしいがネギ少しでは淋しい。レタス、ひめキューリ、インゲン、マッシュルームとめずらしい品を小さなふくろに戴き、ことにこの二日ばかり一夏食べていなかったキューリを食べたいと今日の目覚めにも口ずさんでいた。ことに小さく細いひめキューリは一度しか食べたことはない。大事にかかえ、まっすぐバナナ二本置きテントもどる。道中ゴミ箱にキャベツが二、三個ある。一年以上も続いたキャベツのちぎりもとぎれたままになっている。一個半を戴き九時過ぎたどりついた。さっそく野菜たっぷりのスープを作りゆったりと食事をする。深夜よりぐっすり眠る。

９月25日

この一週間、喫茶もゆけず淋しい。リズムを狂わした九月五日の出来事がまだ解決つかない。幻のように私の長く保った運命をたった一人のきびしくうるさい人間に破かいされたことはくやしい。また、いつか機会を新たにつくり、近代の状況を見つめながらやり直しをしたい。

夜の時間、ささやかな料理を作り深夜まで過ごす。食欲に包まれた時間は真夜中が過ぎて夜明けになった。

10月１日

十月一日、つらかった九月、どっとこみあげる現実を生きることへの不安が胸や背中を突きさし、いたたまれない迷いと不安に包まれる。孤独と貧しさの究極、ろう人形のように気力失った我が姿。これではならないと思いつつどうすることもできないもどかしさ。小物ふくろ時計ライターをもち、衣類二、三枚かさね着をして、一応町に出る用意をする。

一時間、法華義疏十五をゆっくりと明るい光の中で読み、気を静める。十一時半、テントを出る。おだやかな日よりは春のようだ。

10月７日

十月七日、午前十時過ぎ目が覚める。金真の一回忌だ。心波立つ一年の時の流れの緊迫に生きた日々は、今だ堂々めぐりだが、一人きりで突然無理からぬ状況の中で新たな地に移動をして、恐れ入りながら自立の人生を送る毎日はアンバランスのまま、今日の日を迎えることになった。毎日、命日の供養生活に近い日常を送っているが、はっきりかく認できない。亡き仏の存在の行く末はわからぬまま、突然去った姿をしのびながら淋しく貧しい人生に追い込まれたような不安定が日増し強くなるばかりだ。雲あつい空、昨日よりふった雨はやみ、ジットしていることができない。

昼過ぎ、むすび、酒をもち、いつものように金真去った地に向かい手をあわせる。かすかに光、太陽の姿があわく輝き涙あふれるような瞬間。タバコも少ない。町へとかりたてられるわびしさ。二時間ばかり近辺を散歩をする。食料わずか、カン、ウイスキー、タバコ、ライターとそろう。気だるい午後、静かで人気ない町を去り広場をめぐり、三時近くテントもどる。夜食の用意。経十カン唱え、今日の無事を明日に生きようと、それぞれの旅路の歩みを感知する。深夜三時過ぎ眠る。

10月14日

二日目のこもり、十月十四日、私にとって忘れることのできない日だ。昨日よりふっていた雨がまたふり続き、テントの中は真暗闇(まっくらやみ)だ。湿気と泥水で息苦しい。誰にも言わず自分の誕生日をひそかに楽しく過ごしたいと思っていたが、物もそろわない、外にも出られない。昼過ぎよりあきらめ深い眠りに入った。

六時過ぎ、目が覚めると真暗闇だ。ローソクの灯で意識回復をして、カンビール一本の半分を大事にグラスに入れ、少なすぎるつまみ、少ないとぼしきわびしさを忍び十二時まで過ごす。明日より新たな一日が始まる。過去の誕生日での思い出は、ことに美しく浮かぶ忘れがたい記憶は二、三度ばかりだ。いつも一人きりが多かった。

10月15日

十月十五日、眠らぬまま、雨やんだ町に向かってみようと六十何時間ぶりで外に出る。ぐらぐらするような目まいと足元、雨上がりの町の路上は、しっとりとしてことに美しく見える。生きている意識を回復してなつかしい場所を回る。喫茶に入ることもできないつらさを耐え、わずか食べ物を補給をする。変わらぬ雑務にどっとつかれる。プレゼントらしきものは何もない。そろえることもできないもどかしさ。路上に美しい葉十六枚のひとふさを拾う。

一時間半ばかりの散歩で汗がふき出すほどに暖かい。

新しいセーターを着て何か気分の変わるめでたいことが開かぬことには気力も出ない。人気ない昼過ぎ、タバコを拾い、あきらめ森にもどる。広場に向かい天上を見上げ、一人つぶやく。このままではならない、人間らしい知的な生活ができるようテント暮らしと貧しさを早く離れたい。現在の日本では無理だ。このままなお孤立に追い込まれるような毎日を送ったら、ちっそく死をしてしまう。必ずくいが残るだろう。花の咲かない長い人生の徒労、あきらめずフランスに行きたいという子どもの頃の夢を再び回復をする。

　数分、熱い太陽がジリジリと身を包み、たおれそうだ。水を一本くみもどろうと水道のじゃ口をあけると、真っ白い水が出てきた。これは何だろう。十五年、来るたび水を飲んでいたがこんなこと初めてだ。

　二時過ぎ、早いがテントもどり、目があいていられないようなつかれに横になる。つかれと共に内面よりふき出す精神の根源なる愛の意識に支配される。渇ききるような、息苦しい瞬間。現状を離れられるよう、ぬのを頭よりかぶり忘れたい。突然、大きくグラリグラリと大地がゆれる。地震だ。まるで、船か、こわれた飛行機に乗っているようだ。このまま眠ってしまったら、また真夜中に目が覚めてしまう。恐怖で意識再び回復をする。ワインわずか、やきソバを少し口にふくみ、五時近くまで呆然と過ごす。

10月16日

　ぶらりぶらりと暗くなった。夜空を仰ぎながら、町のネオンの灯(とも)るいつものコースを歩く。通りでグリーンのノートに出逢う。少しメモをしていたが中が真っ白だ。誰かの忘れものだろう。英語の小さな字が読めない。野菜も玉ネギ一個でおしまいだ。おいしいつけものでもボリボリたべて酒をクイクイ飲み、ととのった建物の中で、コーヒーでも飲み、きれいな音楽を聞きたい。気分を変える時間も閉ざされ、わずかな菓子、ワインでは生きる活力にもならない。

　木曜の人少ない静かな空間、一時間半ばかり、タバコを拾いながらむなしい気持ちをこらえ、いやされない悲しみに胸のつまりが晴れない。夜空には星輝き、おだやかに暖かい気候なのに、私の気分晴れない。悲しみと恐怖に閉ざされたままだ。

思いきり買い物をしてみたい。広々とした住まいに自由に暮らし、町を堂々と歩いてみたい。欲望のつのるこの二、三日、ことに激しい青春の頃の老化現象か。五十五歳にして、青春になせなかった悔恨が、近代の輝く町で花開く人生を歩んでみたいという意識つのる時、何もなせない時間がやりきれない暗さとなって日一日が過ぎていく。

夜、主食も少ない。食欲もないがラーメンを作って食べる。気力のぬけた魂をかかえ、十時過ぎ眠る。

10月18日

十月十八日、昼過ぎまで眠る。雨がポツポツふり始めた。暗い午後、ノートと共に過ごす。外に出られそうもない。土曜の休日、三十曲ばかりひくい声で歌う。少し息苦しく、昨日の食べもののほとんど食べてしまった。動かずとも食欲はストレスと共にわきおこる。九時過ぎより横になる。

10月19日

十月十九日、まる十五時間ばかりぐっすりと眠れた。あわい光が輝いている。日曜のにぎわいが伝わってくる。午後三時近く、あわてて町に出る。食べ物の補給、タバコ。橋の近くで、白いふくろを拾った。中が新しいチーズケーキだ。この喜びに、昨日の不安が消える。六時近く音楽堂の方向に向かってみる。サウンドのメロディが流れている。久しぶりだと喜んだとたん、いやなボスの後ろ姿を見る。ムッとするような嫌悪に背中がズシリと重くなり暗い心に沈む。ぶつからないようあわててもどる道、白メンズボン一、コン一、やき肉半クシ、むすび一個に出逢う。気分を変え日曜の夜も終わる。深夜、眠れない。幾度も起きて興奮を静める。天上にのぼったような気持ちだ。精神の現実からの逃避は、幻想に思いを高ならせ、美しい場面を想像する時間意識に切り替え、愛し得る幻を思う。

いつの間にか、夜明けになった。寒さは日増し強くなる。四、五枚もかぶる衣類、寝ぞうの悪さ。

10月21日

十月二十一日午前九時半過ぎ、管理の人がめぐって来た。三、四人の男性の声で目が覚める。いるのか、顔を見せろと声がする。寝ぼけまなこで顔を出し、つい眠ってしまったことをあやまる。もっときれいにして住みなさい、よごれはみがくととれるよと、もどった。黒いほこりでよごれ、気にしていた。ビニールのまわりを変えたいが、必要なものもそろわない。外から見たら物置きのようにして、中をきれいに整理をして住んでおりますと、おだやかな天候の外に出る。

　昨日、あまり飲まずに残してあったビールと食べ物わずかをはげみに、バケツに水をくみブラシで五時間、汗だくと緊張の中でシミついたほこりやよごれを洗ってみる。きれいに見られるようになった。まるで馬小屋のような形。今でも、くずれそうな弱々しさ。七ヶ月少し保った。夕方になるとウデはガクガク頭がガンガン痛む。今でも雨が降りそうだ。タバコが一本のみだ。休まずカサをもち金真の地をめぐり、町を歩く。やっと三箱半ばかり拾えた。

　どっと、つかれと淋しさが、夜の闇と共にせまる。

10月30日

十月三十日、新しいノートだ。午後おだやかな気候、ゆったりと散歩に出てみよう。夕暮れの町、金曜の人出でにぎわう。路（みち）から路をめぐり、野菜、ネギ、レタス、百円を使ってしまう。半月が輝く夜空を仰ぎ、二時間あまりの散歩も終わる。夜の時間の静けさは秋と共になお深い。早目に横になり、我が内なる魂の輝きも、十月沈死（ママ）に眠っていた。時おりふき出す情熱が夢うつつと共に輝き、目覚めるとなお現実の苦悩がおしよせる。

11月8日

十一月八日、朝一度も目覚めず十時間以上もぐっすり眠れた後はスッキリとしている。昨日並べた食べもの、コーヒー、飲みものもきれいに眼前にせまる。目覚め寝ぞうもよい。大型ノートを出し、二冊読み午前の時間をあせらず過ごすことができる時は心おちつく。あわい光輝いて、まるで春びよりのように暖かい。この地で夏過ごし、蚊にさされたのは一度のみだ。

　左のほほにニキビが出てきた。まだ若い。第二の青春なのだ。今日は目的なくタバコ拾いながらゆったりと夕暮れの散歩をしてみようと、荷を軽くして四時過ぎ、広場、金真の地をめぐり町に向かう。人出にぎわう土曜の活気の中をぶらぶら楽な気持ちでまわりをながめながら歩く。ネオンの灯がまぶしく美しく見える。

天を見上げると黒い雲の流れが一瞬去り、大きな日の姿が見える。陸橋で演奏するロックバンドの曲を聞きながら、わずか食べものをつまみ公園にもどる。水をくみに行くとバナナ*がドッサリとある。三十本ばかりふくろに戴き、洗たくをしていると、一人の男性がそこのビニールのふくろにハムが入っているよと教えてくれた。本当？　ハムは大好きよと急に笑顔が出た。今日の日のようなハムのうすぎりが大ふくろ四、五個ある。小さなふくろにびっしりと戴く。こんなにたくさん食べられるのは生まれて初めてだ。急に心が明るく、心細さと不安が消えた。テントの真正面に日が光々（ママ）と一瞬輝き、再びあつい雲にかくれた。さっそくハムステーキ、ラーメン半分を温めおいしく戴いた。

11月21日

十一月二十一日、八時過ぎに目が覚める。まだ早いが雨上がりのスッキリした天候。光が差し込んでくる変化したテントの中は、過去より明るく暖かくなった。

いつも会う年老いた女性が、見たこともない大フランクソーセージ、ピーマン、ハム、ホテルの真っ白いごはんを五時過ぎテントの入口まで運んでくれた。私は一円もなくともびくともしないわ、何でもあるのと力強い声を出す。まるで男性のようだ。何かお返しをと言ったが、何もいらないと言ってもどった。バナナ二十八本戴いた。まだ、ハムも残っているが、一週間たつと腐るだろう。加工をしたいができない。

わずかつかれがとれた。体調悪く食欲がない。おなかの調子が乱れる。情緒不安定だ。わずかつまみ、眠ることだと九時過ぎ横になり緊張をときほぐす。真夜中より六時間ばかり眠りやや体おさまった。

11月27日

十一月二十七日、朝九時近く起きる。たっぷり眠れたあとはスッキリ体調もよい。火をともしコーヒーをわかす。心はせかされるが身が動かない。肌寒い空気の曇り空だ。

菓子つまみ、食べものがなくなるのが早い。昨日でハム、ベーコン、サラダとソーセージも終わった。バナナを二本食べる。今日は出かけるのをよそうと衣類替える力さえない。意識のみがらんらんとさえている。せめて一週間でもゆったり過ごしたいが、必要な物をそろえたらわずかな現金もなくなってしまう。深く考えてもどうにもならない。ジリジリしながら昼過ぎ、ノート五冊を出し、読む用意をする。近くでフルートの音色が聞こえ、月のさばくとコンドルは飛んでいく、二、三日、この寒いのに林の中で練習しているらしい。終わるとテナーサックスのメロディが流れる。どちらも好きな楽器だ。ことに今日は好きなこととさらいなことをはっきり確認しておこう。人、物、場所、本、音楽、数、その食べものや飲みもの。一冊ノート読むのに五十分から一時間かかる。八十冊近くなるノート、字が乱れている時と妙に光輝きのびのびとしている活字を見た時、やはり書いておいてよかったと思う。

　昨日、いつもの散歩道の石の上にポツリとフランスの水が一本あった。透明でまろやかな味のするペットも中身も好きだ。コーヒーをわかして二ハイも飲んでしまう。大きなビンのブランデーやウイスキーを買えないのが残念だ。今年一度も角オールド、レミーも飲めない。一万円札さえ一度もめぐらなかった。去年の日記に来年こそは、来年こそはこの貧しさより離れようと書いてあったが、ますます貧困に押しつぶされたこの秋を思い、平十五年も終わるのかと思うとなさけなくなってくる。

　二冊読み、三時になった。どんよりと暗く、今でも雨が降ってきそうだ。暗くならないうち大根キャベツの一夜づけを作ってみよう。三時過ぎなのに暗くどんよりとした空もよう。新鮮な大根、紫キャベツ、ニンジン、ニンニク、大根の葉、五種類をきざみ塩モミにする。三分の一をクンセイイカ、ほしもの四種類を入れ煮ものを作る。色あいがきれいだ。バナナ数本、サトウ、水で煮てスープを作り、ビール半分で早めに夜

＊この頃、工場や倉庫から廃棄されるバナナやハム・ソーセージなどの肉加工品が毎週テント村にトラックで大量に運ばれ、住人たちで分けあっていた。

食をする。十時近く、あまりもの冷えに七、八枚、衣類ぬのをかぶり横になる。飲みものが少ない。体のしこりのとれないまま眠る。

11月30日

十一月三十日、昼近くまでぐっすりと眠る。どんよりと雨雲におおわれた空。足りなくなった調味料、飲みもの、水。息苦しく外に出ずにはいられない。今でもまたふりそうな天候だが、三時半過ぎ、バナナをもち町に向かう。人出多い日曜の夕暮れ、一時間半ばかりぬれた大地を歩き、菓子、正油、マヨネーズ、レモン、小ウイスキー、ペーパーと補給をして、近辺のみを回る。フランスの水一本、カサ一本拾い、手もちの水を置きもどる。一時間半、やっとゴミやまわりの乱れをわずか清め、テントの中に入ると雨が降ってきた。無理にでも出かけてよかった。

小ビンのビールとの出逢い、初めての心なごむビンだ。まるでつゆ時のようなシメッポサ。十一月も無事に終わりつつある。八時過ぎ、感謝の経八カン唱え、ゆったりと食事をする。十時過ぎより雨の音を聞きながら横になり時刻十二月一日を迎える。一時近く、突然天上をこえたような精神が高まり止まらない。まるで白銀の世界だ。初めての体験の中で不可思議な心身を思い、夜明けに眠る。

12月2日

十二月二日、朝八時近く目が覚める。雨上がり青空が見える。湿気ぬれたまわりをかたづけ、今日は喫茶に向かおうと初めての衣類を身につけ、スーツケースにびっしり荷物を入れ、まるで海外にでも行くような姿だ。心は早く早くと食事もせず町に向かっている。

十二時過ぎ、明るい光がまぶしい。人出少ない雨上がりの大地をふみ、大通りまで向かってみる。酒二箱を買い五百円玉をくずす。バナナ三本と玉ネギ一個交カン。あまり目立つ服装なので人がジロジロながめ回す。恥ずかしいが、三ヶ月前ステキなデザインと思い一度着てみたかった。お金わずかある間、せめて気分を変えて喫茶に向かおうと、一時過ぎるのを待ちゆったりイスにすわれることを楽しみに歩く道……。午後やっと客少ないカウンターの席についた。

五時過ぎうす暗くなってから遠く旅をしたような気持ちでテントもどる。ちょうどハムやソーセージ、米を戴いたおばさんが洗たくをしていた。お礼の品、室内ソックス、やわらかいキジのＴシャツ、紫ローソク二、ライターと用意してあった。ふくろを渡し、ホットさわやかなつかれにさっそくお酒をさかずきに入れ味わってみる。味わいがまろやかだ。酒クセが悪くないからお酒は飲んでも大丈夫と言ってくれた母の言葉を思い出す。せかされる暮れは心ざわつきおちつかない。ゆったりと夜食の用意をして、一合の酒をハムステーキ、野菜でおいしく戴く。十二時過ぎ横になる。

12月4日

十二月四日、十時近くスッキリと目が覚める。明るい日差しがめぐってきた。きれいなぬのでシメナワのようなヘアーバンドを作ってみる。

十二時過ぎよりノートと共に過ごす。雲にかくれた太陽の姿は消え、肌寒くなった四時過ぎ、身じたくをして町に出る。五時近く近辺のコースをめぐる。タバコシケモク三箱やっと拾い、気だるく淋しい気持ちのまま一時間ばかりでテントもどる。出かけ金真残したカンの箱よりカイロ、線香、歯ぶらし、石けん、頭の毛をきったハサミ、センヌキが出てきた。おもしろいビン、オーストラリアのビール一本あったがセンぬきが必要であった。線香、カイロ二つ、歯ブラシを箱に入れ、ゴミ箱の近くに置いておこうともち歩いていると、洗たくをしているおばさんが、この間は小物ありがとう、私かわいい小物大好きなのと、ハム、ソーセージの礼に出した品を喜んでくれた。カンを出し中をあけ、必要なら使って下さいとあけてみた。カンがピカピカ光っている。ちょうど線香がほしかったわと喜んでくれた。金真も女性に、大事に使ったものを喜びもらってくれたら喜ぶだろう。

私、町にタバコ拾いにいくの……と、出てまだ一時間半もたっていない。水をくみ、肌寒く冷えこんだテントの中で夜食の用意をする。深夜一時近くまで三本のローソクでゆったり食事をする。

12月14日

十二月十四日八時過ぎに目が覚める。もう明るく人声がする。昨日戴いた真白いゆりの一リン、ピンクランの二リンの花が朝の光に包まれきれいだ。十七日の大そうじのため、気はあせるが、これ以上何をしてよいやらわからない。寝て起きて軽く食べる雑務だけでウンザリする。昨日の白ワインはフランスボルドーの産だ。今日の夜の楽しみに、日中を過ごそう。

　十時過ぎよりノートを読んでいると、どろ酔いのクマの声。私のビニールをドサドサいじり、あけようとしている。ネーサン愛しているよ。よろよろ朝よりひどい状態だ。困ります。テントこわされたらもう今年は作れません。やめてください。あまり酔わない時に歩いて下さいと泣きそうな声で叫んだ。またくるよとどろどろかすれた声で去った。もうこないで下さいとおろおろしながらふるえた。青年の頃は福祉でフランスまで行ってきたと、二、三年前まではまだ酒を飲んでもしっかりとした面が残っていたのに、何というひどい乱れ方だろう。病がひどい現象だ。やりきれない思いに怒り悲しんだ。

　十四日昼過ぎ、午後三冊ノート読み、気を静め新しいノートに文字をつづる。昨日駅たどりついた帰り、底のきれた大きな紙ぶくろがあった。中に二、三枚ふくろが入っている。ゴミぶくろによいと持ち上げると中より新しいジーンズの黒スカート二枚、黒長目のベストが入っている。サイズがピッタリのようだ。かかえもどった品を昼の日差しに広げ、気をまぎらわす。昨日日中、ふと思いついた。十八年以上も保ち、持ち続けた紫スーツケースがかきさすりきれてしまった。銀のテープで直し、やや見られるようになった。

　紫のレース包み、あらためて匂いぶくろ、レースパック衣と共にととのえる。目覚めて光包まれた、色とりどりの思い出の物も、一つ二つと消えてゆく。

　午後、新しいノートに文字をつづり、五、六月頃のノートを四冊読む。

　三時過ぎ、日曜の夕暮れの散歩に向かおうと陽（ひ）が西に沈む頃町に向かう。公園を出る時、一枚のはり紙を見る。公園の軽作業が再び始まるらしい。八〇名、八千円、十二月十八日一時と書いている。春、一度五日間、一日八千五百円で勤めたことがある。二十三日より二十何日かまでと間近なちらしに、仕事めぐるものなら助かると思ったが、クジびきは運、不運だ。あてにしないで十八日様子を見よう。この二、三日、仕事もないのに作業着を着て歩いている。今日よりの沈黙を来春に至る方向へ、日々のつらさのかてにしよう。

わずかなお金を持っても、土台を変えることもできない現状と国民権のない立場は空中ブランコのようだ。大事な地にあり地につかない生活。日本に生まれ、人権奪われた長い人生はいつ安定した人間生活を回復できるものだろう。

人出多い町の中をタバコ拾いながらゆったり歩く。飲みもの食べもの補給。すみきった夜空の星が美しい。

12月16日

十二月十六日、朝八時過ぎまでぐっすり眠れた。風強い晴天だ。波打つテント。軽い食事をしてまわりの整理。金真二年間頭をかったハサミ二本を十八年以上保ち続けた。銀座で金、銀を買った、銀のマフラーをきり、金の紙に包み、紫のヒモで結ぶ。毛並みよかった。金真の頭は人より大きく右巻きつぼであった。坊さんではないが技術者、職人として二十五歳より毛を伸ばしたことはないらしい。五分がりのカットをうるさく注文する。まるで床屋になってしまうような気持ちであった。もう一つ、太陽、月、地球、星、黒革に金銀の丸い金具のついたベルトを同じぬので包み、かびないよう銀の紙に包む。

三つ目、紫の大きめのリボンときほぐすと三つの細長いふくろができた。それぞれ大事なものを入れる。聖作業、*緊張する時間約三時間。身動きとれないせまい空間、風で今でも飛びそうなビニールの音。

三時過ぎ、明日の大掃除のため、気があせる。今日はこのまま外に出るのをよそうと、わずか切った穴より外を見ると、南面の天上があわい紫の色に包まれている。生まれて初めて見る空。西には光々と太陽が輝いている。東はあわい青白の空だ。不可思議な一瞬。一時間もすると灰色の空に変わった。ノートを広げ読

＊小山さんにとって大切な物を整理し、包み直したり、色の布で小物を作ったりする作業のこと。「精神作業」とも呼ばれる。

み書き、日中が終わる。

12月18日

十二月十八日、朝五時半に目が覚めたがまだ早い。再び二時間ばかり眠る。

八時過ぎ、明るい光がめぐってきた。パン、バナナ、コーヒーをのみ、高なる心に不安定だ。ノートを開き昨日を回想して、今日の午後無事過ぎてくれることを祈る。借りや戴きものは、必ず礼がいる。拾いものはその品や物によって必要なときは使い、また、出す。現金の働きは、できることしかできないが、現在めぐる機会がない。去年も一度今日の日に、七〇番のクジがあたり*、五日間現金の働きができた。おかされた人間機能の働きがわずか回復したものの、それ以来、借りや小物、本で二万少しばかりしか現金が入らなかった。九月より十一月までの日々は、二度とくり返したくないようなわびしさであった。

昼過ぎ、身軽にして風強い外に出る。金真去った地をめぐり、広場回り、一時近く、管理事務所に向かう。二百名こえる人でいっぱいだ。まるでギャンブル場に向かったように、皆、緊張に興奮している。女性は二、三人だ。年配者の多い十八日午後のクジびきを待つ時間、天上の光を仰ぎ、心ぞうのふるえをおさめる。二九九番の番号を戴いた。クニ、ニンニク、耐える時間。肉体的に健康そうな人は少ない。

一時間後、番号を呼ばれた。当たった喜び、来年二月十六日より五日間らしい。三月のときと同じ会社、カントクも同じ人で、元気よく、おかーさんカゼひかなかった……？　と私の顔をおぼえている。八十名、喜ぶ人、百二十名以上ガックリする人の中で、今年二十二日からの仕事であったらどんなによかっただろう、二ヶ月近くもある期間、どうして過ごしたらよいのだろうと、新たな悩みと不安が走る。三時半、解散となった。興奮が止まらないまま、残りのタバコ一本を吸い、町に急ぐ。

風と冷えでこりかたまった心身を、今日は喫茶で解きほぐすことはできない。路から路をぐらぐらしながら歩き、タバコわずか拾い、テントもどる。気をおさめ、今夜は何も考えず、ぐっすり眠ろうと夜食をして、一時横になる。

12月25日

十二月二十五日、十時近く、この地に来て初めての冷えこみと寒さに体中がガタガタふるえ、ハナ水、くしゃみ数度、まくら元にさげたふくろを見て、カゼのプレゼントはいらないわと、ガタガタしながら身をととのえ、ふくろに大事なものを入れ、小銭入れ百九十円を保ち、イタリアまで回ってみよう、カゼが悪化しないよう早目に治そうと外に出る。

雲横たわり、かすかな光がちらちら見える。人の心にある神は、それぞれだ。天上を見て、イエス、メリークリスマスと声を出して町に急ぐ。バナナをもち、わずか食べもの、飲みものを補給をして、一円拾う。一時近く、喫茶にたどりついた。おだやかな人でにぎわっている。骨のふしぶしの痛みで気だるい。熱っぽい目、こんな時どうしていつも私は、ことに貧しいのだろう。

せめてこの時間を大事にしよう。今日の寒さをふせぐよう気をつけよう。

＊東京都の公的就労事業の抽選を指す。9行後の「クジびき」も同。

12月29日

十二月二十九日、朝八時近くまでぐっすりと眠る。まだ肌寒く、シモで包まれた冷えこみ。再び横になる。目が覚めると昼近くだ。明るく暖かい太陽の光がめぐってきた。

せかされる不安定な心。何から始めてよいやらわからない。めぐらぬ金。もうこんな状態の緊迫は許しえないと内心叫び、悲しみをこらえる。コーヒーをカップ二ハイ温め、身動きできないほど、身は重い。気力も出ないわびしさの昼、十三年秋のノート三冊読み、二年以上にもなる貧困生活、現在ますますひどくなっている現状に耐えかねる。いつまで、こんなに困らすものだろう。私はいやだとつぶやきながら、夢も希望も色あせ、ふてくされた意識にまい没してしまった。時間は刻々と過ぎていく。出かける身じたくの用意する気力も出ない。ぬるいコーヒーとビスケットを食べ、ノート読み終えると三時になった。南面の空が、今日もあわい紫色に包まれている。ジッと感情の静まるのを待ち、あまり〔に〕も人間それぞれに苛酷（かこく）なきびしさをあたえる不平等をうらまずにはいられない、もう何も思いたくない。なお沈黙を深くして、自己の内なる源に沈没する。

２００４年１月１日

平成十六年一月一日、朝九時近く自然に目が覚める。今までの中で一番寝ぞうよく、七、八枚かぶっていた。衣類も乱れていない。ホッとする。明るい太陽の光ののぼる晴天だ。あらためて新年のあいさつをして、普段より質素なテーブルの貧しさは平十六年の出発をかなでる気迫も出てこない。せめていやなものと出逢わず、今日を迎えたことのみだけでもありがたいと思い、のんびり行こう。

ノートを出し、空しさを忘れる。六時間、読み続ける。今日の出発がそれなりに無事過ぎてくれなければ、今年も暗く重い歩みになってしまう。お酒が一滴もない。二十円では町に出る気もしない。夕暮れになってしまった。いつもより少ない夜食をして、気を荒らさないよう沈黙の一日の夜を迎える。静かな空間、予定も計画もできないもどかしさ。七時過ぎ、まだ早いが横になる。約十時間近くぐっすり眠ることができた。

１月２日

一月二日、さわやかな天候だ。十時近くより身を洗い、衣類上新しいメンTシャツ五枚を替える。食べものもぎりぎりにとぼしい。十一時過ぎ、初歩きをしようと外に出る。金曜のバナナ、ハムの配給も今日は休みだ。菓子二、ミカン二、タバコ三本を売店で寝泊まりする人に渡し、広場に向かう。

十六年の歩み、ひっそりとした森の空間、金真の地、いつものコースを一回りをして、町に向かう。人出でにぎわう路上は、車通行止め、参拝客の人群れは、昼の太陽に包まれ、とぎれることのない列を作っている。町並みや路を、おめでとうございますとつぶやきながら、あい変わらず不足しているタバコ、食べもの、飲みものを補給しながら二時間ばかり歩く。ふくぶくろがちぎれ、衣類数入ったふくろ二つがゴミ箱にある。ちょうどほしかったジャンパー二枚、ズボン一、マフラー一本、半ソデシャツ、アロハー一枚と半分戴き、一時過ぎ、公園にもどる。

　静かな夕暮れ、両どなりは洗たく山もり、ふとんをウラほし、大工仕事をして一見、のどかに見える。普段の量半分の淋しい夜食を終え、九時過ぎ横になる。初夢、いやな場面。ボスがこの女を殺してやろうと不動産屋になって京都の町の一室にいる。午前二時、いやな夢で起き、再びよき夢を見るよう眠りに意識を向ける。

1月3日

　一月三日、八時近くに起きる。今日も明るい太陽が輝き、湿気少ない。下身（ママ）、足洗い、六枚衣類を替える。去年拾った赤いズボンがサイズピッタリだ。上、下やっと身がととのった。五時（ママ）あまりの時間が過ぎる。

　三時過ぎ、新しいジャンパーを着て二日目の町を歩こうと外に出ると、売店の水道で髪を黒くそめているボスの姿が見え、ジロリと私のテントの方向をコウフンをしながら見つめている。ゾッといやな気分で全身に痛みが走った。黙って下を向き、かけ走るように町に向かった。なんと言ういやな場面に出逢ってしまっただろう。怒りに興奮している。

　昨日より人出多い町並み。昨日よりコースを大きく回る。連続の晴天にめぐまれた東京正月、この町の活気は、沈む心を払いのけるようだ。タバコ、飲みもの、食べものと意識しながら補給する。現金十三円、ライター二、タバコ四箱、パン二、弁当一、つけもの一、ビール残り酒残りわずかそろう。暗くなりつつある五時過ぎ、不安ながらトボトボ公園にもどる。ぐっと胸のつまるような暗い空気。今年も、その地にいる限り離れないのかと思うと無気力になる。

　昨日、金真がやせこけて、食べものを拾い集めている夢を見た。今後の日本の動きや様子もわからない。近くの人が病ひどく救急車で運ばれたと女性の声を出がけ聞き、この寒風と冷え込みの貧しさにどれほど耐えられるだろう。一日一日が緊張と不安にふるえる。初めての地での一人の正月も平静にもどれるよう、外界を離れ、夜食をゆったりとして十時近く横になる。

1月14日

　一月十四日、朝七時起きる。ぐっすり眠ったあとは過去の重みも消えている。かすかに光輝く空……。今日も始まる。予定のない歩み、人間と森の空間の中で一人過ごした一年と三ヶ月あまりの人生は新たな命と感覚に生きている。

　初めて焼酎（しょうちゅう）を地にわずかこぼし、沈黙のまま町に急ぐ。今日はことに町並みの路上がきれいだ。ちり一つ落ちていない。人出少ない昼時、太陽の光に包まれた参道も小川のようだ。不足しているものをわずか補給をして、二時間あまりで広場めぐり、テントもどる。洗たくわずか夜食のもりつけをして夕暮れの時間、昨日の貧しさを一瞬忘れ、五時近くより早目に食事をする。正月らしき色あいの食べもの、丸い入れものに一サラおいしくゆったりと飲み食べ味わう。

　九時近くより横になり、果てしなき旅路の空中をさまよい、寒さ忘れ幻想の世界に心身をゆだねる。一月十四日も無事過ぎてゆく。時計の針を見つめぐっすりと眠りに入る。久しぶりでナポレオンの夢を見る。

1月22日

一月二十二日木　肌寒い夕暮れ、礼の品二ふくろ用意をしてテントを出る。金真の地に向かおうとすると、一円を拾う。町に向かうといつもより人出多く活気がある。二時間近く、いつものコースをめぐり、衣類ぶくろ野菜の所に置き、小物、カイロの地に置きもどる道中めずらしい小物に出逢う。如水（マ）で作っ（マ）た初めて見る小ビン、まるでクスリのような味気ない形のビンだ。二合近く入っている喜び。

　夜に灯るネオンを見送り、森にもどる。軽く夜食の用意をして、さっそく太いローソクの灯で今日の出逢い酒を一合近く飲み、体をあたためる。中味はまるでおいしい日本酒、ブランデーのようでまろやかだ。値も高い。十一時近く横になったが意識冴（さ）え、痛みのためおかされた神経の緊張がときほぐれたようにスッキリする。果てしなくすばらしい旅を久しぶりで四時間近くさまようことができた。萎縮（いしゅく）した精神の解放、汗がふき出すほどの身のぬくもり、寒さ忘れる一瞬、天上にたどりつきそうな興奮と情熱は光そのものに近よっていた。表現することもできない不可思議な意識包まれ、夜明けになってしまう。久しぶりで明るい時間、ぐっすりと眠る。

1月24日

一月二十四日、朝七時スッキリ目が覚める。今日、ローマ皇帝ハドリアヌスの誕生日だ。起き上がり、何もないがたっぷりと像の写真に紙を灯し、コーヒーをいつもよりこい目に、ローソクの灯で二ハイ分を作る。イタリア喫茶、今日も行けそうもない。一枚長そでブラウスを洗い、手がシビれるように冷たい。

曇り空よりあわい光が輝いている。新しいノートを出し書いてみる。二冊のノートを読み十二時近くだ。ボールペンがつるつるすべるほど、紙があつくやわらかい。

日が沈まないうち、町に向かおうと身じたくをしてあついコートを着て外に出て広場向かったが、背負うカバンを忘れてしまった。苦労をしてまわり気づかい、やっと出たのに、コートの重さで忘れてしまった。失敗を笑いもどる。子ひつじを一とう背負っているような色とぬののあつさは暖かいが動きがにぶくなる。

三時、駅にたどりついた。土曜の人の活気でにぎわっている。めでたい町並みをまっすぐ歩き、庭園広場にいたBちゃんの誕生日でもあることを思い、時の流れの早さを思いながら、食べもの補給の店まで向かい礼のふくろを置く。ボーシ、小物、ベルト、他。今年も動き始めた日本の冬……。

路から路をめぐり、タバコ拾い、長マルボーロ十五本入りと出逢い、やっと心に灯がついたように意識よみがえる。反対のコースをめぐり、最後一番楽しみがある道にたどりつく。おもしろい物に次々に出逢い、ふくろがややいっぱいになった。ボールペン、新たな油性が入っている。新製品五本、白ワインフランス小、パン一、赤ハン一、菓子、ローソク、白手ぶくろ、ちょうどレース白手ぶくろが糸が切れ親指が出て乱れた。

五時過ぎ、町を離れ陽が長くなった空を見上げ、金真の地を通り、まっすぐもどる。一枚のTシャツ、水をくみながら洗う最後の働き、一人の若い男性がナベ、食器をかかえとなりに来た。友人がたくさん集まるらしい。寝ぶくろ一枚あるのであげましょうかとやさしい言葉を戴いたが、二、三日前もうふのようなコート入ったのでよろしいですとことわり、お先にとテントもぐる。

気を静め、少し人と話をしただけで頭上が混乱する。今日はささやかな楽しいパーティをしようと、品物を並べ、像を前にめでたい気持ちで十時過ぎまで、イタリア、ローマに向かったつもりで楽しく過ごす。十一時近く横になり、一日を回想する。十六年の沈まる生活は淋しい。

1月25日

一月二十五日、十時近くまで横になり寒さをこらえる。底びえのする時間、現実でありえない不思議な夢を見る。黒夢（ママ）の中で声まで出し対話する。出逢いや行動はさまざまだが、人間には自由創造力、自分も知らない無意識の機能が秘められているような不思議な目覚めを毎日くり返す。誰もいないただ一人の肉体だ。

明るい光もめぐってきた。さっそく白い手ぶくろをはめ、新しいボールペンで書いてみたら、字も安定しないが、ペンは書きやすくよかった。コーヒーをわかし、昨日そえた丸い太陽のようなパンを食べる。大きく太いバナナを切り、ワイン、水、サトウで温めてみる。昼近くなる太陽のぬくもりで寒さの緊張をときほぐし、Tシャツ二枚を洗う。二、三日前、足をあたためるカイロに出逢って両足の指先にはって寝たが、あまりもの底冷えにあたたまらない。

2月4日

二月四日、朝七時半におきる。寝ぞうよく一度もおきずぐっすり眠れたのちは気持ちがよい。デッサン鉛筆で絵を五枚ばかり自由に描いてみる。一枚、一枚が皆違い、形ととのわない。三日の深夜は富士山の七号目付近の雪の中にいた夢を見て、こごえるような冷たさであった。一度頂上の地まで向かったことがあった。現実では五合目まで車でドライブに行っただけだ。特別登りたいとは思わない。月の岩面で遊んだ夢もあったが、何もない暗闇、地球の人間が作った知的な町並みがなお恋しくなるような想像もしない夢をよく見て、見たこともない食べものや飲みもの、建物の中で誰かと語り動いているもう一人の私。同じ場面を見たことは一度もない。一番母の夢をよく見る。

2月7日

二月七日、朝、七時のマイクでおきる。ぐっすり眠れた。火を灯してあたたまり整理、身をととのえ絵を一枚描いてみる。少年のような姿にそのたび違うイメージの像が、形が変化する。

　昼近くよりノートと共に過ごす。明るい太陽の光もめぐってきた。午後ノートと共に過ごし夕方町に出る用意をして絵一枚、小物もち、町に出てみる。土曜の人群れの中をタバコ拾いながら歩く。いつもの道、飲みもの、食べもの、必要な品をわずか補給をして二時間あまりでもどる。夜食の用意をゆったりと時間気にせずそろえ、十一時近くまでローソクの灯と共に食事をする。真夜中三時過ぎまで眠れぬ意識に心は別世界をさまよっている。たどりつきそうでたどりつかない。

2月8〜9日

二月八日、十時近くまで眠る。寒気でどっとつかれる。暖かい光に包まれ十一時近くより再び横になり午後、四時近くまで夢も見ずぐっすり眠る。あわて身じたくをして夕暮れの外に出る。

　十二時間近くも眠ったのちは意識スッキリしているが、背骨が痛む。日曜の町並みの中を半コース、タバコ拾いながら歩く。菓子、カイロ、ワカメと二時間あまりにそろった。七時半過ぎ、公園にもどると東の方向が輝いて見える。丘の上より何だろうと遠くを見つめると大きな月の姿だ。思いがけない出逢いの時間、冬空にのぼる月の姿を仰ぎ、日曜の夜の静けさと淋しさに感傷的な気持ちに支配される。

　荷物の整理、夜食の用意をととのえ十二時過ぎまで食事。横になり大きな月の光をまぶたにうかべ、日常のつかれを離れ空中をさまよう意識。昨日たどりつかなかった光の元に今日は近づくことができた。心の安らぎの中で思う存在、あってないような幻の時間はあっという間に過ぎていく。

　五時近くより二月九日朝九時過ぎまで眠り、光めぐる暖かさに起きて、イメージの像を三枚ばかり描いてみる。そのたび違う姿と形だ。目より涙が出るほど集中して描くことはつかれる。昼過ぎてしまった。菓子、モチ一個を食べノートを開く。

　今日は父の命日だ。二十五年。つい最近夢を見た。養老院アパートに入っている。お酒も飲めるらしい。数夢見るごとに場面は違うが、消えたはずの姿は六十過ぎぐらいの姿のみだ。命日は誕生日という言葉を思い出し、暗い悲しみより離れ今日の九日が無事過ぎることを考えよう。昨日帰る道中、陸橋で大きなハサミを拾った。いろいろな使い道があるが、過去のくさびをたちきろう。

2月10日

二月十日、朝の九時近くおきる。たっぷり眠ったのちの目覚め、今日のカテもとぼしい飲食。天候の明るさが続いている。ゼニ・アール、ゼニ・ツマールの絵、ローソク、マフラー、夏用ワンピースをもち町に出る用意をする。金真の地も二日ばかり通っていない。菓子、モチをかかえ十一時過ぎ、大きな光に包まれ真冬の大地を歩く。ひんやり身にしみる風、静かな空間と大空はすみ渡り、金真の地の前が工事中だ。丸十五年近く通い歩く道中は町も自然も工事、工事の連続ですっかり歩く道も変化をした。まっすぐ大通りを歩いてみる。ロケで人出多い。二時間近く半コースをめぐる。

2月16日

二月十六日、六時過ぎ目が覚めた。突風がうなり声をあげている。大丈夫だろうか。不安が走るが、とりあえず八時半、約束の場所まで向かお＊と、八時ちょうどテントを出る。風も止まった。広場めぐり明るい太陽の光を仰ぎ、長すぎた貧苦の精神的つかれを少しで〔も〕治さなければならないと、仕事の意識に集中をして、八時十五分、管理事務所の前まで＊う。十人ばかりが並んでいる。今日はこの公園の軽作業で、のち四日間は近くの公園と場所も知ることができた。

去年と同じ場所で午前の時間、かれ葉そうじ＊五分休けいでジュース一本＊年のカントクの姿は見＊ず、二人の年配のおだやかな会社の人だ。九人の男性は一度も顔を見たことのない初めての人だ。特別いや味ある人がいない。

昼一時間、菓子、ベビーソーセージ二本、小カンヅメ、コーヒーと手もちの少ない食べものを口にふくみ午後の作業に入る。私が現在住んでいる近くのかれ葉そうじ。汗がにじむほど暖かい。皆、今日は特別調子よく働いたと、四時作業が終わった。

現金八千円を戴いた時の喜び。つかれも忘れる＊つも食べものを補給に協力してくれたイレブンにまっすぐ向かう。自分自身の明日のはげみに使おう。

　ブランデー一本、小焼酎二、パン、むすび、ウドン、タバコ三箱を買い、二ヶ月近くぶりで喫茶に入ることができた。なんとつらかった正月と＊冬の日々であったろう。涙あふれるほど、今日の現金の恵みと現実を生きる元気が出ないことには始まらない。カウンターの席が一つあいている。ホッとする。

2月19日

二月十九日、朝六時過ぎ自然に目が覚める。今日は目覚ましが三度音を出しただけだ。

　パン、コーヒーを飲み、八時テントを出る。おだやかな天候に恵まれた日より、皆元気よく働き明るい四日目、四時近く無事終わった。かれ葉、量の多さ。右ウデが深く痛む。去年の三倍の活気ある働きだ。

2月21日

二月二十一日、十二時間近くぐっすり眠る。朝五時に目が覚めたが行くあてのない体は再び眠る。

　あわてることはない。安く角よりおいしいウイスキーも数ある。風をしのぎながら町まで歩く。近くの酒屋に入り、タバコ赤マルボーロ、角小ビンを買い、喫茶に入る。とりあえずの気休め、みやげだ。ゆったりと鏡の前でノートと共に時間を過ごす。夕暮れ、アヌール＊＊に買ったイングランドの長いタバコ二本を吸い、日本を離れるような気持ちで過ごす。テントの中でラジオがあっても音楽一つ聞けるような状態ではなかった。ジャズのメロディが流れている。久しぶりだ。あんな思いは二度としたくないと困らせた十五年近くの人生とサヨナラをしたい。二年以後、公園住まい、ホームレス二千五百人近い人の移動アパート＊＊＊六億円の予算もたてられているらしい。

＊以降、ノートが破れて読めない箇所を「＊」で示す。
＊＊小山さんが憧れ、心の支えにしていたらしい存在の一つ。
＊＊＊東京都が２００４年から実施した「ホームレス地域生活移行支援事業」のこと。

公園に住み生活することを望んだことも想像したこともない。ただ月日が流れ、慣れて慣れ得ない現在四万円ではどうすることもできない。二時間あまりで町に出る。タバコ二箱、果物、ミカン二、リ(ママ)、ローソク二

2月22日

二月二十二日、そぼふる雨に包まれ、夕方、三時近くまでぐったりと眠る。

二日目につかれがやってくる。右ウデのつけ根が深く痛む。平常にもどるまで一週間はかかる。ことに暖かい、この一週間、昨日、衣類上を替え、今日は下を替える。水で洗う足もどろだらけだ。

外出をやめ夜食をしようと昨日作った料理、パンとあらためて意識切り替え、ツェール太子にそえたウイスキーを戴く。おいしい味わいによみがえる意識、天上にのぼりそうだがたどりつかない。ビン半分ほど夜明け五時近くまで、ローソク四、五本、たっぷりと使い過ごす。

2月24日

マンガ残り七冊をもち、十二時近く、新書店に向かう。本当に読みたい本があったら千円用意をしている。二階の文庫本の前でさがす。二、三冊読みたい本があったが、一冊を選ぶ。ベルクソン、思想と働き(ママ)、九百三円、今日の出逢いとする。

まっすぐ大通りに向かう。酒五個、タバコ一箱七百八十円、マンガを二冊、二冊と置き歩く午後の道……。一時過ぎ、喫茶に入る。二階カウンターで本、ノートと共に過ごす。お金とぎれぬよう今後のことをゆっくり考えよう。

2月26日

二月二十六日、十一時間ばかりたっぷり眠れた後は意識スッキリしている。一度も対面したことのない総理の夢を見る。不思議な気持ちだ。これで二度目。まるで五月近くの気候にテントの中はムットするほど暑い。近くでまた、飲み会だ。今日の予定を思い、午後、野菜塩モミを作り、二時過ぎ、水をくみテントを出る。

金真の地を回りまっすぐ本、ノートを読む楽しみに

喫茶に入る。店員の人が、十一枚千六百円で券がありますけどと声をかけた。ずいぶん安い。帰りまで考えておきますと二階カウンターで二時間少しをゆったり過ごす。しばらく離れた音楽のメロディが心よい。やはり券を二冊買っていこうと五千円札を出し、しばらく通える楽しみをかかえ近辺散歩をして、水二本、菓子二、ショートホープ一を買い、五時近く、公園にもどる。小池のさざ波が美しく光にゆれている。夕陽は沈み、静けさに包まれた森。

六時近く、テント入り、作った夜食を戴く。十時近くより異常事態が続く。止まらない歌と言葉ふき出し涙ボロボロ流れる。不安と恐怖に包まれ、三時近くまで高い声がふき出す。言葉と歌、誰も何も言わない。空しい淋しさが全身を包み、やりきれない思いだ。この地で初めてだ。酒一合、金真にそえた角小わずかのみで酔う量ではなかった。横になったがガタガタと寒気で眠れない。

２月27日

二月二十七日、嵐のあとの静けさより離れた意識はもぬけのからだ。昼近くの太陽の光がめぐるまでふるえをおさえながら横になって、昨日の異常事態の自分を思い自己嫌悪におちいる淋しさ。外に出る用意をして、二時過ぎ角小をもち金真の地めぐり、まっすぐ喫茶まで歩く。白雲うかぶおだやかな天候だ。

二階カウンターでノート、本で過ごし、気を静める。二時間あまり過ぎたような、休養でよみがえった。人でいっぱいになった。外に出ると、まだ時間は早い。近辺散歩をして四時過ぎ、広場大きくめぐり陽のしずまないうちテント入る。昨日の不思議なはき出しに、呆然と心不安定だ。

２月28日

二月二十八日、朝の九時近く、スッキリと目が覚める。十一面観音像と出逢ってから二十六年目になる。

東京駅まで行ってみよう。向かえたら上野も行ってみたい。おだやかで暖かい気候だ。身じたくをして、東北、関西に向かったつもりで、十一ヶ月、一年近くぶりで電車に乗ってみようと十時テントを出る。何か今後の人生がそれなりに開くことを願いながら十時半過ぎ電車に乗り、あっという間に東京駅についた。いつも歩きめぐるコース、活気ある旅行く人の姿、飛び乗ったら日帰りでもできる。

東、西の列車見送り、ちんみわずか買い、上野まで向かってみる。昼のアメヤ横丁なつかしい。おかち町より上野駅改札口まで、ぶらりぶらりとめずらしい食料をながめながら、何年かぶりで歩く。東北への列車を見送り、金真、父の墓参りも行けないが、数通ったなつかしい上野駅を短時間で離れ、涙こぼさないよう、七年近くぶりでガード下のやき鳥屋、大統領まで向かう。一つのイスがあいている。幾度か通った店がまだ活気よく保っている。顔をおぼえていてくれた。カウンターの片隅で酒二ハイ、つけもの、やき鳥塩焼き一サラをたのみ、生きる気力に包まれた人々の姿を久しぶりで見た。千円少し、一時間あまりで席を立ち、アメヤ横丁でしか買えない品を選び買い物をする。スダコの頭千円、小女子（こうなご）、タラほしもの、ワカメ、ちくわ、食べたい品が数あるが予定より二倍になった。ウイスキー一本で、ホワイトホース、交通費往復分ほど安い。六千近くの出費、重い荷物も中味は久しぶりでドッサリとある。

駅につくと、ちょうど二時二十分。四時間あまりの小旅だ。

駅近くの喫茶で気を静め、幻の夢を見ているように早いめぐり、いつもと変わらないリズムを取りもどす。ベルクソンの本の活字と共に二時間あまり過ごす。

3月1日

三月一日、朝八時近く起きる。雨しぐれポッポッふっている。みぞれのような音もする。肌寒い一月の出発……。ノートと共に三時間あまり過ごす。ざわめく春、おだやかに楽しく過ごしたいが、失敗と情緒不安定が少ないよう気をつけて歩もう。

昨日はツェールのグループとともに山の頂上、ケーブルの箱の中で遊んでいる夢を見る。淋しい山は行きたくない。

夕方より雨はやんだ。湿気に包まれたテントの中で、夜食の用意をする。一日早々の休養を大事に、あらためて買ってきた食料を何品か作り、暗くならないうち食事に入る。

3月2日

三月二日、十一時過ぎに目が覚める。

　昨日の夢の豪華な場面がまぶたを離れない。深紅の建物はしょうしゃ（瀟洒）で銀のふちがついている。中は見たこともないししゅう入りの一メートルもあるベッド二つ、ある人が導いた部屋。金真もいた。深いこげ茶の木でつくられた高級レストラン、しっとりと上品にうるおう空間にしょうぶの花、あついレザーのイスとテーブル、案内をした紳士も見たことがない。閑静（かんせい）な地に向かった夢は、再び眠りと共に続く。山々のいただきに軒並みに作られた知的な品々や喫茶、散歩道、人それぞれがファッションで、まるで新たな感覚で広々とすばらしい。

　目覚めて、うらぶれたテントの中にいるのが息苦しくなってくる。ウイスキー、貝ばしら、ミカンをもち外に出る用意をする。雨上がりおだやかな春日和だ。金真の地めぐりツェールより戴いたウイスキー、フランスの水、カムールより白マルボーロ一本に火をつけ、三月も始まる。残りわずかを大事に使おうと残五千円少しをもち、駅近くでハイライト一箱買い喫茶に入る。窓辺の席があいている。ゆったりの我に返る時間、ノート、本で過ごす。二時間あまり、なつかしい席で活字と共に大事な時間終わる。

8月19日

八月十九日、新しいノートだ。

　幻の一週間の旅も終わり、現実に目覚めた。空しさの中で目が覚め、あらためてみすぼらしい空気と現在の生活状態に身ぶるいするような不安がおしよせる。まわりの雑務、息苦しいむし暑さの中で、もう身動きできない。念入りに身を洗い、今日は外に出るのをよそうと意識切り替えた。内面に過ごす。日本の夏、盆も終わっただろう。不気味な静けさは、秋に近づく気配に社会の動きが伝わってくる。
　二、三日前、おもしろいノートに出逢う。もうおしまいにしようと思った瞬間、次の出逢いが待っている。日中、ノートと共に過ごし、身を楽にして、残りわずかな食料で夜食をする。助けてくれたフランスリキュールのお礼の品、数々をふくろに入れ、明日の仕事にしようと二つ目を用意する。食べものの礼、そのたび、小さなふくろに時計や小物を入れ、ただで生きられる人間は一人もいない。現金のめぐらぬ不便なつかれがわずらわしく手間がかかる。

8月21日

八月二十一日、真夜中、女のうめき声がうらめしく風にのり聞こえる。人間の声ではない。こんなこと初めてだ。ひめいのように流れるうめき声。午前四時、ルーラ*の姿が飛んできた。静まるのを待ち、金真の地にも中世の髪の長い女の霊が肉体を去ったのち残されたらしく、遊女のように遊んでいる姿を夢で見たことがある。数不思議なことはあるが、あまりしつこい悪霊がこれ以上地上を離れなくなったら、恐(こわ)くまどうばかりだ。

朝七時より、かの女性が古びたワゴン車で大きな荷物も幾度も運び、テントをこわしている。本格的な移動のようだ。共の人は病院にでも行ったようだ。突然空間があいた。少しでも気づかいがないよう、今後を考えよう。

大きなリュックに、冬物衣類や、過去ふで字で書いた詩を数枚、びっしりとつめ、金真のスーツケースの中身を日にさらす。荷物をふやすまいと思っても、ついにふえてしまう。正常でシッカリとした現実の意識は、日常の雑務とこまかいやりくりについやされてしまう。

三月(みつき)にもなる百円近くのお金で、この真夏を過ごさなければならない気持ちと体験は、誰にも通じないだろう。こまらせる鬼神よ、早く去り、もう少し明るく生きていけるような人生を歩みたい。

8月24日

八月二十四日、十時、雨はやみ明るい光がめぐっている。ささやかな水分、うるおいに包まれた大地、ノートと過ごす昼時。昨日の夜は肌寒いほど涼しかった。衣、五、六枚かぶり、秋に向かう夜の二十三日も過ぎた。汗ばむ午後、物思い過ごす時間、二年ぶりで石けん水で顔を洗った。よごれは出ない。清浄綿のみで過ごした二年。

夕暮れの散歩に出る。静かな町並み、タバコ、ビールとそろえ、早目にもどり、夜にたなびく噴水のうるおう水しぶきが今日ほど美しく優雅に見えたことはない。夏のつかれを少しずついやそう。

8月28日

八月二十八日、肌寒いほどの曇り空だ。元気づけ、三度目になる。今年はことに元気がでない。現金のめぐらぬ淋しさ。

昼近く、町に出る。四国の人々の踊りでにぎわっている。わずか食べもの、飲みもの、タバコを補給できた。心臓が高鳴る不安はいつまで続くことだろう。

突然雲ちり、光がジリジリ数分輝き、やっと天を見上げることができた。

トボトボ帰る道、音楽堂を一回りして小雨ふり始めた午後、誰もいない森、噴水の前を通りもどる。夕暮れより食べもの用意、かわき物、カンヅメ、きまりきった軽い食料。幻想で戴く料理では胃ぶくろもみたされない。早目に横になる。

＊小山さんの幻想の中の人物。

9月3日

九月三日、昨日は早目におだやかに眠り、体調もやや治まった。夕暮れまで雑務、ノートと共に過ごし、町に出て、タバコ、必要な品をわずかそろえ、夜の町の路上を歩く道、やっとタバコを拾うことができた。リズムの狂った時計のように過ぎた百日間、幻想の救いに生きた。八月の一ヶ月は現実では考えられないことだ。

秋入る九月の静かな森の空間、声も出ぬまま淋しい夜食をとって眠る。

9月4日

九月四日、ぐっすりと眠り土曜の午後、雲あつくむし暑い日より、今でも雨が降りそうだ。にぎわう町の人出にホット不安な心をなごます。二時間あまり歩く道中、食べもの、飲みもの、タバコと補給しながら、礼の品二ふくろを置き、六時近くテントもどる。大ペット二（ママ）を久しぶりで水をくみ、夜の入る（ママ）時間、雷光が幾度も激しくなりひびく。

深夜まで続いた雨量とカミナリの音は、長々と天空をさまよっている。雨もりがする。あれた寝具、夜明けまで意識さえたまま、緊張のままだ。世界の動きが伝わってくる。今後の見通しもわからぬまま生きている人間の多い都会の日曜日。

9月5日

九月五日、雨もやや小ぶりになった。四時間あまりのすい眠。

音楽堂より流れる音楽のメロディ高々、迫力ある生演奏、痛んだ魂がなぐさめられる。呆然と湿気につつまれたテントの中で、身動きできない意識は、外に出られそうもない。ノートと共に過ごす。現実の真実のあかしが動くまで、情緒不安定な精神状態が続く。

9月6日

九月六日、不安定な目覚め。淋しいテーブル。再び不足している物の補給に町に向かう。昨日の休養は動きをにぶくする。二時間あまり二重に歩き、ダメだとあきらめたとたん、わずかめぐった食べもの、飲みもの、少ないがないよりはまだ心が安らぐ。早目にもどり、洗たく、水くみ。

夜に入り、とうと精神的つまりに、日本にいることの限界を感ずる。少し早いが、幻想で作ったフランスの部屋に一週間ばかり向かおうと決心をして、つまる日本の現状の圧迫、貧しさより離れる。

夜明けまで深く悩み、考え、息苦しい。

9月7～9日

九月七日、昼近くに眠りが覚める。風と共に雨が降ったりやんだり、落ちつかない気候。午後、身のよごれを洗い、むし暑さをしのぐ。

五時過ぎ、十八時間の飛行機に乗ったつもりで意識は日本を離れる。外出をやめ、強い風が吹き始めた天空、ゆらゆらゆれる大地、ビニールの音。小さなローソクの灯が、十時間四十分、八日四時過ぎまで火が輝いている。嵐のような強い突風は長々と夜明けまで続き、恐ろしい音のざわめきで気持ち悪いが、秋の天候はうつり変わりが激しい。

十一時近くまでやや収まった空気の中で眠る。昼近く、町に出る気力を出し、みやげぶくろ一をもち大きく回る。せっかく出逢った飲みもの、食べもの、道中、水くみ場でバッグを落として赤ワインのビンがわれてしまった。くやしい。悲しみがどっと空しいつかれとなって暗い意識にひきずり込む。皮肉な一瞬の悪魔。昨日の嵐に耐えたつかれが再びおそい、一番必要であった飲みものがコナゴナにわれる現象は考えられない。残念な午後の水くみ場の暗い念が追いかけてくる。呆然と胸の動悸の激しさに耐える八日、回復を待ちノートと共に過ごす。早く貧しさを離れられる生活にもどりたい。一日一食をするために、どんなに苦労をして補給しなければならない日々が二年近くも続いている。

昨日、金真の夢を見た。生き生きと笑顔でカツオのサシミをひとときれ食べさせてくれた。ひとときれでは現実に荷物を持つ力も出ない。

二時過ぎ、ウデの力をもぎとられたようにガクガクする。テントもぐり込み、雑務より離れられない現状を見つめ、なんとうらぶれた現実だろう。幻想は持続できない。人間の限界はこの現実生活を離れられないことにある。理想はいかに遠く果てしないことだろう。もう何も思いたくない。現実の貧しさを助けあう友もいない時は、一人の限界がある。幻想の限界もせまり、見苦しい現実に直面してうろたえる我が姿と心は痛み、消耗してガックリしたまま、一夜、まんじりともしないで夜明けになっていく。四時間あまりのすい眠で九日を迎えた時の暗い気持ちは表現できない。

耐えられない。気力取りもどし、衣類二着もち、十一時過ぎ、町に出る用意をする。明るい光は輝いているものの、グラグラゆれる心身はふるえている。

二時間あまりの散歩の中で、白ワイン、タバコ、食べものわずか補給すると、やや不安定は治まり、広場めぐりテントもどる。昨日のつかれをいやし、傷をなぐさめる。夜、雨、カミナリの音、早目に横になり、消えつつある幻想の世界でぐっすりと眠る。

久しぶりでつるの姿を見た。

9月11日

九月十一日、重苦しい沈黙のつまる精神のまま、九時近く目が覚める。ラジオを出してみても、聞きたい曲が流れない。現実のうらぶれた生活のみが今日も眼前にせまり、幻想の救いも失敗に終わり、色あせてしまった。

午後、十四年前のノート三冊を読み、つい涙を流してしまった。近くでテナーのオーソドックスな曲をひき流れている。なつかしい優雅なメロディは、なお感情を高ぶらせ、声が出るほど、この現状が過去より貧しく追い込まれてしまった究極に、言葉や文字ばかりの希望や理想も、自然の天空や大地に皆、奪われてしまったような底ぬけの淋しさを感ずる。切り替える。飲みもの、タバコもない。意識もうろうと町に出る用意をととのえ、土曜の午後の大地を歩く。

9月13日

九月十三日、昼近くまで夢の中をさまよっている。日本の太子夫妻の動く姿、日本を離れたつもりでも日本がついてくる。今日一日で幻想の旅も終わりだ。ルーラに会えない。

一日、幻の部屋でゆったりしよう。飲みものの礼の品を用意をしてノートと向かうと、もう三時過ぎている。早い時間、一人楽しいパーティをしよう。明日は現実の意識にもどり、十六日、大そうじの用意だ。心が重い。出だしの早さは予定外であった。甘い果実酒わずかではこの気持ちを晴らすこともできず、広げた食べものものどに落ちてゆかない。あきらめ、淋しく横になり、一ヶ月が過ぎてゆく。

夜、明日より十月十四日まで丸一ヶ月、再び一日目の出発が始まる。あらためて再び会える状態を作らなければ。あわただしい八月のすばらしい思い出をまぶたにうかべ、ルーナよりルーラにしようと、幻想の部屋のベッドの寝ごこちのよさの中で眠ろうとすると、十時過ぎ、車の音がする。ドアをたたく音、エンジ上下の衣類に身を包んだルーラの姿。突然の出逢いに外に飛び出し、一緒にタクシーに乗り、パリの路地裏のクラシックなバーで喜びのカンパイをする。意識は幻想の場面をくり返し持続する。フランスをめぐる仕事が忙しくなった、手伝ってほしいと、生き生きと明るい姿と動きは、まるで映画のスライドのようだ。一晩音楽聞き、食事をして、バーボン、スコッチ、ブランデーをたっぷりとのみ、一夜が明ける。

9月15日

九月十五日、九時過ぎ目が覚める。ルーラの姿の消えた幻の部屋を離れる用意。午後は旅立とう。空中を飛ぶ十八時間、四年ほど前、紫のボウシを拾った地の礼のふくろを用意をして、借りを少しでも少なくしていこう。

荷物の整理、夕方三時近くまで雑務にドッとつかれる。重いスーツケースをもち町に出る道中、近くのゴミ箱にリンゴチップ十一個。無理をしないよう、タバコ、足りない品の補給に意識切り替える。八日間の幻の旅の記念に、紫の手鏡を（ママ）一つ出逢う。喜びかかえ、二時間あまりで水をくみもどる。

フランスと別れ、ゼニイルの地より出発。明日はあらためて日本の大地をふみ歩もう。大そうじの緊張、荷物の中で十二時間近く横になる。

9月19日

百円玉一個もない。淋しい秋の夕暮れ、物々交換の意識に支配されたかのようなこの四、五ヶ月。やはり現金が一番便利で手間がかからない。夜、ゆったりと久しぶりに酒一合、ビール小一を飲む。中味入りビンを見つめ、せめて二、三日は保ってほしい。再びめぐり、補給することが大変だ。ガクガクするような身もやや治まる。幻想のたづなもとぎれたままだ。

9月25日

九月二十五日、今でも雨ふりそうなどんよりとした天候だ。久しぶりの休養を大事にしようと、心おだやかに日中を過ごし、早目に夜食の用意をする。夕暮れ近くに、水をくみに出ただけで、足のスジの痛みもやわらいでいる。

早目にゆったりと夜食、縁ある諸霊を見送りやっとルーラをしのぶ心がよみがえった。幻想の意識は再び戻り、日常のつかれより離れ、尊き姿をまぶた〔に〕見る夜もまたたくまに過ぎていく。王の務めを果たし終え、過去のかかわる人々のつながりも離れ、自然の心のままに生き、フランスの祖先の大事な物を守り、忙しくなったらしい。十月には再び向かえるであろうか。体調を治さなければ何事も始まらない。光輝く一瞬の時間、雨の音を聞きながら夜明けまで過ごす。

9月30日

九月三十日、雨はやみ、十時過ぎまでぐっすり眠った。びしょぬれになったテントの中の雑務、神経がいらだつ。

午後、精神作業。紫の衣や朱の衣をきり、数種類の巻きものを作る。夕方、町に向かう。タバコ拾い、ホットする。日ガサ小一本、カード一枚とあまり必要ないものを拾い、雨上がりの大地を歩き、かれ葉ちる秋、九月も終わる。大通りで久しぶりにキャベツきりおとし五カブと出逢い喜び、六時過ぎ、夜のネオンを見送り水をくみもどる。夜食の用意。もう十時になる。食事、何日かぶりでウドンものどに落ちてゆく。午前二時、十月一日をかく認をして横になり、静かに眠る。

10月1日

十月一日、九時近くおきる。涼しくかすかな光が輝いている。午後、三時近くまで精神作業。外出を迷う。ノートを開き文字をつづるともう四時だ。

一日早々だが外出をあきらめ、夜の静けさの中で日々の流れの早さを身にしみて感ずる。この二、三日、妙に大地がぐらぐらゆれ動いている。真夜中、ねずみの走る音も久しぶりだ。

10月3日

十月三日、目が覚めると激しい雨が降っている。昨日の天候の青空と夕陽の光は夢で過ぎてしまったかのような、突然の空もようの変化。肌寒い暗さの中で、外に出るに出られない雨もりの音。直したばかりなのに、また違う位置より落ちる雨もりはゆううつな思いにかりたてる。午前、雑務作業でうんざりとする。

午後より気分変え、ローソクの灯で精神作業。グリーンぬの、京都写経をした色とりどりの衣、二十年近く保ったキジを室内ボーシにする。二時過ぎ、雨もやみそうにない。白い米を一ヶ月ぶりでおじやにしてみる。半分も入らない。ノートを広げると、もう四時過ぎている。去年と同じ十月を歩みたくはない。

近くの休けい所で、明るいグループの声でにぎわっている。日曜日も静かに去ってゆく夕暮れ、うす暗さに眠気が出るような寒さだ。コーヒーをわかして夜の時間を待ち、キャベツの一夜づけやいためものを作る。

酒もとぎれてしまった。わずかなワインが残っている。いつかたっぷりと飲めるよう、計画のできない日常の不安定を少しでも回復できるよう今月も頑張ろう。

10月5日

十月五日、朝六時近く目が覚める。びっしょりぬれた衣類、もうふ、激しい雨がまたふり続いている。透明なビニールに大事な物を入れ、百冊をこえるノートも水にぬれないよう二重に包み、まるで引越しの時のようだ。

暗い三日目のテントの中で過ごすことは、つらく不安だ。ことに、タバコも飲みものもないような時間はいたたまれなく、心臓の動悸が高なるばかりだ。皮肉な天候に今年もまどわされる十月はいやだ。冬のように肌寒い。五、六枚のぬのや衣類で身を包み、淋しい夕暮れをノートと共に過ごす。わずかおかずのみを食べ、目もあいていられない神経のつかれを感ずる。ローソクも残りわずかだ。

五時過ぎより横になる。意識は現実に目をつぶり、夢の中をさまよっている。眠れる時は幸いだ。真夜中、目が覚めないよう衣類を多くかぶり、明日の明るい空を待つ。

10月7日

十月七日、朝早く目が覚める。まわりの整理、出かける用意をして、明るい天候にめぐまれただけでもよいと、今日一日はことに金真をしのび、なつかしい地をめぐってみようと、気を取りもどし出ようとしたら、近くで仲間と一緒に飲み会をしているボスの声。どろ酔いのがらの悪さ。心臓が重く苦しく動悸がする。イライラしながら二時間あまりジットすわり、沈黙の恐怖に耐える。

午後一時過ぎ、やや静かになった。おどし文句を最後に酔いつぶれたようだ。素早くテントを出て、深いため息をつき、もういやだとつぶやきながら、金真の去った地の丸坊主の竹林、くすの木の荒れ果てた風景は見るも残酷だ。ささやかに供養し、今後あまり来ないことを告げ、町に急ぐ。

二時近く、興奮を静め、駅近くの庭園広場で奇遇な出逢いをする。明るい太陽の光で倒れそうだ。ルーラ。

思わず声を出して叫ぶ。

九月十五日、ルーラの姿と対面できた時、忙しくなった、フランスの祖先が残した大事な物を守る仕事、一日七千円、平均一ヶ月生活共十万近くになるように、生活共配りょをする、ある時は夫婦のように、ある時は友達のように、ある時は助手のようにと耳元に沈黙の言葉とすばらしい姿がたんたんと語っていた場面を思い出す。

突然、十万少しの現金を苦面（くめん）をする。まっすぐ買い物をして、今日の五時過ぎ、フランスに向かおう。

二時間あまり、夢中で幻の現金をもち、喫茶より日本のタバコ、酒、ウイスキー、食べものと大きなふくろ二つばかりそろえる。十二年ぶりで持つ万札十枚、ルーラはうそをつかない。喜びに普段の貧しさをふり払い、気力を取りもどす。

五時過ぎ、やっとテントたどりついた。出発、日本のことを忘れよう。長くただ働きをしてきたむなしいつかれと、人間無視のどん底に追い込められた人生、これ以上続けてはならない。数々のめずらしい品、ちょうどぴったり七千円でそろった。二年ぶりで金真に大きな角瓶を買うこともできた。天空の中で過ごす七日より、八日、意識は小さなしがらみを離れ、鏡の前の笑はとまらない。

希望と夢、五十五年間生きてきた十月十四日の誕生日、フランスで過ごそう。去年のむごい一日を忘れ、豪快にありたい。ブランデーも飲めるだろう。

10月8日

八日朝、いつにないさわやかな目覚め。目の前に並ぶ好きな飲みものや食べもの。

昼近く、ゼニイルの地にたどりついた。雨はふっているものの、心落ちつく。さっそくあついコーヒーをわかし、ルーラにあいさつ。夕方は九種類の煮もの、すのもの、手作りの和風つけものと、心をこめてつくる。特別よい味にできた。

つまった心の解放ものびやかに、本来の我に返る時間とかん境、新たに始まる世界の歴史を思い、人間近代精神文明の発展を思い、十四年、たった一枚の福沢諭吉より十二年ぶりで眼前にする、人を生かす現金。日本がめぐらすべき行為をおこたり、大事な人物を半殺しにするようなりくりはこれ以上見るに忍びない。

夜、楽しく戴く料理や酒、よみがえり命、我も他も輝く時を待ち、現実を堂々と歩めるような社会や国家を希望しながら歩んだ人生。八月、ルーラとの出逢いによって、新たな人生を一歩一歩、命ある限り生きていこう。

八月二日、西洋の岸ペキで広い海を見つめ、あなたとは永遠に大事につきあいたい、今後まかせておきなさいと語るすばらしい姿を思い出す。幻想の真実が持続するよう祈りながら、一日目の一夜を屋上のテントで過ごす。初めての夜、激しい雨の音を聞きながら、洗い清められてゆく心身のつかれをいやし、十二時過ぎ、横になる。

10月９日

十月九日、びっしょりぬれた衣類やタオル、ひんやりしみる水分。身をふき、下衣類を替え、めずらしくフランスパンで朝食をする。

金真の残してくれた懐中電灯に昨日電池を買ってきた。新たに入れ替え、屋上より二階の幻の間に入る。真っ暗なテントの中が懐中電灯の明かりで文字も見える。大きな感動の涙があふれてきた。波乱に動いた人生の不思議さと困難は誰にも言えず、一人、孤独と孤立に耐えた苦悩の霧が少しでも晴れてくれる時を待ち、今日まで生きてきてよかった。涙も出なかったこの一、二年の緊張と恐怖より一時離れよう。

二日目の激しい雨量の中で、昨日よりていねいに中味ある料理を二、三品作り、ややおさまった精神状態で、こんな時ルーラが現れたらとタンゴのレコードをかけ、明るい気持ちを保つよう意識きりかえる。水がカップ一パイのみだ。あふれる天の雨水では、まだ人間らしくは過ごせない。二時なのに真っ暗闇だ。

夕暮れ、ブルーTシャツ、白ジャケット、ズボンのさわやかな姿のルーラが現れた。喜びの中で食事、飲みものをたっぷり戴き、天候によるガスの圧迫でムカムカはき出してしまう。目まいのする天空のゆれ。早目に横になる。

10月10日

十月十日、昼近くまでカウンターの窓辺でノートとともに過ごした。壁の絵が近代感覚のセンスある色さいに輝いて見える。

曇り空の天候だが祭日で人にぎわう町並み、三千円少しのお金で日常必需品の買い物をする。両手いっぱいになった。一時近く、公園噴水近くまでたどりつくと、数々のグループのパーティでにぎわっている。片隅のイスにすわり、水分にうるおう森の風景をなつかしい気持ちでながめる。ちょうど、まわりのグループはアルゼンチンタンゴの踊りの仲間だ。ホールを優雅に踊る男女の本格的なタンゴの踊りは上品で心なごむ。青春の頃ダンスを習い、共のつきあいの人や音楽、踊り好きな人々と東京や横浜のクラブやホールをめぐり歩いたこともある。一時間ばかり、一人静かになつかしい思いにひたりながら優雅な気持ちで過ごせた時間は忘れない。

夕方より、どろまみれたテントの中のそうじ、物の整理、ルーラの姿も見えなくなった。現実の雑務終え、やっと夕暮れより落ちついた時間に入る。近くでサウンドのパーティがにぎやかに明るい。昨日の残りもので今日は夜食も作らない。飲みものも昨日たっぷり飲み、あまり入らない。早目に横になる。

再び幻想の部屋に意識は心むく。よぎる幻の姿が笑顔で立っている。ワイン色のブラウス、たてじまのサイドベンツのさわやかなスーツ。忙しく回りもどったルーラのすばらしい姿を眼前に見る時、突然明るい光に包まれたような別人の私。喜びと幸福が全体を包む夜のひととき。

深夜、雨の音を聞きながら、おだやかに眠る。

10月11日

十月十一日、朝七時過ぎに目が覚める。まだ小雨が降っている。どんより暗い空。

昨日の幻想もつかの間、今日の現実が待っている。着る衣類も洗たくできぬまま、ほとんどなくなった。たった一枚残したセーターを出し、涼しくなった秋の気候は微妙にゆれ動いている。フランスの水で身を洗い、気持ちのみをスッキリと歩みたい。昼近く、雨もやんだ。昨日のつかれもまだとれていない。今日は外出をやめ、静かにゆったりとしていよう。心に決め、幻の住まいで過ごす。

夜に入ると雨が再びふり始めた。食欲もない。ささやかな料理で、ビールわずかでカンパイ。スロージャズの曲でジルバを踊り、心の活気をよびおこす。シャワーで身を洗い、十月のつゆ時のような天候、残り二日ばかりで五十五年の人生も終わり。新たな旅立ちが始まる。

ルーラの明るく気高い姿と共に、十一日を無事終える。天上にのぼったような光の意識に包まれたひととき忘れず明日を迎えようと、現実の肌寒さを忘れ、八時間ばかりぐっすり眠る。

10月12日

十月十二日、どんよりうす暗い天候が今日も続いている。

水も飲みものもない。町まで買い物に出ようと、普段着のまま十二時過ぎ町に出る。三ヶ所で食べもの、飲みものをそろえる。ルーラにスコッチバーボン、日本の焼酎、安いブランデー、水一本、タバコを買うことができた。フランスのレミーも値上がった。誕生日はぜひ飲みたいと思っているが、この二年あまりめぐらなかった。両手に荷物をかかえると雨が降ってきた。

喫茶でチケットを買い、二階カウンターの窓辺で町の息吹きに気を静める。ルーラと別れ、約一時間でそろえた品々。コーヒーチケットも買えた。計七千五百円。

三時ちょうど、誰もいない雨に打たれた森を、両肩に荷物をかつぎ、たおれないようゆっくりと歩く。水をくみ、テント入るとぐったりだ。幻想もとぎれ、整理、雑務、夜食の用意と三時間あまりでととのえる。まだまだ足りない必要な物。

九時近くまで一人静かに軽い夜食をして、幻想の部屋に入り、バイオリンのレコードの曲を聞きながらぐっすり眠る。

小山さんノート
ワークショップ
エッセイ

小山さんとノートを通じて出会い直す

吉田亜矢子（よしだあやこ）

私は20代の頃、野宿者運動に明け暮れていた。野宿者に対する排除や差別に抗して当事者と共に声を挙げたり、生活保護の集団申請を行ったり。野宿者の存在は、日雇い派遣で生計を立て、ギリギリの家賃を払っていた自らの貧乏な生活と地続きのものとして捉えていた。やがて自分自身も河川敷にテントを建てて暮らすようになる。私の生活や人間関係は、野宿すること、野宿者と関わることを中心に回っていた。

しかし、そんな生活はある時ぷっつりと終わりを迎えた。行政による度重なる暴力的な野宿者排除に対峙（たいじ）し続けたことによるバーンアウト、あるいは当時関わっていた野宿者運動、野宿者コミュニティのマッチョでホモソーシャルな雰囲気。様々な出来事が重なって心が擦り切れ、引きこもるようになってしまったのだ。運動からも離れ、賃労働などの社会生活もままならず、孤独と困窮に苛（さいな）まれる日々。私が小山さんと出会ったのはそんな頃のことである。

私は、野宿していた時も、引きこもってからも、テント村に暮らすいちむらみさこさんが主宰する女性ホームレスグループ「ノラ」の集まりには時折足を運んでいた。そこで、小山さんという野宿女性が、他の人たちとあまり交流せずにひっそりと暮らしているということを聞いた。小山さんはすでに体調をかなり悪くされていて、いちむらさんがそんな小山さんを支えるネットワークを作ろうとしているところだった。私も小山さんと少しずつ信頼関係を築くべく、テントの改修を手伝ったり、食料を運んだり、痛む足をさすったり、ささやかな交流を重ねるようになった。

ある日、小山さんの枕元に何冊ものノートが積まれていることに気づいた。「読んでもいいわよ」と小山さん。しかし、何かとても大事なものが詰まっている気がして、「また今度ゆっくり読ませていただきます」と遠慮してしまった。それから間もなく、小山さんは旅立った。小山さんと共にした時間は短く、「また今度」が果たせないままお別れとなってしまった。

小山さんが火葬されるとき、私たちは遺(のこ)されたノートを棺(ひつぎ)に納めるつもりでいた。しかし、「また今度」と言いながら読まずに燃やしてしまうのはどこか不義理な気もして、待ち時間に皆でページをめくってみた。するとそこには、小山さんが日々生きていたことを刻みつけるように力強い独特の文字で、テント村での暮らしや様々な思いが綴(つづ)られていた。これは残さなければならないものなのではないか。私たちはノートを燃やすのをやめ、どうにか形に残したいと考えるようになった。

それからというもの、私は毎日のように小山さんのノートを読み、パソコンに打ち込んだ。男性が多数を占めるテント村の中で、小山さんが何を感じ、どのように暮らしてきたのか。うまくやっていけなかった私は関心が尽きなかった。しかし、小山さんのノートの内容は、想像を遥(はる)かに超えるものだった。そこには、テント村での暮らし、過去の体験、頭の中をめぐる様々な思考や空想が実に豊かに表現されていて、まるで小山さんの生きた日々を追体験するかのようだった。

小山さんが路上で何か素敵なものを拾えば私も嬉しくなり、小山さんが暴力や暴言を受ける場面は胸が苦しくなった。テントに酔った男性がやってきたときの怒りと困惑、土地を管理する行政との緊張したやり取り、テントの中にじっとしていられない落ち着かない気持ち。私にも似たような経験があったことを思い出しながら夢中で読んだ。

その頃、引きこもっていた私にとって、小山さんのノートは数少ない話し相手のような存在になっていった。

働いて自立しなければならない、社会の役に立たなければならない、こんな人生であってはならない、そういった観念に飲み込まれ自分が無価値な人間のような感覚に陥りそうなとき、ノートの中にも、同じように悩み苦しむ小山さんの姿があった。時にアパートの片隅で、あるいはテントの中で、社会が求める規範や自らの理想と現実の違いに悶々と思い悩む小山さん。しかし、最後には必ず「私は私自身でありたい」と自分を取り戻していた。その姿に何度励まされたことだろう。

私にとって、小山さんのノートを読み、書き起こす作業は、貧乏で孤独で先の見えない不安な日々を分かち合う、小山さんとの対話の時間だった。小山さんはすでに亡くなっていて、私が一方的にそう思っているだけなのだから、正確には「対話」というのは間違っているかもしれない。しかし、確かに私は小山さんとノートを通じて出会い直す中で、自分らしく生きる力を少しずつ取り戻せたように感じている。このノートが読まれるとき、私にとってそうであったように、貧困、暴力、孤立、様々な困難の中に生きる日々の隣人として、森の小道を颯爽と歩く小山さんの姿が立ち現れてくれたらと、ひそかに願っている。

決して自分を明け渡さない小山さん

さこうまさこ

小山さん一周忌追悼展覧会へのお誘いをいただいた時、小山さんがどういう人か、追悼会がどういうものかわからぬまま、なぜか、どうしても行かねばとの衝動にかられ、森に向かった。真っ暗になってしまい、道に迷いながらたどり着いた時にはもう誰もいなくなっていた。森で、待っていてくれたいちむらさんから、小山さんは私と同年代で、ＤＶを受けていたと聞いた。小山さんの書いた達筆な書や小さなノートやキラキラと呼ばれる小さな小物などが展示されていた。私は、ただならぬものを感じ興奮して、いただいた「私、今日フランスへいってくるわ」と書かれた紫の糸で綴じられた小さな冊子とキラキラを抱えて持ち帰ったのを昨日のことのように思い出す。

その後、小山さんの遺したノートの文字起こしワークショップに参加するようになった。力のある、リズミカルに跳びはねる文字、独特の当て字などをみんなで読み解きながら、ノートの文字を入力していった。何人かのメンバーで、それぞれ自分のＰＣに向かって作業をしながら、「ねえねえ、こんなことが書いてあるよ、こんなこと言ってるよ」と、思わず伝えたくなることをそのまま口に出せる、とても楽しく安心できる場になっていたと思う。

文字起こしのメンバーがそれぞれふだんはどんなことをしていて、どんな背景を持っているのか詳しくは知らなかったけれど、小山さんへの関心の持ち方、尊重のある言動に「ここは大丈夫」と安心していられた。いつの間にか小山さんと対話している自分がいる。会ったこともない小山さんがそこにいるような気がする。小山さんとメンバーの方たちと一緒に、怖がらず今日を生きていこうという気持ちにもなった。

少し慣れてきたころに、みんなで小山さんの暮らしを実際にたどってみる「フィールドワーク」のようなことをした。ノートに出てくる店と思われる喫茶に行き、太陽の席、月の席などに座ってノートを開いてみる。「共の人」と待ち合わせたらしい場所で、その部分の日記を朗読してみる。陸橋で踊ってみる。大根とブーツを持って歩く。などなど小山さんの足どりをたどり、小山さんの暮らしを少し体験してみた。

この地だからこそ小山さんなりの日々の暮らしが成り立っていたのだと感じ、逆に都会では何をしていても誰も気にかけない、気づかれない、という特有の孤独感も味わった気がする。

文字起こしが済んで全体を読み通してみると、「共の人」からだけでなく若者からも暴力を受けているなど、暴力に関する場面が多いことに驚いた。

DVに関しては、20年以上前に両手に持てるだけの荷物を抱え、夫のもとを離れた自分の体験と重なる。たたく、蹴るなどの身体的な暴力のほか、バカ女、役立たず、出ていけなどの言葉の暴力、小銭を投げてよこすなど金銭に関する暴力、罵り（ののし）、バカにし、常に屈辱を覚えさせ続けるような精神的な暴力などが繰り返し起こる。突然、別人のように豹変（ひょうへん）して、鬼のような形相になって荒れ狂う、長々と説教する、その後ケロッとして何もなかったように優しくなる、などは、

DVを体験した人にはすぐに思い当たることだろう。力を用いた支配の関係にある人々には、絵に描いたように同じような場面が起きることがよくわかると思う。

小山さんも、この関係は良くないとわかっていても、「共の人」から離れるまでには長い時間がかかっている。DV被害に遭った多くの人たちも同じように、出ることに失敗したり、出てはまた戻ったりを繰り返すことも多い。小山さんはノートの中で「あまりにも直らない無理と暴力、悪言には耐えられない」「一人で気持ちや傷をいやしたい。同じくり返しは、もうお互いにタブーだ」「それぞれ干渉しない自由な立場と日常が必要だ」と自分の気持ちをつかまえている。

小山さんは「ノート、本で過ごせる時間は生きている命の実感と希望をあたえる」と書いている。喫茶でひとりで過ごす時間を、欠かすことのできない精神回復の場にしてきた。

嘆くことより生きることに集中していく。書くことで生きている、生きようとしていると思える小山さんの言葉や行動力に惹かれる。私は、自分自身を守りぬくために「私は誰にもなげ飛ばされない人間になろうとした」「私は私の心に忠実に生きていきたかった」と書く小山さんの、ここは、というところで決して自分を明け渡さないところに強く惹かれる。私は小山さんのように自分の気持ちや考えを相手に言うことはなかなかできなかったけれど、最後は自分を守って家を出たのだと思うことができる。

家を出るころの私は、能面のように表情がなくなり、落ち着かずうろうろと部屋を歩きまわるようになっていた。夫からの望まぬ性行為の際は、自分の体を抜け出し遠く上から自分を見ていた。このままでは死ぬか、殺すか、気が狂うかだと感じていた。

私も私のやり方でぎりぎり自分を守ったのだと思う。

ノートの中には、極貧の中、寒さ、暑さの厳しい中にあっても、空、雨、風、鳥、光などと共にある生活が、美しい言葉で、まるで映像を見るように表現されている。

　キラキラに感謝をこめる小山さんの品性も素敵だ。

　この膨大なノートの文字起こしをしようと呼びかけたいちむらさん、いちむらさんたちと一周忌追悼展覧会を開いた吉田さんの想（おも）いがどれほどのものか、今になって少し想像できる気がする。

　いちむらさんや吉田さんは、野宿女性と共にあり、体の弱った小山さんの生活のお手伝いをしていた。その後まもなく、小山さんは亡くなった。お二人にとって、小山さんだけでなく命を落とした多くの野宿女性への追悼の意が大きいのではないだろうか。私も暴力被害に遭った女性たちの居場所運営など回復支援をする者として、仲間の死に直面することがどういうことか、想像する。「だいじょうぶ　そばにいるよ」という姿勢を大切にしたい。決して安全とは言えない社会。暴力を容認する私たちの意識がこの社会を形成する。他人（ひと）ごとにしてはいけない。

　どんな体験をしたとしても、どんな状況にあっても、絶望を希望に変えて生きのびてほしい。今が幸せと言える日々であってほしいと願う。

「ルーラ」と踊ること

花崎（はなさき）攝（せつ）

私は一時期、小山さんが生活していた森（公園）で開かれている女性たちのティーパーティーに、ときどき参加させてもらっていた。いちむらさんが始めたティーパーティーは、定期的に開かれていて、いつ行ってもいいし、いつ帰ってもいい、私にとってとても居心地のいい集まりだった。森の木のそばにいろいろな形のいすがあって、顔を見て、お茶を飲みながらおしゃべりする。当時は、数人のこぢんまりした会で、テント村の周りの人の気配もありながら干渉されるわけでもなく、私は、ほっと身体（からだ）のこわばりの解けるような、心がやすまる心地がした。そうして知り合った女性たちと、夏祭りで小さなパフォーマンスをしたこともあった。

しばらくして、いちむらさんが体調を崩した小山さんをケアするために、テント村の外の人たちも関わる「小山さんネットワーク」を作ろうと呼びかけていることを知った。小山さんに会ったことはなかったが、なにかできることはないかと、家にあるものを届けたりしているうちに、小山さんは亡くなってしまった。

小山さんのノートに出会ったとき、私は心の中で「これは大変なものだ!?」というつぶやきが止まらず、「表現者がここにいる!?」と衝撃を受けたことをよく覚えている。のちに、ノートを通じて、小山さんは、文学や芸術を志し、書くことで自立したい、生活を立てたいという希望を持っていたことを知った。けれど、それは叶わなかった。無念の気持ち、やりきれない気持ちは拭えなかったと思う。でも、書くこと自体はやめなかった／やめられなかった。

日常の生活に必要な身の回りのかたづけや洗濯などは雑務と呼び苦手だった小山さんは、家族や同居人から読み、書くことを「無駄だ」と言われ続ける。金にならないことにこだわり続け、「女なのに」あるいは「女のくせに」雑務を苦手とする小山さんへの風当たりは強かった。でも、小山さんにとっては、「読む書くは私の本業」であり、テントでの楽ではない生活の中で、喫茶に行って自由なひとりの時間を死守し、「精神解放の仕事」をして精神をととのえ回復をはかることは、無駄なことどころか小山さんが小山さんであるために欠かせない、命を救うに等しいことだった。

さらに小山さんは「約三時間近い自由なる空間は、今日もまた、かすかに希望の糸をつなぎとめる。毎年毎年、冬の寒さ、暑い夏はやってくる。家なし、職なしでは、どんな人生の歩みとなるだろうと、私は日記をつけている」（２００１年８月３日）と、個人的な必要性だけでなく、個人の営みを超える、表現し記録することの意義も意識しながら書き続けていた。さらに、次のような記述もある。「出版できるような内容のものは少ない。ごく限られた人で、今後の未来の国を思う人であったなら、あるヒントとして読めるであろうが、現在のようなあわただしい世に、これだけの時間を集中し思い考えられるような人も少ないだろう。（中略）五十代をこのノートと共に自分でくり返し読み書き、根気よく整理をして現実に少しでも開元できたら幸いである」（２００１年６月29日）と、自分以外の誰かにとって「あるヒントとして読める」ものとして、

「開元」というややわかりにくい表現ではあるが、公にすることを望み、意図していたのだと思われる。小山さんノートには、さまざまな側面があるが、私は小山さんという表現者の表現として受け取りたいと考えている。

ところで、小山さんは、演劇に携わっている私から見ると、演劇の持っている特性をうまく活かしておられたように思える。演劇といってもいろいろなあり方があり、この場合はもちろんエンターテイメントや芸術至上主義的なものではない。例えば、喫茶は、夏の暑さや冬の寒さから逃れる空間であるだけでなく、小山さんはそこに自らの舞台をしつらえるように、気に入った席を「月の席」「太陽の席」などと名づけ、小山さんが小山さんとしてより自由に読み書ける空間と時間を出現させる。そこで、小山さんは読むことと書くことに集中する。フィクショナルな、舞台とも言える設定をすることで、現実の出来事に「押しつぶされて」我を失うことなく、時には月から眺めるように生活を記述し、そこから湧き上がる思いをノートに刻みつけた。

共の人が亡くなって文字通り一人の生活になると、小山さんの生活はより厳しくなり、人間関係にもさらに悩まされるようになるが、その時期、小山さんは意識的、意図的に「幻想の世界」を呼び出して凌いでいる。特に印象的なのは、明るく気高い姿の「ルーラ」という架空の人物を出現させて、パリの路地裏のバーで一緒にお酒を飲んだりしていることだ。そうすると、現実の寒さや淋しさを忘れ、不安でいっぱいな日々の中で、ぐっすり眠ることもできる。一方で、幻想の限界も知っており、幻想を持続することはできず、現実の雑務は無くならないし、幻想で空腹は満たせないこともよくわかっている。極貧の現実に押しつぶされそうな時に、意識を切り替えて一時的に別の世界で、違う自分をイメージして楽しんだり、気力を回復したりする。そのように現実と「幻想」を行ったり来たりできる力を、世間的には「無駄なこと」を守り通した小山さんは獲得し、まさに生き抜くことに活かしたのだ。

そして、小山さんはよく踊っている。空腹でも踊っている。全身でリズムに合わせて踊って肩の凝りをほぐし、心身を軽やかにしている。近くの音楽堂で、踊っている人を見ながら、「魂の根源が輝いてきた。頭の重さや気だるさ、やりきれなさがふき飛んでいくようなリズムと映像の芸術的美に集中する。一時間ばかり、思いきり踊る。心身の体調が治った」といった具合だ（この部分は本書には未収載）。また、人づきあいが苦手だという小山さんが、踊っている時ばかりは周りの人に話しかけたりしているのも興味深い。小山さんは音楽の力を借りて、のしかかる生活の苦しさにもかかわらず、今、このときを最大限に楽しみ、生きていることの実感を味わっている。

そんな小山さんのあり方を現実逃避、あるいは愚かだという見方もできるだろう。しかし、生きていくことは、一瞬一瞬の積み重ねであり、そのときそのときを全身で感じ、味わうこと、味わえることは、生きていく時間を輝かせる豊かなあり方とも言えるのではないだろうか。そして、小山さんは、ノートに出来事を記述し、読み返しながら、よく知っていたのだと思う。自身の身体と心、小山さん言うところの気力との複雑な関係を。空腹なのに踊ったらもっと空腹になってしまって愚かだとか、お金がないんだから踊っている暇があったら金策をなど、いわゆる合理的な判断だけが、人間を生かすのではないということを。小山さんが踊っているところを見てみたかった。一緒にリズムを感じながら踊ってみたかった。

私たちは資本主義の価値観に、自分自身を価値づけられ、おどされ続けて、身動きできないような気持ちに落とし込まされがちだ。目に見えて役に立つこと、お金になることをしたらどうかという視線が絶えず注がれ、それをしないのは「わがまま」で、それができなければ落ちこぼれても仕方がないと言わんばかりだ。また、人目を気にすることや、将来のことを考えて現在を犠牲にすることを過剰に求められがちだ。外部から求められるだけでなく、より厄介なのは、私たち自身が「検閲官」を内側に取り込んで、自らを社会で通用し望ましいとされている規範や価値観でがんじがらめにしてしまうことだ。小山さんが残してくれたノートは、そういう世の中で、きれいごとでなく、自分を譲り渡し尽くさずになんとか生きていこうよと呼びかけてくれているように私には思われる。

同時に、小山さんノートの彫り物のように深く刻まれた達筆な文字とノートの量が、「ひとりでは読みきれないでしょう」と小山さんノートの文字起こしワークショップを招喚して、共に読み進める仲間を呼び集めてくれた。この本も、一人で読むのが大変なときには、ぜひ、誰かと一緒に読んでもらえたらと思う。

小山さんの手書きの文字

藤本なほ子

私が小山さんに出会ったのは、２０１４年12月28日、公園のテント村で開かれた「小山さん一周忌追悼展覧会」の２日めの午後だった。

その時のことは、幾つかの光景のぼんやりした記憶しか残っていない。板紙のボードのようなものが立てかけられ、小山さんのノートからの抜粋らしき言葉が書きつけられている。その下に冊子や、銀色の「キラキラ」が積まれている。ジャンパーを着た人が何人も体を寄せあって座っている。なんとなく灰色の、斜め下ばかりを見ていたような視界。そういう光景がほんとうに見えていたのか。あとからつくってしまった記憶かもしれない。人と話した記憶もほとんどない。

追悼展覧会を訪れた３日後、その時のようすをＳＮＳに投稿していた。

＊

数日前、とある公園へ、その公園に住んでいた女性の「追悼展覧会」を見に行きました。

私はその女性（Ａさんとします）のことは何も知らなかったのですが、Ａさんとかかわりのあった、やはりその公園に住んでいるアーティストの友人からお知らせをもらって、ちょうどついでがあったので立ち寄ってみたのでした。

公園の木々の中に、いつものように丸テーブルといすがしつらえられていて、数人の男女が歓談している。

そのわきに、今日は小さな低い台が据えられて、銀色の保温バッグやシートを敷いた上に、銀のテープや色とりどりの紐（ひも）で巻かれた小さなものがたくさん積まれている。A6サイズぐらいのノートもたくさん、束ねられて積まれている。

隣に男性がひとり、番をするようにじっと座っている。

銀色の小さなものの山のあいだに、文字が印刷された紙片が数枚貼られた、小さな段ボールのボードが置かれている。

紙片は、Aさんの日記からの抜粋らしい。

「17年前に京都で切った髪の毛をずっととってあった、それを銀や紫のひも、布で包もうと思う」「聖作業を3時間行った」など、そんなことが書かれている。

ここにある、銀のテープ（どうやらアルミの断熱材を細く切ってつくられている）で巻かれた端切れのかたまりや包み、これらをつくることを「聖作業」と呼んでいたようだ、とぼんやりわかる。

「これをぜひ、持って帰ってください」と言われ、日記の抜粋を印刷した冊子と、銀色の小さなもの（みんなは「キラキラ」と呼んでいたという）をひとつ、選ばせてもらって袋に入れる。

このキラキラ、ほんとに持って帰っていいの？　うん。たくさんたくさんあるから。


その友人と、もうひとり、Aさんにかかわりのあった方の話を聞く。

Aさんは毅然（きぜん）とした、ひとりでいることを好んだ人で、かかわりを持つようになったのはAさんの体が弱って助けが必要になってからだった、ということ。

あたたかいものが飲めるようにと毎朝お湯を届けていたら、Aさんはその回数を数えていて、ある日「もう百何十何回目だよ、もういいよ」と言ったということ。

すべて手作りでとても「有機的」で、まるでAさんの体の延長のようだったテントのようす。

テントの中に小さなノートが大量に積まれていたけれど、もちろん中は見なかった。亡くなってはじめて、そのノート（日記）を読んで、Aさんが芸術と哲学を志し、毎日「書く」ことで自分を保ち、とても濃密な精神生活、言語生活を送っていたことが初めてわかって驚愕（きょうがく）した、ということ。一緒に住んでいた男性に暴力を受け、苦しい日々だったことも。


お茶をいただきながら、日記の冊子を少し読む。まさにいま、これを書くことが必要なのだ、という切迫感（あるいは安らぎ）のなかでつづられている1行1行の文。1語ごとに、Aさんの心のありようがくっきりと刻み出されていく。

そのときそこにあるものを書きとっていくこと。また逆に、書くことで輪郭をもち、形づくられていくこと。その相互運動。

Aさんは、自分の心の衝迫（しょうはく）や、人の暴力のなかで苦しくなったとき、「喫茶」に行ってしばらく座り、書くことで自分を保っていたらしい。（わたしもそうだったし、いまでもそうだ。）Aさんはそれを「フランスに行く」と表現している。

また、とても苦しかったある日、幻想のなかで18時間飛行機に乗り、フランスに行くことを試みる。そうしてしばらく現実から目を逸（そ）らして過ごそうとするが、失敗する。でもその数日後に「ルーラ」という名の幻想の人物にめぐり会い、ルーラと過ごす時間によってその後の日々が救われていく。

そんな自分の心の激しい揺れ動きを、「書く眼」から見つめ、書きとっている。

書くことってなんだろう、と改めて思う。何かを伝えたり残したりするためではなく、ただひとり、そこにいつづけるためにつづられなければならない言葉がある。それはそのつど、そのときそのときに生み出される。絵に近いかもしれない。

でもその言葉によって、底のとらえがたいさまざまな思いや感情、不安定や矛盾、幻想、望みと喜び、さらにはそれらを見つめる自意識までがくっきりと輪郭づけられていくことが、何か残酷なことのようにも感じる。

もちろん、それに助けられ、支えられもするのだけれど。……

（２０１４年12月31日のFacebook投稿より抜粋）

＊

追悼展覧会から1か月も経たないうちに、展覧会に誘ってくれたいちむらさんから「小山さんのノートを文字起こしするワークショップを始めます」というメールが届いた。

その2か月後、春になる頃から、東京の住宅地の、ネコのいる大きなシェアハウスのリビングルームで「小山さんノートワークショップ」が始まり、私は初回から参加することができた。

その後数年間、ワークショップはそのリビングルームで続けられた。シェアハウスが解消されてからは、メンバーのひとりが所属するNPOの空間を借りて継続した。だいたい午後1時くらいから集合して、三々五々好きな場所に座り、持参したノートパソコンに小山さんのノートの内容を入力していく。メンバーは半固定で、ゆるやかな入れかわりがあった。

小山さんは、横に罫線の入ったA6サイズのノートを、罫線が縦方向になるように90度回して置き、縦書きで文字を書いていく。1字1字が前の文字から生まれでて、次の文字を生みだしていくように、強い筆圧でひとつづきに刻みこんでいく。大ぶりの文字の雨が垂直に降り、ノートの空間を埋めつくしていく。それは森でもあって、小山さんの書く1行1行は上から下へと立ちあがる1本1本の木で、私はその木々から「言葉」を読みとるのに必死で、あるいは夢中で、自分がいま森の中のどのあたりにいるのか、そしてこの森はどこにあって、どこにつながっているのか、何年にもわたった文字起こし作業のあいだ、ほぼまったく見当がつかなかった。

なにしろノートは何十冊もある。ひとりが1冊ずつ持ち、何回かのワークショップにかけて(時には自宅でも入力をして)1冊に書きこまれている「意味」のすべてをコンピューターに移し入れ、1冊が終わると、未入力のノートの山からランダムに次の1冊をとる。ノートの表紙には、そのノートに記録された日々の期間が記されているが、元号で書かれているので、私にはそれがいつを指しているのか直感的につかめず、自分がいま、小山さんの生のなりゆきのどのあたりを入力しているのか、ほとんどわかっていなかった。目の前に並ぶ手書きの大きな文字にただただ呑みこまれているような感覚だった。

そのようなわからなさの中で、私はなぜワークショップに参加しつづけ、ノートの文字起こしを皆と一緒につづけてきたのだろう。

それは一つには、先に引いたSNSへの投稿にもあるとおり、「喫茶」に座ってノートを広げることで自分を保ち、「書くこと」に執着しつづける小山さんの中に自分自身の姿を見いだし、驚き、強く共感したからだ。

そしてもう一つ、これは「いま思えば」なのだけれど、ノートに刻みつけられた小山さんの手書きの文字をテキストデータの形に変換することに、心のどこかで矛盾や断絶のようなものを感じ、それに惹きつけられて、その作業にかかわりたい、それがどういうことなのか見極めたいと望んだからだった。

その矛盾や断絶は、日々の生活の果てのない具体性を、また、その中にある不定形な感情や思考や他者とのかかわりを「言葉」で描き、理解可能な「意味」へと置き換えていくことの、そもそものアンバランスさや不可能性ともつながっているように思える。

いちむらさんたちが保存してくれた小山さんノートのうち、状態が悪くて文字が読みとれないものを除いたすべてのノートの文字起こしを終えたのは、ワークショップの開始から8年近く経った頃だった。吉田さんが大変な苦労をして、順序も名前もばらばらに保存された何十というファイルの順番を整えてくれ、エトセトラブックスの松尾さんと竹花さんがそれを2分冊の分厚い冊子に印刷製本してくれた。

私はその形になって初めて、ノートの全体を通して読んだ。そうすると、文字起こしをしていた時はまったく見わたせなかった小山さんの日々の流れが見えてくる。手書きの文字からなんとか読みとっていた1日ごとの細部が、10何年かの連なりを構成していく。

小山さんが動き、歩き、ものを拾い、誰かと物や言葉を交わし、食べるものをつくり、ゆったりと飲み、食べている。そして喫茶に向かい、座って、読み、書いている。そのような出来事が次から次へと起こっていくリズムと、それを描いていく小山さんの言葉のリズムとが、ぴったりと一致している。あまりに見事に一致しているから、まるで、生きてそれらを経験している小山さんが、その場で同時に声に出して、あるいは見えない手で書きとって言葉にしたものを（あるいは言葉になってしまった小山さんを）読んでいるように感じてしまう。本当はそうではなくて、これは小山さんが喫茶に座り、過ぎた日の出来事を順に思い出しながら書いたものなのだということを、すっかり忘れてしまう。

文字起こしをしている時は、むしろ逆だった。目の前の小山さんの手書きの文字は、「私、いま書いてる！　書いてるよ！」と声を発していた。1文字1文字に小山さんのサインが記されているようだった。書かれている内容の全体をつかむのはだいぶ難しく、ただ「小山さんが生きていて、これを書いた」ということがひたすらに伝わってくる。

テキストデータにすることで、小山さんが書いて残してくれた「内容」を、つまり小山さんの公園でのテント生活の膨大な細部と、小山さんが感じ、考えていたことを、たくさんの人に読んでもらい、知ってもらうことができる。それはとても大切な、必要なことで、私たちのように小山さんの中に自分の姿を見つけ、力づけられる人がきっとたくさんいるだろうと思う。

でも同時に、その内容がどんなものであっても、小山さんはただ「書く」ことを必要としていたということ。書かれている内容に誰がどんな意味や価値を見いだしても、あるいは見いださなくても、それとはかかわりなく、ただ生きていたということ。つまり小山さんの筆跡がノートの上にあり、これからもありつづけるということそのものが、この本が運び伝えることの核心なのだと私は思っている。

2003年1月17日の夜、100日前に亡くなった金真（共の人）のテントを訪れた小山さんは、「突然何ものかに取りつかれたような恐怖に包まれ」、どのようにしてか自分のテントに戻り、「言葉のはき出しは二時間以上もふきだし、いやな記憶やボスの狂気な異常の恐怖にとりつかれ泣き叫んでしまう」。このような時に「ふきだ」した言葉の内容は、きっと、ノートにはそのままには記されていない。でも、その「泣き叫ん」だ声は、ノートに刻まれた小山さんの手書きの文字に確かにつながっている。

沈黙しているとみなされる者たちの世界

申（シン） 知瑛（ジヨン）

会ったことのない存在とのつながり

一度も会ったこともない存在なのに、深くつながっている——。これが、初めて小山さんのノートについて聞いたときに感じたことだった。「くっきりした異物感を伴う共感」とでも言えるだろうか。

私の、日本での10年に及ぶ留学生活を支えてくれたのは、「書くこと」だった。「日本の社会問題を扱う活動について書いてほしい」という、韓国のある団体の依頼を受けたことから書き始めたのだが、文章を書くことは、見知らぬ世界との接点を発見する「息抜き」のように感じられた。しかし、私は自分が文章を書いていることを人に話したことはなかった。

そうして書き綴（つづ）った文章は、韓国でエッセイ集として出版された。その本を渡したくていちむらさんに会ったときに、初めて小山さんのノートの話を聞いたのだ。そのときから、テント村での日々をひっそりと書きとめていた小山さんのことが気になり始めた。「わたしたち」は会ったことはないけれども、お互い似たようなことをしていたのかもしれない、と思った。テント村で小山さんが文章を書いていることを知っている人はほとんどいなかったらしい。小山さんが遺（のこ）した大量のノートは、資本主義化された社会と不和を保ちつつも世界との接点を作ろうとしていた小山さんの、意志のあらわれのようにも思われる。

　小山さんは、世間一般の目からは「沈黙している」とみなされるような存在でありながら、テント村や街で経験したことを記録し、自分に暴力をふるう人々の弱さや卑屈さを見抜いて書きとめ、ノートの中に独自の世界を作り出していた。なんて痛快で、素敵なことだろう！

　ところが、そんなふうに感嘆し、高揚した私の心を次に襲ったのは、見知らぬ存在の内なる秘密を「聞いてしまった」という、胸がどきっと締めつけられるような感覚だった。それを聞く前にはもう戻れないような、畏れの混ざった責任感のようなものさえ覚えた。そのノートは、いわば「村」の闇の記録ではないのか、と私は予感したのかもしれない。

　小山さんの体調が悪化してくると、いちむらさんや吉田さんたちは、小山さんの許す範囲で、小山さんのテントに入ってサポートする活動を始めた。「潜るように入って」行く小山さんの空間は、周囲の暴力や干渉から自らを守るための空間でありながら、それだけではない、小山さん独自の世界が広がっていたという。それは、自らの「悲惨な」状況を告白しなければ手をさしのべてくれない行政の福祉制度や、身体を勝手に扱いコントロールしてくる医療を拒否するような小山さんだからこそ作ることのできた世界だったのではないだろうか。

　ある日、小山さんの様子が急変し、いちむらさんは救急車を呼ぶ。しかし、病院で小山さんの体が勝手に運ばれていってしまい、悔しさのあまりひどく涙が流れたという。死は誰にでもやってくるし、最期を迎えた後の自分の体は誰かに託さなければならない。自分の最期を見届けてくれる存在を、自分の意志で選択できるだろうか。それも家族制度の外で！　そして、「村」の闇を記録することは可能なのだろうか。オルタナティブな「村」にも再び訪れる闇の中で！

小山さんの追悼展覧会をきっかけに始まった「小山さんノートワークショップ」（以下「ＷＳ」）は、まず、私にこういった問いを抱かせる活動として訪れた。

「わびしい／淋しい」の世界

いちむらさんと会ってから数日後、小山さんのノートを抜粋した冊子と、小さくきらめく「キラキラ」が届いた。沈黙しているとみなされる場所から届いた言葉と作品を受け取り、私はＷＳに参加することになった。ＷＳは、私が今まで参加してきた活動とは一線を画すもので、まる半日、おやつや軽食を分けあいながら行われた。ノートの内容を確認しながら文字起こししていくことは、小山さんの日々に触れることになり、メンバーの間でも自然と、もっと大勢の集まりの中では言いにくいような、個人的な体調や内情なども話し合うことになった。それは私の心に落ち着きを与え、もう一つの「息抜き」に感じられた。

しかし、小山さんのノートは、私をやすやすと入らせてくれはしなかった。とても個性的なその筆跡は、まるで暗号だった。しかも小山さんの感情の変化によってさらにうねうねと揺れ動いた。結局、吉田さんが私にノートを音読してくれて、やっと文字起こしをすることができた。私も少しでも役に立ちたくて、冊子をハングルに翻訳することにしたが、それも容易ではなかった。小山さんの文章は独特の当て字や造語が多く、しばしば主語が抜けたり、文の途中で変わったりするからだ。テント村の環境をそのまま映し出しているようなその筆致は、日本語がネイティブのようには身についていない私に、時にはより大きな混乱を、時にはより大きな自由を与えた。

体の調子が優れなかったある日、小山さんは「共の人」から暴言を浴び、テントをとび出して公園を歩いた。その時のことを「春風が強く、噴水が涙のようになだれ飛んでいる」と書いている（２００１年3月26日）。一般的には「乱れ飛んでいる」などと書くところだろう。強烈に爆発するように散る涙！　この涙は、「女性の涙」という弱いイメージを脱ぎ捨て、激しく揺れ動くものだ。

特に印象深い言葉は「わびしい」と「淋しい」である。小山さんはこれを長い一日の終わりの段落に書くことがあるのだが、そこでのこの言葉は、ある種の抵抗の言葉のように感じられる。外で小山さんのノート朗読会をした日のことも忘れられない。その日、私はハングルへの翻訳を朗読した。まず他のメンバーが日本語で、続けて私がハングルで。あるいは、日本語の声とハングルの声を同時に重ねて！　小山さんの世界が、他の彼／女／たちへと広がっていくかのようだった。私はＷＳを通じて、暴力と支配を含んだ言葉から少しずつ離れて、「わびしい／淋しい」の世界を持つ言葉へと少しずつ入っていくことができた。それは小山さんの言葉をＷＳのメンバーたちとともに理解し、テント村の暮らしの深みから、他者と共有できる言葉と感覚を生み出していく過程でもあった。

小山さんのノートという通路

そんな私も、小山さんのノートを初めから何の抵抗もなく受け入れ、好きになったわけではない。小山さんのノートを初めて読んだ時の衝撃は忘れられない。よりによって、「天皇」に対する憧れ（あこが）が書かれていたからだ（２００１年６月20日など）。小山さんのノートには、天皇だけではなくナポレオンなど、権力者への憧れを綴る言葉がたびたび見られる。弱い立場に置かれている時、力を持つ存在に憧れる心理は理解できないことではないが、なぜ「天皇」なのだろう。

小山さんの言葉を読みながら、在日朝鮮女性たちの、書かれることのなかった言葉や、書かれていても世に出ることのできなかった言葉が思い浮かんだ。どれだけつらい状況に置かれていても、彼女たちは「天皇」や「国家」を頼ったりはしなかった。ならば、私は日本国籍を持つ野宿女性の文章を読みながら、なぜ無名の在日朝鮮女性たちの文章に心を寄せることができなかったのだろうか。私は韓国国籍を持つ者としての自分の立ち位置を振り返りながら小山さんのノートを読み進め、また、無名の在日朝鮮女性たちの、途切れ途切れの断片の形で記録されている文章を探して読んだ。

小山さんにとって、「喫茶」でノートを書く時間が、やっと自分自身になることのできる時間だったようだ。一方で、在日朝鮮女性は、長い間、自分も物書きになりたいと思ってよいのだと自覚することさえ難しかった。小山さんは福祉と病院を拒否していたが、在日朝鮮女性にはそもそも福祉も、まともな医療も与えられていなかった。とは言え、小山さんと在日朝鮮女性たちがそれぞれに経験してきた苦痛は、マイノリティーを作り出す暴力という同じ根から生み出されたものだったと言える。どうすれば、彼/女/たちの物語を、苦痛の程度を「比較」することなく、さまざまな壁を越えてつなぐことができるだろうか。

私は小山さんのノートを読みながら、同時に、無名の在日朝鮮女性たちが書いた文章の中に深く入っていこうとした。双方からの力強い抵抗を感じつつも発見できたのは、小山さんが「日本人」の位置からどれほど外れているかということだ。ノートには「わずかなお金を持っても、土台を変えることもできない現状と国民権のない立場は空中ブランコのようだ。（中略）人権奪われた長い人生はいつ安定した人間生活を回復できるものだろう」（２００３年12月14日）などと吐露されている。特に、小山さんは何度か行政の福祉の窓口に相談に行っているが、それがどれほど屈辱感を与え自由を奪う経験だったか切実に綴っている。「現在の日本の福祉は、人間をダメにしてしまう。（中略）私は国に見捨てられた」（２００１年5月21日）。

小山さんのノートは、無名の在日朝鮮女性の経験や、韓国の農村でなんの権利も持たない労働を強いられている移住女性・難民女性の経験へと、私の身をさらに向かわせる。金も国家の保護も住居もなく、（性）暴力にさらされながらも、自分自身の世界をつくり出し、それによって耐えてきた存在へと私を導く力となったのだ。

手なずけられないことの繰り返し

小山さんのノートには、生活と暴力が、あるいは労働と搾取が、それぞれ重なって現れる。生活を維持するために「共の人」と暮らすが、暴力を受け、暴言を浴び、洗濯などの家事労働を強いられている。しかし、小山さんは暴力に手なずけられることも、福祉などの制度に頼ることもない。むしろ次のように書いている。「自由があって、自由がない。（中略）それでももう、私は現実の人間関係や人々の元には帰りたくなかった。この地は、天にも通じる道がある」（２００１年４月４日）小山さんのノートから感じとることができたのが「苦痛」ではなく次のような「世界」だったのは、このような、決して手なずけられない生き方のためだった。

一つ目は「キラキラ」という世界だ。小山さんは「キラキラ」を作ることで、現実の悲惨な世の中を、固有の尊厳を持つ手作りの小物に置き換える。そして自分を助けてくれた人々に「キラキラ」を渡して、対等な交換を行う。安易な同情を拒否するかのような「キラキラ」は、人々に渡されていったことで、この世から消えることも捨てられることもなく、一つの世界として光を放ちつづけるだろう。

二つ目は、外部からの暴力や嫌悪、蔑視に手なずけられない世界だ。暴言を吐いたり暴力を振るったりしてくる者たちに身をさらしながらも、小山さんはそのような者たちから逃げ続け、彼らの卑屈さを見抜いている。「私を四百回以上もなぐりとばして怒ったが、ボスがいやなことをしても一度もなぐる気力も出ないと特別やさしかった」(2002年12月27日)と書くように。

三つ目に、資本主義化された世の中と「不和」を保ち続ける世界だ。小山さんにとって、お金は交換価値というより、生そのものを可能にするものである。雨が降りバラのつぼみがぱあっと開いた日、テント村で500円を拾い、こう言った。「最もきれいな金だ。生きる所まで生かして使おう」(2001年5月9日)。

小山さんの自立への道は、決して順調といえるものでも一気に実現できるものでもなかった。2001年5月21日のノートは、苦痛に手なずけられない方法、自己嫌悪に陥らない方法について教えてくれる。この日、小山さんは共の人に顔を殴られたうえ、「お前の顔を見るとイライラする、出て行け」と言われる。小山さんは「あまりにも直らない無理と暴力、悪言には耐えられない。私の少しの荷物置く場所だけでもほしい」と自立を求めているが、結局9年が経過してしまったと嘆く。そして、もう「弁当もごはんもいらない」と決意を書いている。

このように自立を決心するものの、翌日のノートからはひどく不安定になっている様子がうかがえる。膝をコンクリートのいすにぶつけたり、めまいを感じたりしている。「ビルの空間のイス」に座り、またノートを読んでいると、「共の人」が現れ、小山さんにパンとお酒を与える。小山さんは「また自由がうばわれた。恐（こわ）いと思いながら、ありがとうと言ってパン二個、日本酒二口飲み、別人になっている姿を見た」と、そのときの抵抗感をはっきりと書いている。このような小山さんが、自分のテントを作るまでの過程にはさまざまな困難があった。ひとりでテント生活を始めてからも、共の人や周囲の干渉などにおびやかされ、眠れない不安な夜が続く。

しかし、暴力と支配から抜け出すことがいかに難しくとも、どうすればその希望を捨てずに持ち続けられるかを見せてくれるからこそ、小山さんのノートは光る。小山さんの5月21日、その「一日」を過ごすすべての人々に、小山さんの手なずけられない世界が力になってほしい。

小山さんのノートがつなぐ彼／女／たち

小山さんにとって、心身の疲れや傷からの回復は、もう一つの世界を作り出すことによってもたらされるものだった。その世界において、現実の事物は異なるものに読みかえられ、名づけ直される。傷つけられた心身を回復するために喫茶店でノートを読み、書く行為を、小山さんは「私、今日フランスに行ってくるわ」と書く。このような小山さんの命名法は、地獄で天国を夢見る不／可能な表現行為だったと言える。その命名法は「ルーラ」という幻の存在を作り出す。フランス風で小粋なルーラとパリの路地裏にあるクラシックなバーで楽しく話をしたり、ルーラの仕事を手伝う計画を語り合ったりしながら（２００４年9月13日）、「突然明るい光に包まれたような別人の私」（２００４年10月10日）と幸せそうだった。

あらぬ幻想だと言う人もいるかもしれない。しかし、この命名法とルーラの存在は、貧困と暴力の中で小山さんがやっと見つけた休息の場所だった。そしてこの幻想は、現実の眠りにもつながる。共の人が眠りにつくまで、つまり暴力から少しでも安全になるまで、ひたすら歩いてくたびれた状態でやっと得られた眠り、それはこう語られる。「殺されない限り、いられるべき所で見苦しい眠りをすることは恥とも思うが、私にとっては神聖なことだ」（２００1年2月17日）。

小山さんのノートはこの世の中を変革しようとしたものではない。もう一つの世界を追加するだけだ。しかし、それこそ、小山さんの死後、ノートが小山さんの手を離れ、この世界にもたらされた意味かもしれない。

私は小山さんに直接に会ったことはない。しかし、だからこそ、小山さんのノートの主語を自由に変え、さまざまな顔へとつなぐことができた。フェミサイドの標的となった彼／女／たちの叫び、56年ぶりに#MeTooの声を上げたチェ・マルジャ（최말자）さん、２０２2年新堂（シンダン）駅（신당역）のトイレで殺された女性への哀悼、そして障害者たちによる移動権及び福祉予算の獲得闘争、パンデミックと人種主義によって大量死した「非／人間存在」たちの身振り……。

小山さんのノートからもわかるように、彼／女／たちは決して沈黙していたわけではない。また、これからも沈黙しないだろう。彼／女／たちの具体的な顔と、小山さんのノートを通して新たに出会う、その時が待ち遠しい。

＊日本語の校正をしてくださった金友子（キムウジャ）、全（チョン）あやか、そして藤本なほ子に心より感謝する。

小山(こやま)さんノート
ワークショップ

2015年3月から月1回ほどのペースで集まり、小山さんが遺した手書きのノートの文字起こしや、小山さんが歩いた道をノートに書かれたとおりにたどってみるフィールドワーク、路上朗読会、ノートとのかかわりを語りあう座談会などを行ってきた。野宿者、ひきこもり、非正規労働者、アーティスト、留学生、研究者など、様々なメンバーがゆるやかに入れ替わりながら継続している。

小山さんノート

2023年10月30日　初版発行
2024年 3 月25日　4 刷発行

編　者　小山さんノートワークショップ

発行者　松尾亜紀子
発行所　株式会社エトセトラブックス
155-0033　東京都世田谷区代田4-10-18-1F
TEL: 03-6300-0884
https://etcbooks.co.jp/

装　丁　鈴木千佳子
装　画　いちむらみさこ
DTP　株式会社キャップス
校正　小島泰子
印刷・製本　モリモト印刷株式会社

Printed in Japan

ISBN 978-4-909910-19-6